STILE

UNIVERSEL

DE TOUTES LES COURS

ET JURISDICTIONS

DU ROYAUME,

POUR l'Instruction des Matieres Criminelles.

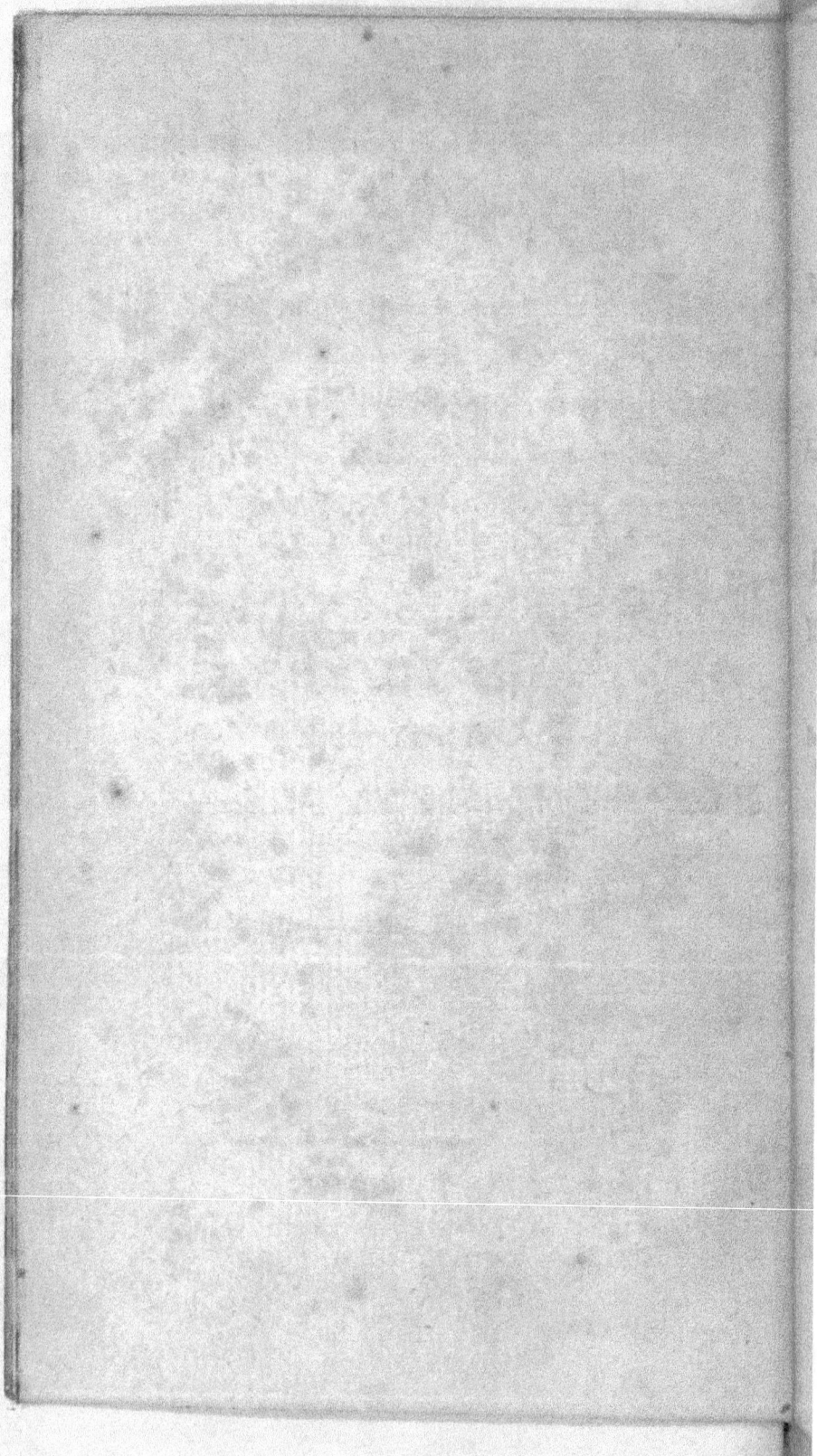

STILE
UNIVERSEL
DE TOUTES LES COURS
ET JURISDICTIONS
DU ROYAUME,

Pour l'Instruction des Matieres Criminelles,

SUIVANT L'ORDONNANCE
DE LOUIS XIV,
ROI DE FRANCE ET DE NAVARRE,

Du mois d'Août 1670.

Par M. GAURET, *Secrétaire de* M. LE CAMUS, *Conseiller du Roi en tous ses Conseils, Maître des Requêtes, & Lieutenant Civil.*

TOME SECOND.

A PARIS,

Chez les Associés choisis par ordre de SA MAJESTÉ pour l'Impression des Stiles & Formules, suivant les nouvelles Ordonnances.

M. DCC. LXVII.
AVEC PRIVILEGE DU ROI.

TABLE
DES TITRES
DU STILE CRIMINEL.

PREMIERE PARTIE.

CHAPITRE PREMIER. *De la compé-*
tence des Juges, page 69
Cas Royaux dont les Baillis, Sénéchaux
& Juges Présidiaux peuvent connoître
privativement aux autres Juges Royaux
& à ceux des Seigneurs, 71
Crimes desquels les Prévôts des Maréchaux,
Lieutenans Criminels de Robe-Courte,
Vice-Baillis & Vice-Sénéchaux, con-
noissent en dernier ressort contre toutes
personnes, lorsque les crimes ont été com-
mis hors des Villes de leur résidence, 72
CHAP. II. *Des plaintes,* 74

Tome II. a

TABLE

Section. I. *Maniere de faire les plaintes,* 75

Sect. II. *De la plainte & demande pour être mis en la sauvegarde du Roi, de Justice & de l'accusé,* 81

Chap. III. *Des dénonciations,* 85

Chap. IV. *Des Procès-verbaux des Juges,* 86

Chap. V. *Des rapports des Médecins & Chirurgiens,* 90

Chap. VI. *Des informations,* 93

Sect. I. *Procédures contre les témoins,* 94

Sect. II. *Regles pour bien faire l'information,* 100

Sect. III. *Des commissions pour informer lorsque les témoins sont éloignés du lieu où se fait le Procès,* 105

Sect. IV. *De l'information par addition,* 110

Chap. VII. *Des Monitoires,* 111

Sect. I. *Ce qu'il faut faire pour obtenir les Monitoires,* 112

Sect. II. *Procédures contre les Officiaux qui refusent d'accorder les Monitoires,* 114

Sect. III. *De la forme des Monitoires,* 118

Sect. IV. *Procédures contre les Curés qui refusent de publier les Monitoires,* 120

Sect. V. *Des oppositions à la publication des Monitoires,* 122

Sect. VI. *Ce qu'il faut faire lorsque les Monitoires sont publiés,* 124

DES TITRES.

CHAP. VIII. *Des decrets,*   129

Sect. I. *Des decrets sur les informations,*
                                          130

Du decret d'assigné pour être oui, la même
Du decret d'ajournement personnel,   131
Du decret de prise de corps,   132
Sect. II. *Des decrets sur les Procès-verbaux des Officiers de Justice,*   134
De la répétition des Sergens, Records & Assistans sur les Procès-verbaux,
                                          137

CHAP. IX. *De l'exécution des decrets contre les accusés absens,*   138
Sect. I. *De la conversion de l'assignation, pour être oui en decret d'ajournement personnel, & de l'ajournement personnel en decret de prise de corps,*   140
Sect. II. *De la perquisition de l'accusé pour l'exécution du decret de prise de corps,*   144
Sect. III. *Ce qu'il faut faire si l'accusé empêche par voies de fait l'exécution du decret,*   147
Sect. IV. *Regles pour faire les saisies après la perquisition de l'accusé,*   149
CHAP. X. *Des défauts & contumaces,* 153
Sect. I. *De l'assignation à quinzaine,* la même.

Sect. II. *De l'assignation par un cri public,*
                                          156

Sect. III. *Du récolement des témoins en leurs dépositions, pour valoir confrontation à l'accusé,* 158

Regles pour faire le recolement des témoins,
160

Sect. IV. *Du Jugement de la contumace,*
163

Sect. V. *De la contumace contre l'accusé, qui s'étant évadé ou qui ayant été relaxé, ne se représente pas,* 167

De la contumace contre l'accusé qui s'est évadé depuis son interrogatoire, 168

De la contumace contre l'accusé qui a pour prison la suite du Conseil ou du Grand Conseil, le lieu de la Jurisdiction où s'instruit son procès, ou le chemin de celle où il a été renvoyé, & ne se représente pas, 169

De la contumace, faute par l'accusé de se représenter lors du jugement du procès qui s'instruit avec lui, 172

Sect. VI. *De l'exécution des jugemens de contumace,* 174

CHAP. XI. *Des Lettres pour ester à droit après les cinq années de la contumace,*
177

Sect. I. *De la forme des Lettres pour ester à droit & du temps qu'il faut les présenter,* 177

Sect. II. *Regles pour la présentation & entérinement des Lettres pour ester à droit,*
180

CHAP. XII *Des procédures à l'effet de purger la mémoire d'un défunt,* 183

DES TITRES.

Sect. I. *Des procédures que la veuve, enfans ou parens d'un défunt peuvent faire pour purger sa mémoire dans les cinq années, du jour de la Sentence de contumace,* la même.

Sect. II. *Des Lettres qu'il faut obtenir pour purger la memoire d'un défunt après les cinq années de la contumace expirées,* 184

Sect. III. *De l'instance en conséquence des Lettres pour purger la mémoire d'un défunt,* 186

SECONDE PARTIE.

CHAPITRE PREMIER. *Des Lettres d'abolition, rémission & pardon,* 189

Sect. I. *Regles pour l'adresse des lettres,* 190

Sect. II. *Des lettres d'abolition,* 191

Sect. III. *Des lettres de rémission,* 194

Sect. IV. *Des lettres de pardon,* 196

Sect. V. *Ce qu'il faut observer pour présenter & faire publier les lettres,* 197

Sect. VI. *Regles générales pour l'instruction & jugement de l'instance, à fin d'entérinement des lettres,* 200

Sect. VII. *Regles particulieres lorsque les lettres ont été obtenues par des Gentils-*

a iij

TABLE

hommes,   108
CHAP. II. *Des exoines*,   213
CHAP. III. *Des Sentences de provision*,
                                              220
Sect. I. *Ce qu'il faut faire pour obtenir une
   provision*,   221
Sect. II. *De l'exécution des Sentences de
   provision*,   224
CHAP. IV. *De la capture des accusés*, 226
*Observations sur la capture des accusés,
   & sur les devoirs des Greffiers & Geo-
   liers de prisons*,   228
CHAP. V. *Du Jugement de la compétence*,
                                             232
Sect. I. *Ce que peut faire celui qui est accusé d'un cas Prévôtal*,   la même.
Sect. II. *De la récusation contre les Pré-
   vôts des Maréchaux & contre l'Asses-
   seur*,   234
Sect. III. *Regles pour le Jugement de la
   compétence des Prévôts*,   236
Sect. IV. *Du Jugement de la compétence
   des Lieutenans Criminels*,   240
Sect. V. *De l'exécution du jugement de la
   compétence*,   245
*Observation concernant la résidence des Ju-
   ges Présidiaux*,   248
CHAP. VI. *Des Interrogatoires*,   249
Sect. I. *Regles pour faire les Interroga-
   toires*,   la même.
Maniere d'exprimer les applications ou

DES TITRES.

changemens que l'accusé veut faire à son
interrogatoire,   la même.

Sect. II. *De l'interrogatoire aux accusés
qui doivent être jugés en dernier reffort
ou Prévôtalement,*   255

Sect. III. *De l'interrogatoire aux accusés
qui n'entendent pas la Langue Françoife,*
                                          257

Sect. IV. *De l'interrogatoire aux muets &
fourds,*   259

Sect. V. *De l'interrogatoire aux muets ou
fourds qui veulent écrire leurs réponfes,*
                                          262

Sect. VI. *De l'interrogatoire à ceux qui refufent de répondre, que l'on appelle muets
volontaires,*   263

Sect. VII. *De l'interrogatoire aux Communautés des Villes, Bourgs & Villages,
Corps & Compagnies,*   268

Sect. VIII. *De l'interrogatoire au Curateur
du cadavre, ou au Curateur à la mémoire du défunt,*   274

Sect. IX. *De l'interrogatoire à ceux qui
doivent être juges Prévôtalement,* 275

Sect. X. *Regles fur quelques incidens qui
peuvent furvenir après l'interrogatoire,*
                                          276

CHAP. VII. *De la reconnoiffance & vérification des écritures & fignatures,*
                                          278

Sect. I. *De la reconnoiffance d'écritures &*

signatures ,   la même.

Sect. II. *De la vérification des écritures &*
signatures privées ,   280

Sect. III. *Si l'accusé conteste les pieces de*
comparaison , ou refuse d'en convenir .
           288

CHAP. VIII. *Du crime de faux , tant prin-*
cipal q'incident ,   293

Sect. I. *Du faux principal* ,   294

Sect. II. *Du faux incident* ,   295

Sect. III. *Des défauts à faute de mettre au*
Greffe la piece inscrite de faux ,   304

Sect. IV. *Procédures lorsque le défendeur*
veut se servir de la piece inscrite de
faux ,   300

Sect. V. *Du Procès-verbal de l'état des*
pieces inscrites de fvux ,   311

Sect. VI. *Du congé faute de fournir les*
moyens de faux ,   314

Sect. VI. *Procédures lorsque le deman-*
deur veut donner ses moyens de faux .
           318

CHAP. IX. *De la réception en Procès ordi-*
naire ,   324

Sect. I. *Regles pour recevoir les Parties en*
Procès ordinaire ,   la même.

Sect. II. *Des Enquêtes lorsque les Parties*
ont été reçues en Procès ordinaire , &
ce qui se doit fatre en conséquence , 326

CHAP. X. *Des recolemens & confrontations*
des témoins ,   327

DES TITRES.

Sect. I. *Du recolement des témoins en leurs dépositions*, 328

Sect. II. *De la confrontation des témoins aux accusés*, 329

Sect. III. *Des interpellations que l'accusé peut faire au témoin, lors de la confrontation*, 333

Sect. IV. *De la confrontation littérale*, 334

Sect. V. *De la confrontation aux accusés sur leurs interrogatoires*, 337

Sect. VI. *De la confrontation des Experts qui ont déposé sur une inscription de faux*, 339

Sect. VII. *De la confrontation aux muets ou sourds*, 341

Sect. VIII. *De la confrontation à ceux qui refusent de répondre*, 342

Sect. IX. *De la confrontation aux Sindics & Députés ou Curateurs des Communautés des Villes, Bourgs & Villages, Corps & Compagnies*, 344

Sect. X. *De la confrontation aux Curateurs nommés aux cadavres, ou à la mémoire des défunts*, 345

Sect. XI. *De la confrontation aux Etrangers qui n'entendent pas la Langue Françoise*, la même.

Sect. XII. *Supplément aux confrontations*, 346

CHAP. XI. *Des Requêtes qui peuvent être*

TABLE

données par les Parties civiles , & par
les accusés ,　　　　　　　　　347

Sect. I. Si la Partie civile differe de produire les témoins pour être recolés & confrontés ,　　　　　　　　　　348

Sect. II. Procédures pour contraindre la
Partie civile à mettre le procès en état
de juger , lorsque la confrontation est
faite ,　　　　　　　　　　351

Sect. III. Des Requêtes respectives des Parties .　　　　　　　　　　353

Chap. XII. Des conclusions définitives des
Procureurs du Roi , ou de ceux des Justices Seigneuriales ,　　　　　357

Chap. XIII. De la visite des Procès ,　361

Chap. XIV. Des faits justificatifs ,　365

Chap. XV. Des interrogatoires à l'accusé
sur la sellette,　　　　　　371

Chap. XVI. Des Jugemens & Procès-verbaux de question & torture ,　373

Sect. I. En quel cas les Juges peuvent ordonner que l'accusé sera appliqué à la
question ,　　　　　　　　374

Sect. II. De l'exécution du Jugement qui
condamne à la question ,　　378

Sect. III. Procédure si une femme condamnée à la question , paroît ou déclare
être enceinte ,　　　　　　381

Sect. IV. De la présentation à la question ,
　　　　　　　　　　　　385

Chap. XVII. Des Sentences, Jugemens &

DES TITRES.

Arrêts, 387

Sect. I. *Regles pour le Jugement des procès criminels*, 388

Sect. II. *Ordre des peines*, 393

CHAP. XVIII. *Des appellations*, 412

Sect. I. *De l'instruction des procès d'appel*, la même.

Sect. II. *Pour obtenir les Arrêts de défenses ou surséances*, 415

Sect. III. *Pour faire transférer les prisonniers*, 424

Sect. IV. *Procédures lorsque l'accusé a été transféré.* 430

CHAP. XIX. *De l'exécution des Sentences, Jugemens & Arrêts*, 434

Sect. I. *Pour l'élargissement des prisonniers*, 435

Sect. II. *De la taxe des dépens & liquidation des dommages & intérêts*, 436

Sect. III. *De l'exécution des condamnations pécuniaires*, 437

Sect. IV. *De l'exécutoire pour les frais des Procès*, 438

Sect. V. *De l'exécution de la condamnation à l'amende honorable*, 439

Sect. VI. *De l'exécution des condamnations au bannissement*, 441

Sect. VII. *De l'exécution des condamnations à mort*, 446

CHAP. XX. *Des Lettres de rappel, de ban ou de galeres, commutation de peine & de réhabilitation*, 448

TABLE DES TITRES.

Sect. I. *De la forme des Lettres de rappel,
de ban ou de galeres, commutation de
peine & réhabilitation,* 449

Sect. II. *Ce qu'il faut faire pour l'entérinement des Lettres de rappel, de ban ou
de galeres, commutation de peine ou de
réhabilitation,* 454

Fin de la Table des Titres.

'AVERTISSEMENT

AVERTISSEMENT

O U

OBSERVATION

Sur l'Instruction des Procès Criminels.

S I les Procédures Civiles confer-
vent les particuliers dans la poffeffion paifible de leurs biens,
celles pour l'Inftruction des Matieres Criminelles font infiniment plus
néceffaires, puifqu'elles affurent l'honneur
& la vie des innocens injuftement oppri-
més, font connoître les coupables, &
qu'elles établiffent des règles certaines
pour punir les crimes avec équité. Le fuc-
cès heureux que les premieres ont eu, &
l'utilité que j'ai cru que l'on pouvoit ef-
pérer des dernieres, m'a fait entreprendre
de donner encore au Public ces Procédures Criminelles. Je n'y aurai peut-être
pas réuffi comme je l'aurois fouhaité ;
mais je puis dire que c'eft avec tous les

Tome II. A

foins & toute l'exactitude possible que
j'ai discuté l'Ordonnance du mois d'Août
1670, qui est l'esprit & la règle, & qui
est l'unique Loi dont je me suis servi pour
composer ce Stile : la citation des ancien-
nes Ordonnances y eût été inutile, parce
qu'elles ont été ou abrogées ou comprises
dans celle-ci.

L'instruction des Procès Criminels est
divisée en deux parties.

La premiere qui est l'instruction de la
Contumace contre l'accusé absent, consiste en la procédure qui suit ;

I. La plainte de la Partie Civile, ou la
dénonciation sur le Registre du Procureur
du Roi.

II. La permission d'informer sur la plainte ou sur la dénonciation.

III. L'information.

IV. Le Decret de prise de corps.

V. Le Procès verbal de perquisition de
la personne de l'accusé.

VI. La saisie & annotation des biens de
l'accusé.

VII. L'assignation à comparoir dans
quinzaine.

VIII. L'assignation par un seul cri public à la huitaine.

IX. Les conclusions préparatoires du
Procureur du Roi.

X. Le jugement portant que les témoins
seront recolés, & que le recolement vaudra confrontation.

XI. Le recolement des témoins en leurs dépositions.

XII. Les conclusions diffinitives du Procureur du Roi sur la contumace.

XIII. Le jugement diffinitif par contumace.

XIV. L'exécution par effigie.

Il faut en vertu du decret de prise de corps,

1. Faire perquisition de l'accusé. 2. Saisir & annoter ses biens. 3. Assigner l'accusé à comparoir dans quinzaine. 4. L'assigner par un seul cri public à la huitaine.

Dans quelques Jurisdictions inférieures, le decret de prise de corps que l'on y expédie, porte seulement que l'accusé sera pris au corps, & sur l'assignation qui lui est donnée en vertu du decret à comparoir dans quinzaine, il faut y obtenir une Sentence pour assigner l'accusé par un seul cri public à la huitaine.

S'il eût été nécessaire d'obtenir une Sentence sur l'assignation à quinzaine, pour assigner par un seul cri public à la huitaine* l'Ordonnance ne l'auroit pas omis, puisqu'elle a circonstancié si clairement tous les actes qui doivent être faits en vertu du decret, qu'elle a marqué si précisément la maniere de donner ces assignations, & qu'elle a même expliqué où finissent les

Art. 1, 7, 8 du Titre XVII. de l'Ordonnance du mois d'Août 1670.

A ij

derniers momens des délais de quinzaine
& huitaine, en sorte qu'il n'y eût pas lieu
de douter que si l'accusé n'est prisonnier
dans la quinzaine, l'assignation par un seul
cri public à la huitaine lui doit être donnée en vertu du decret, ainsi qu'il se pra-
tique au Parlement de Paris & par tout
le Royaume, sans obtenir aucun jugement
qui permette de donner cette assignation
à la huitaine.

Quoique le decret porte seulement que
l'accusé sera pris au corps tous les actes
dont il est ci-dessus parlé, peuvent être
faits en vertu du même decret, quoiqu'ils
n'y soient pas désignés ; mais le Sergent
qui en sera porteur, en fera peut-être
difficulté, parce qu'il ne l'entendra pas,
& voudra exécuter à la lettre l'acte qui
lui sera mis entre les mains, c'est-à-dire,
ne faire que la perquisition de l'accusé, s'il
ne peut pas être pris, d'où il peut arriver.
1. Que l'instruction du procès sera retardée par le tems qu'il faudra pour renvoyer
la perquisition & le décret au Juge dont il
est émané, pour obtenir la permission
d'assigner à la quinzaine, & par cri public
à la huitaine ; & celle pour faire la saisie
& annotation de biens, principalement
lorsque le decret doit être exécuté dans
des lieux éloignés. 2. Les biens & effets
que l'on pourra saisir & annoter, en vertu
du decret seront divertis avant que la per-

miſſion de ſaiſir & annoter ſoit revenue. 3.
Les preuves s'évanouiront pendant tous
ces délais extraordinaires, &c. Ainſi pour
le bien de la Juſtice, il faut exprimer dans
le decret tout ce que l'Ordonnance preſcrit pour l'exécuter de la maniere qu'il eſt
en la premiere partie de ce Livre Chapitre
VIII.

Il ſemble qu'il faut procéder contre
l'accuſé qui eſt en decret d'ajournement
perſonnel qui a ſubi l'interrogatoire, &
qui ne ſe repréſente pas pour ſubir la confrontation, ainſi que l'on fait contre l'accuſé qui s'évade des priſons, ſuivant l'Art.
24 du Titre 17 de l'Ordonnance du mois
d'Août 1670, Section V. du Chap. X. de
la premiere partie de ce Livre, & que cet
article doit ſervir de règle à l'égard des
accuſés qui ſont en decret d'ajournement
perſonnel; néanmoins au Parlement de
Paris on obſerve qu'il faut inſtruire la
grande Contumace contre ces accuſés.
Le decret ſur l'aſſignation donnée pour
ſubir la confrontation s'expédie ainſi:
*Vu, &c. La Cour a ordonné & ordonne
que B... ſera pris au corps & conduit ès priſons de la Conciergerie, pour ſubir la confrontation aux témoins ouis en l'information, ſinon & après perquiſition faite de ſa
perſonne, ſera aſſigné à comparoir dans
quinzaine & par un ſeul cri public à la huitaine enſuivant, ſes biens ſaiſis & anno-*

tés & à iceux établi Commissaire. Le reste
de l'instruction de la grande Contumace
est au Chap. IX. Section 2, 3, 4, & au
Chap. X. de la premiere partie de ce
Livre.

Et la seconde Partie qui est le procès
contre l'accusé présent, consiste en la procédure qui suit.

I. La plainte ou la dénonciation.

II. La permission d'informer.

III. L'information.

IV. Le decret de prise de corps.

V. L'emprisonnement de l'accusé en
vertu du decret.

VI. L'interrogatoire de l'accusé.

VII. Les conclusions préparatoires du
Procureur du Roi.

VIII. Le jugement portant que les témoins seront recolés en leurs dépositions,
& confrontés à l'accusé.

IX. Le recolement des témoins.

X. La confrontation des témoins à l'accusé.

XI. Les conclusions diffinitives du Procureur du Roi.

XII. Le Jugement diffinitif.

XIII. L'exécution du Jugement.

Les autres procédures criminelles qui
se voient dans ce Livre sont des incidens
qui peuvent survenir dans l'instruction
d'un seul procès, & qui néanmoins y arrivent rarement tous ensemble.

L'Ordonnance du mois d'Août 1670 a été obfervée felon l'ordre & la difpofition des procédures où il étoit néceffaire d'en faire l'application. Exemple, le Chapitre fecond de la premiere Partie de ce Livre qui a pour titre *Des Plaintes*, & qui eft le commencement de l'inftruction criminelle, a été tiré du Titre troifiéme de la même Ordonnance.

Sur l'Article cinq du Titre feize, a été compofé le Chapitre onze, qui a pour titre, *Des Lettres pour efter à droit après les cinq années de la Contumace*: il a été mis après le Chapitre dixiéme des Défauts & Contumaces, par la raifon que ces Lettres en font la fuite naturelle.

Les procédures à l'effet de purger la mémoire d'un défunt, qui font tirées du Titre vingt-fept de la même Ordonnance du mois d'Août 1670, compofent le Chapitre douziéme & dernier de la premiere Partie; parce que les procédures fervent toujours à annuller les défauts, & que l'accufé pour lequel elles font faites, ne peut plus être préfent, ce qui convient au fujet de la premiere Partie.

Le Chapitre premier de la feconde Partie concernant la procédure pour obtenir & faire enteriner les Lettres d'abolition, de remiffion & de pardon, a été tiré du Titre feiziéme. Cette procédure eft la premiere que l'accufé doit faire, &

qui est en cet endroit dans son ordre naturel , pour ne pas même interrompre
celui des procédures contre les accusés
présens.

Le dernier Chapitre du Livre second ,
qui contient la procedure pour l'obtention
& enterinement des Lettres de rappel de
ban ou de Galeres , commutation de peines & réhabilitation , a aussi été tiré du
même Titre seiziéme: ces Lettres ne s'expédient qu'après le jugement du procès ,
& s'entérinent sans que l'impétrant soit
en prison , & sans examiner si elles sont
conformes aux charges & informations ;
ce qui est bien différent de la procédure
du Chapitre premier , laquelle ne peut
avoir lieu , si le procès est jugé , & si l'accusé n'est actuellement prisonnier pour
demander l'entérinement des Lettres d'a-
bolition , de remission & de pardon.

Ces exemples suffiront pour faire connoître qu'on a été obligé de composer les
procédures criminelles dans l'ordre qu'elles sont pour les rendre faciles ; autrement ce qui est net & excellent dans l'Ordonnance , eût été obscur & difficile à
exécuter dans ce Stile.

Au Chapitre neuf de la seconde Partie
de ce Livre , les confrontations des témoins , la confrontation litterale , & les
confrontations des accusés les uns aux autres , qui ont été mises en conséquence

des Jugemens séparés, au cas que ces incidens arrivent séparément, pourront aussi être ordonnés par une même Sentence, si la matiere y est disposée.

On n'a point mis dans ce Stile la forme d'intenter l'action pour avoir réparation d'injures, qui commence par un simple exploit; les procédures pour la réception des cautions, celles pour les recusations des Juges, les interventions, les ventes de meubles & fruits, baux judiciaires, liquidations de dommages intérêts, taxes de dépens, &c. par la raison que toutes ces procédures sont expliquées au premier Tome du Stile Universel, sur l'Ordonnance du mois d'Avril 1667, dans lequel il n'y a aucune autre procédure qui ne puisse aussi servir incidemment en l'instruction d'un procès criminel; comme du Stile criminel, il n'y a point de procédures qui ne puissent devenir incidentes aux affaires civiles.

Après ces observations, il ne sera pas inutile d'exposer quelques maximes concernant l'instruction des procès criminels, qui n'ont point été mises dans le corps de l'Ouvrage, pour ne rien dire qui ne soit nommément exprimé dans l'Ordonnance.

I.

Tous les crimes sont publics ou privés:

A v

les crimes publics font les crimes de leze-
Majefté divine ou humaine, l'Héréfie, la
Simonie, la fauffe Monnoie, le vol fur les
grands chemins, le port d'armes, les affem-
blées illicites, les empoifonnemens, les
homicides, &c. Ils font nommés crimes
publics, parce qu'il eft de l'utilité publique qu'ils foient punis, & que chacun
en puiffe faire la dénonciation aux Procureurs du Roi, à la requête defquels la
pourfuite extraordinaire en doit être faite.

Les crimes privés font ceux qui ne peuvent être pourfuivis ni dénoncés aux Procureurs du Roi, ou à ceux des Juftices
Seigneuriales pour en faire la pourfuite,
que par ceux qui ont été particulierement
offenfés, pour obtenir contre les accufés
les dommages & intérêts réfultans du
crime; comme du larcin, de l'injure réelle
ou verbale, &c.

Le procès ne pourra être fait au cadavre, ou à la mémoire d'un défunt, fi ce
n'eft 1. pour crime de leze-Majefté divine
ou humaine, dans le cas où il échet de
faire le procès au défunt. 2. Pour crime
de duel. 3. Homicide de foi-même. 4. Rebellion à Juftice avec force ouverte dans
la rencontre de laquelle il aura été tué.
Article premier du Titre XXII. *de l'Ordonnance du mois d'Août* 1670.

I I.

Le crime fe preferit par vingt ans, tant

contre les mineurs que contre les majeurs,
même durant la guerre, à compter du
jour qu'il a été commis, s'il n'y a aucune
plainte ni procédure qui ayent été faites :
mais s'il en a été informé, & le Procès
poursuivi, c'est à compter du dernier acte
qui a été fait dans une Procédure ou Sentence par contumace, d'autant que la procédure qui se fait interrompt la prescription. Si la Sentence de contumace a été
exécutée par effigie, le crime ne se prescrit que par trente ans, à compter du
jour de l'exécution, fondé sur ce que cela
passe en force de chose jugée, comme
les actes en fait civil, qui ne se prescri-
vent qu'après trente ans faute de poursuites.

Quoique le crime soit éteint par la
prescription de vingt ans, la réparation
civile peut être poursuivie par les héritiers pendant trente années.

Le crime d'adultere se prescrit par le
tems de cinq années qu'il a été commis.
Il n'y a que le mari qui puisse accuser sa
femme d'adultère, aucun autre que lui
n'en peut faire la poursuite, ni même le
Procureur du Roi, si ce n'est que la débauche de la femme soit si publique & si
scandaleuse, & que le mari la tolere ou la
souffre sans se plaindre, qui est le cas auquel le Procureur du Roi peut poursuivre
contre l'un & l'autre.

L'action pour avoir réparation de l'injure verbale, se prescrit par le tems d'une année. On la peut commencer par un simple exploit, & se termine à l'Audience sans appointer les parties; & si les injures sont déniées, le Juge permet aux parties de faire preuve respective sommairement par des témoins qui doivent être ouis à l'Audience; mais si l'injure verbale est atroce, ou contre des personnes d'une condition distinguée, ou si l'injure est réelle par la voie de fait, l'injurié peut agir extraordinairement, faire sa plainte, informer, & le reste des procédures extraordinaires pour obtenir une réparation convenable.

Le faux incident se peut poursuivre tant que l'action civile se peut intenter, quand même il y auroit plus de trente ans; parce qu'en matiere de fausseté la prescription de vingt ans ne court qu'à l'égard du crime & de la personne, & non pas de la piece fausse, qui peut être arguée de faux en quelque tems qu'elle soit produite; mais lorsque l'action civile est prescrite, celui qui voudroit s'inscrire en faux pour avoir lieu d'intenter l'action prescrite, n'y seroit pas recevable. Exemple, si pour reclamer une succession dont la demande est prescrite, l'on vouloit s'inscrire en faux contre l'acte qui a servi de fondement à la possession de celui qui l'a usurpée; la preuve du faux feroit inutile pour détruire le titre de l'ufurpateur, puifqu'il eft à couvert par la prefcription qu'il a pu acquérir fans titre.

Les crimes qui ne fe prefcrivent jamais font 1. Le crime de leze-Majefté. 2. Le crime de duel. 3. Le faux commis en la perfonne d'un enfant.

III.

En tout crime deux chofes doivent être conftantes. 1. Que le crime a été commis. 2. Que c'eft l'accufé qui a commis le crime.

Les preuves du crime doivent être pleines, entieres & claires *comme le Soleil en fon midi* ; ce font les termes dont les Docteurs fe fervent pour faire connoître quelle doit être la force de la preuve, qui peut fervir à la conviction de l'accufé, lorfqu'il s'agit de lui faire perdre l'honneur, les biens & la vie.

On ne doit jamais penfer que les Juges qui ont de la capacité & toutes les connoiffances néceffaires pour s'acquitter dignement de leur miniftère, foient affez miférables pour former leurs Jugemens fur de fimples indices, & fur des apparences qui fouvent font incertaines.

Il y a trois fortes de preuves. 1. Par titres. 2. Par témoins. 3. Par indices indubitables.

I. La preuve littérale est celle par laquelle le fait dont il s'agit, est prouvé immédiatement par une piece authentique,
ou reconnue par l'accusé, qui fasse foi par
sa propre autorité, & qui contienne les
injures, s'il est question d'injures ; l'assassinat, s'il s'agit d'un assassinat, &c. C'est
sur cette preuve que les procès criminels
peuvent être instruits & jugés, encore
qu'il n'y ait point d'information ; la disposition de l'Article cinq du Titre vingt-
cinq de l'Ordonnance du mois d'Août 1670
y est formelle ; cet Article porte que, *les
procès criminels pourront être instruits &
jugés, encore qu'il n'y ait point d'information, & si d'ailleurs il y a preuve suffisante
par les interrogatoires, & par pieces authentiques ou reconnues par l'accusé, &c.*

Mais si les titres ne contiennent rien du
crime, que l'on s'en serve seulement pour
en tirer des inductions par conjectures ;
alors cette preuve ne peut plus être appellée preuve littérale du crime, ce n'est
plus qu'une preuve litterale d'une conjecture, ainsi les titres ne forment plus
qu'une conjecture ou un indice. De plus
si la piece ne fait pas foi, par sa propre
autorité, ce n'est point encore une preuve
littérale, puisque ce n'est plus la piece qui
prouve, la preuve vient alors ou des témoins ou des indices qui lui font donner
créance, & elle tombe dans l'espéce de la

preuve teſtimoniale ou conjecturale. II.
Pour former une preuve par témoins, il
faut premierement que les témoins dépo-
ſent du fait dont eſt queſtion; car s'ils dé-
poſent ſeulement de quelques circonſtances qui ayent précédé ou ſuivi le fait,
encore qu'on en puiſſe tirer des connoiſ-
ſances pour la conviction de l'accuſé,
néanmoins ce témoignage n'eſt plus de la
nature de la preuve par témoins; il tombe
dans l'eſpece de la preuve par indices,
parce qu'alors la dépoſition des témoins
n'aboutit qu'à des indices 2. Que le témoin
qui dépoſe du fait, en dépoſe comme
d'une choſe qu'il ſçait de certitude pour
l'avoir vu lui-même, comme d'un aſſaſſinat, d'un incendie, &c. ou pour l'avoir en-
tendue, ſi c'eſt une de ces ſortes de choſes
qui conſiſtent en paroles, comme les injures, les blaſphêmes, &c. Car ſi le témoin n'a dépoſé, ſinon d'avoir oui dire
la choſe à un autre, & ſi la connoiſſance
qu'il en a eſt incertaine & vacillante, &
que ce ne ſoit une créance & une opinion
fondée ſur quelque raiſonnement, ne
ſçachant pas avec certitude ce qu'il dit
pour l'avoir vu ou entendu, ſa dépoſition
n'eſt plus capable de former une preuve
par témoins. III. La preuve par indices ou
preuve conjecturale n'eſt ni littérale ni
teſtimoniale : elle dépend néanmoins le
plus ſouvent des titres & des témoins;

mais c'est de titres & de témoins, dont la foi n'est fondée que sur celle d'autrui, ou qui ne découvrent pas immédiatement le fait dont il s'agit, & qui n'apprennent que des circonstances dont on se sert pour parvenir au raisonnement à découvrir la vérité. Les indices sont de deux sortes; les uns qui forment la science, & les autres qui ne fondent qu'une opinion. Pour faire preuve en matiere criminelle, il n'y a que les indices manifestes & indubitables qui soient reçus, c'est-à-dire, des indices qui forment la science, & qui concluent par une conséquence nécessaire qu'il est impossible que la chose soit autrement qu'ils la font voir. Exemple. lorsqu'il s'agit d'un meurtre, si le témoin a vu l'accusé qui avoit à la main l'épée nue & sanglante, sortir du lieu où quelque tems après le corps du défunt a été trouvé blessé de coups d'épée, &c. Si les indices indubitables sont vérifiés par deux bons témoins, ce seroit le cas pour condamner justement l'accusé à la question, aux termes de l'article premier du titre dix-neuvième de l'Ordonnance du mois d'Août 1670, qui porte : *S'il y a preuve considérable contre l'accusé d'un crime qui mérite peine de de mort, & qu'il soit constant, tous Juges pourront ordonner qu'il sera appliqué à la question, au cas que la preuve ne soit pas suffisante.*

On peut mettre au nombre des preuves conjecturales ou par indices la comparaison d'écritures qui se fait par des Experts, mais c'est la plus foible & la moins considérable de toutes les preuves; selon le sentiment d'un illustre Auteur, elle n'est d'aucune des trois sortes de preuves dont il est parlé ci-dessus. 1. L'on ne peut pas dire que ce soit une preuve litterale, quoiqu'elle soit fondée sur un écrit; puisqu'il faudroit pour cela que la piece dont on se veut servir, pût prouver immédiatement la vérité, & qu'elle pût faire foi par son autorité propre. Or en toute comparaison d'écritures, le titre qu'il s'agit de vérifier, ne contient pas le plus souvent un seul mot du fait dont il s'agit; l'on n'en tire des lumieres que par conjectures, par exemple, lorsque de la différence ou de la ressemblance des lettres, l'on en veut induire une fausseté; & quoi qu'il en soit, la piece qu'on doit vérifier ne fait jamais foi par elle-même; puisqu'au contraire il faut qu'elle soit elle-même prouvée, & que son autorité seule ne se soutient que sur le raisonnement & les conjectures des Experts: donc la comparaison d'écritures n'est pas une preuve littérale. 2. Que ce ne peut pas être aussi une preuve par témoins, puisque la premiere condition essentielle pour former une preuve par témoins, est que le témoin dépose du fait ; c'est à-dire , qu'en matière criminelle il dépose du crime dont il s'agit. Or dans la comparaison d'écritures, les experts en qualité d'experts , ne peuvent jamais déposer que de la ressemblance ou de la diversité des écritures qui leur sont représentées : cette ressemblance ou diversité n'est pas le crime , & n'en peut être tout au plus qu'un indice ; tout ce qu'ils pourroient dire au-delà marqueroit de la fausseté , ou tout au moins de l'affectation. 3. Ce ne peut pas aussi être un indice indubitable qui puisse former la science , puisqu'ils ne peuvent déposer affirmativement sur la ressemblance ou la diversité des écritures qui leur sont représentées : ils ne disent jamais qu'ils sçavent que deux écritures sont de même ou de différentes mains ; ils disent seulement qu'ils le croyent , & que cela leur semble être ainsi ; ce qui ne peut fonder qu'une simple opinion. Si le témoin qui dépose dans une information , disoit qu'il croit ce qu'il dépose, parce qu'il lui semble être ainsi , pourroit-on ajouter foi à une déposition si douteuse ? La contradiction que l'on voit tous les jours entre les Experts , les uns soutenant une écriture vraie , & les autres qu'elle est fausse , est une preuve sensible de l'incertitude de leurs opinions & de leur raisonnement. Je ne puis omettre un exemple qui pourra rendre ces reflexions encore plus plausibles : deux des plus habiles Experts de ce tems, souvent employés à faire des comparaisons d'écritures, ayant été nommés pour vérifier des pieces inscrites de faux, dirent par leur rapport qu'ils croyoient que ces pieces étoient fausses ; & depuis par la répétition en leur rapport, ils se retracterent & convinrent que les pieces qu'ils avoient déclaré être fausses étoient véritables. Ces Experts, à cause de leur variation, furent condamnés en leurs noms aux dépens, pour tous dommages & intérêts, dont ils ont appellé, & soutiennent que s'étant trompés, ils ont pu se retracter. Il seroit très-difficile sur deux actes si directement opposés, de juger si ces pieces sont fausses ou non.

Dans les autres crimes, où la vérité n'est pas si enveloppée, la loi se contente de deux témoins sans réproche ; mais dans le faux, elle a jugé que ce n'étoit pas assez, parce que tout ce que peuvent dire deux témoins, c'est qu'ils ont vu écrire la piece dont il s'agit à l'accusé ; mais qui peut assurer que les témoins ne se trompent pas, & qu'ils ne prennent point cette piece là pour une autre ; ce n'est pas comme des témoins qui déposent d'un meurtre, d'un vol, ou d'un autre fait qui n'est point sujet à équivoque, comme l'est la ressemblance des écritures : on ne peut pas se défier de la foi de deux personnes sans reproche qui déposent qu'ils ont vu l'accusé assassiner un homme qui a été tué, parce que cet homme qui a été tué est certain ; mais quelque écriture qu'on représente, du moment qu'elle est combattue de faux, elle est toujours incertaine, & les témoins qui l'ont vu écrire peuvent être les premiers trompés, d'autant qu'ils peuvent prendre celle-là pour une autre qui lui ressemble. Pour expliquer ceci encore plus clairement, il faut dire ; qu'en tout crime il y a deux choses qui doivent être constantes. 1. Que le crime a été commis. 2. Qu'il a été commis par l'accusé. Dans l'homicide, par exemple, il doit être premierement constant qu'il y a un homme mort, & ensuite que c'est un tel qui l'a tué. Il en doit être de même dans la matiere de faux : il doit être constant qu'une piece est fausse, & après cela que c'est l'accusé qui l'a écrite ; que ce soit l'accusé qui a écrit, cela peut bien être justifié par les témoins ; car il leur est fort aisé de sçavoir s'ils l'ont vu écrire : mais que la piece qu'il a écrite soit suspecte de faux, il leur est impossible de l'assurer ; car ils peuvent être trompés à la ressemblance. Il faudroit qu'ils eussent toujours eu cette piece entre les mains, ou qu'en les voyant écrire ils l'eussent fignée, & qu'ils la reconnuffent à leur fignature ; à moins de cela, ils peuvent dépofer de la perfonne, mais non de la piece.

C'eft donc pour fuppléer en ce cas à l'incertitude des témoins, que la comparaifon d'écritures eft ordonnée, non pas comme une chofe fuffifante de foi pour prouver une fauffeté ; mais comme une chofe capable d'aider à la prouver, quand elle eft jointe à la dépofition de deux bons témoins, & de fuppléer à la foi que leur feul témoignage n'eft pas capable de former dans cette rencontre ; auffi l'Article premier du Titre neuf de l'Ordonnance du mois d'Août 1670 porte, *que la preuve du faux fera faite tant par témoins que par experts.* L'Art. treize du même Titre ajoute, *que cette preuve fera auffi faite par titres,* c'eft-à-dire, par toutes les voies par lefquelles il eft poffible de découvrir les traces de la vérité, & tout cela conjointement ; l'Ordonnance ne fe fert pas de la disjonctive.

IV.

Celui qui fe rend partie, s'appelle partie civile, parce qu'il ne peut pourfuivre que fon intérêt civil, c'eft-à-dire, la reftitution de fon honneur ou de fon bien.

V.

La partie qui s'eft défiftée ne peut plus

pourſuivre la meme accuſation, ni accu-
ſer de rechet l'accuſé du crime de la pour-
ſuite duquel il s'eſt déſiſté.

VI.

Le dénonciateur ne ſe reçoit que dans
les crimes publics. Il s'inſcrit ſur le regiſtre du Procureur du Roi ſans ſe rendre partie, & demeure ordinairement ſe-
cret; mais lorſque le procès eſt en état
de juger, il peut intervenir ſans retarda-
tion du jugement, & demander en cas
qu'il ne ſoit partie civile, que partie de la
confiſcation lui ſoit adjugée par la Sentence qui condamnera l'accuſé : que ſi
l'accuſé eſt abſous, le Procureur du Roi
doit nommer le dénonciateur, ſi l'accuſé
le demande pour récouvrer ſes dommages
& intérets, deſquels le Procureur du Roi
n'eſt jamais tenu, ſi l'on ne le pourſuit en
ſon nom; & par cette raiſon, ſi le dénonciateur n'étoit pas connu ſolvable, il
eſt de la prudence du Procureur du Roi
de l'obliger à donner caution & certifica-
teur en recevant ſa dénonciation.

VII.

On peut pourſuivre l'action criminelle
contre toutes perſonnes qui doivent être
jugées à la rigueur par les premiers Juges; mais ſi les accuſés ſont des enfans

au-dessous de l'âge de quatorze ans, ou des insensés, les Cours Supérieures y ont égard en jugeant les appellations, & les enfans sont ordinairement déchargés à l'Audience, quand ils n'ont pas été portés par les peres & meres ou autres à commettre le crime, lesquels en ce cas en demeurent responsables ; & à l'égard des insensés, l'on ordonne avant faire droit qu'il sera informé de leurs vie & mœurs pour connoître s'ils sont effectivement insensés.

VIII.

Le Juge doit faire lecture de la plainte aux témoins, & recevoir ce qu'ils déposent d'eux-mêmes sans les interroger, ni leur rien suggérer par force ni par adresse, & faire ensorte d'apprendre de quelle maniere la querelle qui a précédé l'assassinat a commencé, & qui a été l'aggresseur, ou l'accusé ou celui qui se plaint, avec les circonstances de l'action & des paroles qui ont été dites de part & d'autre, parce que l'information doit être un vif tableau du crime, & sur le champ le Juge doit faire rediger les dépositions de témoins.

IX.

Si celui qui a été assigné comme témoin dit qu'il ne sçait rien du fait dont il s'agit, il en faut faire mention dans l'information,

& on lui fait figner fa déclaration, qu'il ne fçait rien.

X.

On peut pendant le procès faire plufieurs informations ou additions d'informations, & pour toutes les additions une feule per-miffion fuffit, parce qu'elles regardent les mêmes faits.

XI.

Le Juge, en decretant les informations, y doit faire une férieufe attention, & avoir égard aux qualités des accufés, s'ils font domiciliés, ou vagabonds & inconnus; s'ils font de mauvaife vie ou en bonne réputation; s'ils ont été accufés d'autres crimes, ou s'il n'y a point eu de plainte contr'eux: parce qu'un fimple décret d'af-figné pour être oui contre un Officier de Juftice, ou contre un homme dont la vie eft fans reproche, lui eft beaucoup plus fenfible & infamant qu'un decret de prife de corps ne l'eft à un vagabond; l'Or-donnance veut qu'il ne foit décerné prife de corps contre les domiciliés, fi ce n'eft pour crimes qui doivent être punis de peine afflictive ou infamante. *Art.* 19 *du Tit.* 10 *de l'Ordonn. du mois d'Août* 1670.

XII.

L'ajournement perfonnel fe fait de la même

même maniere qu'un ajournement en matiere civile, & n'est autre chose qu'une assignation à personne ou domicile par un Sergent. Cette assignation doit être donnée au lieu public de la Jurisdiction, & non en l'hôtel du Juge; on l'appelle ajournement personnel, parce qu'en matiere criminelle on ne se présente point par Procureur, & que l'accusé doit par sa bouche proposer ses défenses, & de plus emporte interdiction à l'égard des Officiers, jusques à ce qu'ils ayent subi l'interrogatoire; que si le decret exprime l'interdiction, il faut la faire lever expressément.

XIII.

L'acte de comparution personnelle se fait au Greffe, & doit porter élection de domicile & constitution de Procureur.

XIV.

Le decret d'assigné pour être oui par sa bouche, est le même que l'ajournement personnel, & se donne seulement contre des personnes de considération ou contre des Officiers pour leur sauver l'interdiction.

XV.

Assigné pour être oui, ou à fins civiles, est tout différent, & se donne lorsque l'accusé n'est point prévenu de crime, &

que l'on veut tirer de lui quelque éclair-
cissement ; ce qui n'est en effet que comme une Ordonnance pour assigner des
témoins.

XVI.

En vertu du décret de prise de corps ,
on peut prendre l'accusé dans sa maison ,
& en tous lieux , n'y ayant plus d'aziles;
& si l'accusé ou quelqu'autre fait résis-
tance pour empêcher l'exécution du décret , il faut dresser procès verbal de la
rebellion , & en informer comme de tous
les autres crimes.

En vertu du même décret , l'on peut
aussi saisir & annoter les biens meubles
& immeubles de l'accusé. *Art.* I. *du Titre*
XVII. *de l'Ordonnance du mois d'Août*
1670.

A l'égard des meubles , le Sergent en
fera description , & en chargera un gardien solvable ; & s'il se trouvoit des meubles périssables , comme bétail , denrées,
&c. les parties doivent obtenir Sentence,
portant qu'ils seront vendus, & les deniers tenus en justice.

Si l'accusé avoit une femme ou enfans ,
le Sergent leur doit laisser provision nécessaire de meubles pendant l'instruction du
procès , desquels meubles il fera aussi
description.

Et à l'égard des immeubles, il y établira

Commissaire, qui sera obligé de faire faire des baux judiciaires pardevant le Juge, vendre les fruits pendans par les racines, & rendre compte de sa commission lorsqu'il sera ainsi ordonné.

XVII.

Si l'accusé absent ne se trouve pas duement atteint & convaincu, il doit être absous, quoiqu'il soit contumax : puisque s'il se fût présenté & proposé sa justification, il lui eût été facile d'avoir cet avantage, & même un plus grand.

XVIII.

S'il n'y avoit point de partie, le Juge doit informer d'office des crimes parvenus à sa connoissance, décreter & faire emprisonner les accusés.

XIX.

Le Juge peut même faire emprisonner l'accusé lorsqu'il le trouve en flagrant délit, & que l'action est sujette à prise de corps; & après il peut informer, decreter & faire arrêter l'accusé.

XX.

On peut décerner prise de corps contre un accusé qui est déjà prisonnier, soit en

vertu d'un autre decret , soit extraordinairement ; & en ce cas l'effet du decret
donné depuis que l'accusé est retenu, n'est
qu'une recommandation.

XXI.

Lorsque la partie civile a fait emprisonner l'accusé, elle ne peut plus se défister
sans être tenue des dommages & intérêts
acquis à l'accusé , & l'accusé étant écroué
ne peut plus être relaxé que par Ordonnance du Juge, & le Juge ne doit point
ordonner l'élargiffement de l'accusé, fans
les conclusions du Procureur du Roi, &
sans ouir la partie civile. De plus, l'accusé peut être recommandé par toutes
sortes de personnes pour dettes & pour
crimes , chaque recommandation vaut un
emprisonnement, & il ne peut être relaxé
qu'en le faisant ordonner avec toutes les
parties. Cette règle est générale pour tous
les prisonniers.

XXII.

Celui qui a été ajourné à comparoir en
personne , ayant subi l'interrogatoire , a
satisfait au decret d'ajournement personnel : c'est pourquoi si ce decret avoit été
converti en decret de prise de corps ,
l'accusé qui a subi l'interrogatoire pourra
être mis hors de prison , si le Juge recon-

soit qu'il n'y ait pas lieu de le retenir.

XXIII.

Dans la prison, il faut séparer les accusés, de peur qu'ils ne communiquent avec leurs complices, ou avec d'autres personnes qui puissent les instruire : on peut néanmoins mettre ensemble deux accusés de différens faits, & leur ôter les ferremens, cordons & autres choses dont ils se pourroient nuire.

XXIV.

S'il y a des pieces dont on prétende tirer des preuves contre l'accusé, il faut les lui représenter lors de l'interrogatoire, pour les reconnoître avant, s'il est possible qu'il ait oui le secret des informations par la confrontation ; & néanmoins si on recouvre ensuite d'autres pieces, & qu'on ne les ait pas représentées avant la confrontation, on le peut faire en quelque état que soit le procès.

XXV.

Le Juge peut interroger l'accusé toutes les fois qu'il veut, tant sur les faits portés par l'information qu'autres ; il se peut même servir pour interroger l'accusé des mémoires qui lui seront donnés par les Procureurs du Roi, ceux des Seigneurs & des Parties civiles ; mais que ce soit uniquement pour découvrir la vérité, par les réponses que l'accusé est toujours tenu

de faire; il ne doit pas interroger l'accufé
fur d'autres crimes dont il n'y a point de
preuve ni d'indice, ni lui promettre l'impunité, pour l'obliger par cette efpérance
à confeffer le crime qu'il n'a peut-être
pas commis. *Art. 3 du Titre* XIV *de l'Ordonnance du mois d'Août* 1670.

L'accufé peut dire tout ce qui fert à fa
défenfe & tout ce qu'il voudra concernant
les faits dont on l'interroge ; & s'il a
quelque exception déclinatoire, il la peut
propofer.

Si l'accufé décline la Jurifdiction du
Juge, foit à caufe de fon incompétence,
ou pour la qualité du crime, ou du lieu
où il a été commis, ou fur la qualité de
l'accufé, cet incident doit être réglé fommairement : & fi l'accufé fe trouve bien
fondé en fon exception, il le faut renvoyer devant fon Juge; & fi au contraire,
il fera ordonné fans avoir égard à la demande à fin de renvoi, qu'il fera procédé
à l'inftruction & au jugement du procès
par le Juge qui a commencé la procédure
nonobftant toutes appellations, même
comme de Juge incompétent & récufé.

Pour les récufations, l'on peut voir le
Titre vingt-quatriéme du premier Tome
du Stile Univerfel, fur l'Ordonnance du
mois d'Avril 1667.

Si l'interrogatoire ne peut être achevé
en une fois, il le faut figner à la fin de
chaque vacation.

XXVI.

Si la partie civile prend droit par l'interrogatoire, & que le Procureur du Roi
n'empêche que le procès soit jugé en l'état
qu'il est, il pourra être jugé diffinitivement sans récolement ni confrontation;
mais lorsqu'il n'y a que le Procureur du
Roi de partie, il demande toujours le
récolement & la confrontation, & jamais
il ne prend droit par l'interrogatoire,
quand même l'accusé auroit tout avoué;
par la raison que l'interrogatoire seul ne
peut faire preuve que pour l'intérêt civil
& non pas pour le crime : & si le Procureur du Roi ne demande pas le recolement, le Juge doit l'ordonner d'office,
si ce n'est que la matiere lui parût si legere,
qu'il ne crût pas devoir instruire l'extraordinaire.

Quand même l'accusé du crime qui mérite peine afflictive ou infamante, voudroit prendre droit par l'information, le
Juge doit toujours ordonner que les témoins seront recolés & confrontés, parce
que les témoins, lors du recolement ou
de la confrontation, peuvent décharger
l'accusé, en expliquant la vérité des faits
par quelques circonstances qu'ils n'ont pas
déclarées par leurs dépositions, où l'accusé pourra être chargé par l'éclaircisse-
ment qui se fera en sa présence de ce qui

pouvoit faire difficulté par l'information.

XXVII.

Le Juge après l'interrogatoire de l'accusé, & après avoir vu l'information, peut ordonner son élargissement ou sur requête ou d'office, s'il n'estime pas qu'il y ait lieu de le condamner en une peine afflictive: en ce cas l'accusé sera mis hors de prison à sa caution juratoire, ou en donnant caution de se représenter quand il sera assigné, jusques au Jugement diffinitif du procès; que s'il ne se représentoit pas aux assignations, la procédure se fera contre lui aux termes de l'article vingt-quatre du Titre dix-sept de l'Ordonnance du mois d'Août 1670, & sera jugé par contumace. S'il est dit qu'il sera élargi à sa caution juratoire, il n'est point nécessaire d'appeller la partie; s'il est dit en donnant bonne & suffisante caution, elle doit être reçue avec la partie civile. La caution se reçoit en la forme exprimée au Titre vingt-huitième du premier Tome du Stile Universel sur l'Ordonnance du mois d'Avril 1667, & s'oblige seulement à représenter l'accusé ou à payer pour lui, non pas à le représenter & par corps; car on suppose qu'il n'y aura lieu qu'à des dommages & intérêts. L'on peut aussi mettre le prisonnier à la garde d'un Huissier qui se chargera de le représenter, &

d'y être contraint par corps ; souvent on lui donne la Ville pour prison, avec défenses de désemparer, à peine d'être réputé convaincu du crime dont il est accusé.

XXVIII.

Il faut observer que jamais on ne reçoit les parties en procès ordinaire, lorsqu'il n'y a point d'autre partie que le Procureur du Roi.

XXIX.

Si l'accusé est prisonnier, l'assignation pour le recolement & confrontation se peut donner aux témoins pour comparoître le même jour qu'elle est faite ; & s'il n'étoit pas en prison, il faut que l'assignation soit donnée d'un jour à autre ; toutes ces assignations se peuvent donner les jours de dimanches & fêtes.

XXX.

Si un témoin nécessaire se retracte ou change sa déposition dans des circonstances essentielles depuis le recolement, il faut interrompre la procédure principale, & lui faire son procès comme faux témoin ; & s'il se trouve avoir été suborné par la partie civile pour charger au recolement l'accusé qu'il n'avoit point chargé par sa déposition, il sera condamné

né pour la corruption, & la partie civile
pour la fubornation ; & de plus la partie
civile en tous les dommages & intérêts,
& l'accufé renvoyé abfous. Si e'eft l'accufé qui a corrompu le témoin pour le
décharger au recolement, après l'avoir
chargé par fa dépofition; la fubornation
étant prouvée, le témoin fera condamné
en une peine, & l'accufé renvoyé abfous;
parce que le témoin qui eft convaincu de
corruption, ne peut plus être confronté,
& que la preuve n'eft pas complette,
fuppofé que ce témoin foit néceffaire:
ainfi l'accufé étant abfous, la partie civile
pourra être condamnée en fes dommages
& intérêts. Mais la partie civile aura fon
recours contre le témoin, fur la foi duquel elle s'eft engagée à la pourfuite du
procès, & le témoin n'aura aucun recours
contre l'accufé.

XXXI.

On doit évoquer le procès des complices au lieu où l'on fait le procès au
principal accufé ; & celui qui eft pour-
fuivi en même tems en divers lieux pour
différens crimes, peut demander le renvoi en la Jurifdiction où il eft prifonnier,
de tous les procès criminels intentés contre lui en quelque Jurifdiction que ce
foit.

XXXII.

Si le Procureur du Roi manque par absence ou par quelqu'autre empêchement, le dernier Conseiller reçu, ou tel autre que la Compagnie commet, peut faire la fonction de Procureur du Roi; & aux Siéges où il n'y a qu'un Juge, il commet le plus ancien Praticien.

XXXIII.

Si le Procureur du Roi juge à propos que l'on puisse faire quelque instruction nécessaire, au lieu de conclusions diffinitives, il en donne de préparatoires; comme, à ce qu'il soit fait perquisition de la personne d'un témoin, ou que l'accusé soit reçu à faire preuve de ses faits justificatifs, &c.

XXXIV.

Il ne se fait point de confrontation des témoins ouis en l'enquête de faits justificatifs: on ne permet point de faire preuve du contraire, parce qu'elle doit être faite par le procès, si le crime y est prouvé.

XXXV.

Si l'alibi ou autre fait semblable est suffisamment justifié par quelque écriture

authentique , il n'en faut point d'autre
preuve.

XXXVI.

Si pardevant les premiers Juges , les
conclufions des Procureurs du Roi, ou
de ceux des Seigneurs , & aux Cours Supérieures les Sentences dont eſt appel ,
où les conclufions des Procureurs Généraux portent condamnation de peine
afflictive , les accufés feront interrogés
fur la fellette après le rapport du procès ,
devant tous les Juges , afin qu'ils connoiffent lors de ce dernier interrogatoire,
celui qu'ils vont juger; & que s'il n'avoit
pas eu toute la liberté , & le Commiffaire
toute l'exactitude néceffaire , on puiffe y
remédier. Chacun des Juges peut le faire
interroger par celui qui préfide. *Art.* 21
*du Titre XIV. de l'Ordonnance du mois
d'Août* 1670.

XXXVII.

On appelle queſtion préparatoire celle
qui eſt ordonnée avant le Jugement diffinitif; & queſtion diffinitive , celle qui
eſt portée par le Jugement de mort, laquelle ne s'ordonne pas pour la conviction de l'accufé qui eſt déjà condamné ,
mais pour avoir connoiffance de fes complices , ou pour quelqu'autre caufe.

XXXVIII.

En jugeant le procès, si l'on ordonne qu'il sera plus amplement informé des faits contenus en la plainte, & cependant que l'accusé sera mis hors de prison, il demeure (*in reatu*) & le procès pourra être continué, si dans la suite il se trouve preuve contre lui.

XXXIX.

L'accusé qui décéde pendant l'instruction du procès, & le condamné pendant l'appel, sont capables de faire testament, de recueillir, & de tous autres effets civils; & la confiscation de biens, si elle est adjugée en conséquence de la peine, demeure éteinte avec le crime : mais la réparation civile, & les dommages & intérêts pourront être demandés aux héritiers de l'accusé.

X L.

Dans un grand crime, un seul témoin qui dépose qu'il a vu, & quelques circonstances, porte ordinairement les Juges à condamner l'accusé à la Question, & il suffit de deux témoins pour condamner à la mort, ou autre peine au-dessous.

Vol sur les grands chemins.

Ce crime est puni de la mort sur la

roue. *Edit de François I. du mois de Janvier* 1534.

Femmes qui cachent leur Grossesse & Accouchement.

S'il s'en trouve qui ait caché sa grossesse & son accouchement sans avoir déclaré l'un ou l'autre, & avoir pris attestation de la vie ou de la mort de son enfant lors de son accouchement, & que l'enfant n'ait pas été baptisé ou inhumé publiquement, elle sera réputée l'avoir tué, & sera punie de mort. *Edit d'Henri II. du mois de Février* 1556.

Meurtre & Homicide de Guet-à-pens.

Les coupables de crime, de quelque qualité qu'ils soient, tant Gentilshommes que Roturiers, seront punis de mort sur la roue. Les Juges ne peuvent commuer cette peine. *Edit d'Henri II. du mois de Juillet* 1557. *Ordonnance de Blois, Art.* 194.

Assassins.

Assassins qui se louent à prix d'argent ou autrement, pour tuer ou battre quelqu'un, ou pour ôter des mains de la Justice des personnes arrêtées pour crimes, & ceux qui les y ont induits : la seule machination ou attentat doit être punie de mort, quoique l'effet ne s'en soit ensuivi. *Ordonnance de Blois, Art.* 195.

Duel.

L'appellant & l'appellé venant au combat actuel, encore qu'il n'y ait aucun de blessé ou de tué, seront punis de mort ; & si l'un des combattans ou tous les deux font tués, le procès criminel sera fait contre la mémoire des morts, comme contre criminels de leze-Majesté divine & humaine, leurs corps seront privés de la sépulture & leurs biens confisqués : que si le crime a été commis dans les Provinces où la confiscation n'a point de lieu, il sera pris sur les biens des criminels au profit des Hôpitaux, une amende au lieu de la confiscation, dont la valeur ne pourra être moindre que la moitié du bien des criminels. *Edits des mois de Juin* 1643 *&. d'Août* 1697.

Empoisonneurs.

Ceux qui seront convaincus d'avoir attenté à la vie de quelqu'un par venefice & poison, ensorte qu'il n'ait pas tenu à eux que le crime n'ait été consommé, seront punis de mort. *Edit du mois de Juillet* 1682.

Blasphèmateurs.

Ceux qui auront juré & blasphêmé le

faint Nom de Dieu & de fa fainte Mere
& des Saints, feront condamnés pour la
premiere fois à une amende pécuniaire,
felon leurs biens, la grandeur & l'énormité du ferment & blafphême, les deux
tiers de l'amende applicables aux Hôpitaux des lieux; & où il n'y en aura, à
l'Eglife, & l'autre tiers au Dénonciateur:
& fi ceux qui auront été ainfi punis, re-
tombent à faire le ferment, feront pour
la feconde, tierce & quatriéme fois,
condamnés en amendes doubles, triples
& quadruples, & pour la cinquiéme fois
feront mis au carcan, aux jours de Fêtes,
de Dimanches ou autres, & y demeureront depuis huit heures du matin jufqu'à
une heure après midi, & en outre condamnés en une groffe amende, & pour
la fixiéme fois feront conduits au Pilori,
& là auront la lévre de deffous coupée;
& s'ils continuent après toutes ces peines
à proférer les juremens & blafphêmes,
Sa Majefté veut qu'ils ayent la langue coupée tout jufte: & en cas qu'ils n'ayent de
quoi payer les amendes, ils tiendront
prifon au pain & à l'eau pendant un mois
ou plus long-tems, felon la qualité &
énormité des blafphêmes. *Déclaration du*
30 Juillet 1666.

Faux Monnoyeurs & Billonneurs.

Ceux qui fabriquent ou expofent de la

fauʃʃe monnoie ou qui altérent la bonne, ʃeront punis de mort. *François I. du* 13 *Juillet* 1536.

Billonner eʃt auʃʃi un crime : il ʃe commet, 1° lorʃqu'on achete ou qu'on change la monnoie pour moins qu'elle ne vaut, pour la remettre à plus haut prix. 2°. Si les Receveurs & les Collecteurs retiennent les bonnes eʃpéces d'or & d'argent qu'ils ont reçues des contribuables, & n'envoyent au Tréʃor Royal que des eʃpéces de billon & du cuivre, ou retiennent les eʃpéces peʃantes, & ne font les payemens qu'en eʃpéces legeres. 3°. Si les Changeurs remettent dans le commerce les eʃpeces défectueuʃes, étrangeres & décriées qu'ils ont changées. 4°. Si l'on choiʃit des eʃpéces plus peʃantes pour les fondre ou les vendre aux Orfévres qui les fondent pour leurs ouvrages. *Etats d'Orléans* 147. 148.

Faux-Sonniers.

Ceux qui ʃe trouveront ʃaiʃis de faux ʃel ou qui ʃeront convaincus d'en faire trafic, ʃeront condamnés ; ʃçavoir, les faux-ʃauniers attroupés avec armes, aux galeres pour neuf ans, & en cinq cens livres d'amende, & en cas de récidive pendus & étranglés ; les faux-ʃauniers ʃans armes avec chevaux, harnois, charrettes ou bateaux, condamnés pour la premiere fois en 300 liv. d'amende, & en cas de réci-

dive aux galeres pour neuf ans , & quatre
cens livres d'amende ; & les faux-fauniers
à porte-col fans armes , condamnés pour
la premiere fois en deux cens livres d'a-
mende : chacun des coupables fera condamné auxdites amendes , & feront les
complices du même fait tenus folidairement de toutes les amendes comprifes
dans une même condamnation. Les femmes & filles coupables de faux-faunage ,
feront condamnées pour la premiere fois
en cent livres d'amende ; pour la feconde
fois au fouet & à trois cens livres d'a-
mende , en cas de récidive feront , outre
les peines ci-deffus , bannies à perpétuité
du Royaume ; la peine des galeres prononcée contre ceux qui fe trouveront in-
capables d'y fervir , fera convertie ; fçavoir , celles des galeres pour fix ans , en
celle du fouet & de la flétriffure ; celle
des galeres pour neuf ans , auffi en celle
du fouet , flétriffure , & de plus banniff-
fement perpétuel du Royaume. *Ordonnance portant réglement fur le fait des
Gabelles , du mois de Mai* 1680, *Titre*
XVII.

Péculat.

Le péculat eft un larcin des deniers
qui appartiennent au Roi & au Public ; ce
crime eft puni par confifcation de corps
& de biens : & fi le coupable eft noble ,

Il fera outre cette peine déchu du titre
de nobleſſe, lui & ſa poſtérité déclarés
roturiers. *Ordonnance de François I. du
mois de Mars* 1545.

Ceux qui auront employé à leur uſage
particulier, ou détourné les deniers de
leurs caiſſes appartenans au Roi, ſeront
punis de mort, ſans que la peine puiſſe
être modérée par les Juges qui en devront connoître, à peine d'interdiction,
& de répondre en leurs noms des dommages & intérêts. *Déclaration du 3 Juin*
1701.

Fauſſaires.

Tous Juges, Greffiers, Miniſtres de
Juſtice, de Police & de Finance, de toutes les Cours & Juriſdictions Royales,
& ceux des Officialités & des Juſtices
des Seigneurs, les Officiers & Miniſtres
des Chancelleries, les Gardes des Livres
& Regiſtres des Chambres des Comptes
& des Bureaux des Finances ; & ceux des
Hôtels-de-Ville, les Archiviers & généralement toutes perſonnes faiſant fonction
publique, par office, commiſſion ou ſub-
délégation, leurs Clercs ou Commis qui
ſeront atteints & convaincus d'avoir commis fauſſeté dans la fonction de leurs
Offices, Commiſſions ou Emplois, ſeront punis de mort telle que les Juges
l'arbitreront, ſelon l'exigence des cas &

la qualité des crimes ; & à l'égard de ceux
qui ne font pas Officiers, & qui n'ont
aucune fonction ou ministère public, commission ou emploi de la qualité ci-dessus,
auront commis fausseté hors la fonction
de leurs offices, commissions ou emplois,
les Juges pourront les condamner à telles
peines qu'ils jugeront, même de mort,
selon l'exigence des cas & la qualité des
crimes ; & pour ceux qui auront falsifié
les Lettres de la grande Chancellerie, &
de celles qui font établies près les Cours
de Parlement, imité, contrefait, appliqué
ou supposé les grands & petits Sceaux,
soit qu'ils soient Officiers, Ministres ou
Commis desdites Chancelleries ou non,
seront punis de mort. *Ordonnance de
François I. du mois de Mars* 1531. *Edit
du mois de Mars* 1680.

Banqueroutiers frauduleux.

Ceux qui auront diverti leurs effets,
supposé des créanciers, ou déclaré plus
qu'il n'étoit dû aux véritables créanciers,
seront poursuivis extraordinairement &
punis de mort. *Ordonnance d'Orléans,
Art.* 142. *Blois, Art.* 205. *Edit d'Henri
IV. de* 1609.

Ceux qui auront aidé ou favorisé la Banqueroute frauduleuse en divertissant les
effets, acceptant des transports, ventes
ou donations simulées, & qu'ils sçauront

être en fraude des créanciers, ou se déclarant créanciers & ne l'étant pas, ou pour plus grande somme que celle qui leur est dûe, seront condamnés en quinze cens livres d'amende, & au double de ce qu'ils auront diverti ou trop demandé au profit des créanciers, *Art.* 10, 12 & 13 *de l'Ordonnance du mois de Mars* 1673.

Rapt.

Ceux qui se trouveront avoir suborné les fils ou filles mineures de vingt-cinq ans, sous prétexte de mariage ou autrement, sans le consentement des peres & meres & tuteurs, seront punis de mort, quoique les mineurs puissent alléguer ensuite qu'ils y ont consenti avant, & lorsque le crime a été commis : & ceux qui auront participé au rapt, & qui y ont donné conseil ou aide, en quelque maniere que ce soit, seront pareillement punis. La peine du rapt demeurera encouruë nonobstant les consentemens que les peres, meres, tuteurs & curateurs pourront donner après le crime commis. *Art.* 42 *de l'Ordonnance de Blois. Art.* 2 *de la Déclaration du* 26 *Novembre* 1639.

Usure.

Pour la premiere fois, l'amende-honorable, bannissement, condamnation de

grosses amendes. On ordonne la restitution des usures aux témoins sans qu'ils
l'ayent demandé ; pour la seconde , confiscation de corps & de biens : dans les
autres crimes, les Juges ne s'arrêtent point
aux témoignages singuliers , il faut deux
témoins d'un même fait pour avoir égard
à leurs dépositions ; mais dans le crime
d'usure, les témoignages singuliers concernant ce crime , peuvent faire preuve,
lorsqu'il y a dix témoins qui déposent des
faits différens, & deux témoins d'un même
fait en valent un dans le crime d'usure.
Ordonnance d'Orléans, *Art.* 141. *Ordonnance de Blois , Art.* 202 & 261.

Concussion.

Si c'est un Juge qui ait commis ce crime , on le déclare incapable d'exercer à
l'avenir aucune charge de Judicature ,
avec injonction de se défaire de celle dont
il est pourvu dans un tems , sinon déclarée vacante & impétrable; & un autre non
Officier , on le condamne au blâme ou
au bannissement , le tout suivant l'exigence des cas. *Ordonnance de* 1539 *, Art.*
184. *Orléans , Art.* 43 , 77 , 132. *Blois,
Art.* 94, 114, 157.

Ceux qui ne gardent pas leur Ban.

Ceux qui ont été bannis par Sentence

Prévôtale ou Jugement Préſidial rendu
en dernier reſſort, & qui ſeront repris,
quand même ce ne ſeroit que faute de garder leur ban ſeulement, ſeront condamnés aux galeres; à l'égard des femmes &
filles qui auront été bannies auſſi par Sentence Prévôtale ou Jugement Préſidial en
dernier reſſort, & qui ſeront repriſes
faute de garder leur ban, elles ſeront
condamnées à être enfermées dans les
Hôpitaux généraux les plus prochains;
quant à ceux & celles qui auront été bannis par Arrêts des Cours ſupérieures, &
qui ſeront pareillement repris pour n'a-
voir pas gardé leur ban, Sa Majeſté laiſſe
aux Cours & autres Juges Royaux, ayant
pouvoir de juger en dernier reſſort la
liberté d'ordonner de leur châtiment, eu
égard à la qualité des crimes pour leſquels
ils auront été bannis, à l'âge & condition
des perſonnes. *Déclaration des 31 Mai
1682, & 29 Avril 1687.*

Bohemiens ou Egyptiens.

Les hommes ſeront attachés à la chaîne, conduits aux galeres pour y ſervir
comme forçats, & à l'égard des femmes & filles qui les accompagnent & va-
guent avec eux, elles ſeront raſées &
conduites dans les Hôpitaux les plus prochains des lieux, les enfans qui ne ſeront
pas en état de ſervir dans les galeres, v

seront auffi conduits pour y être nourris
& élevés comme les autres enfans qui y
font enfermés, & au cas que les femmes
continuent de vaguer & de vivre en Bo-
hémiennes, feront fuftigées fans autre
forme ni figure de Procès. *Edit du mois
de Décembre 1656. Déclaration du 11 Juillet 1682.*

---

*Il n'y a point de Loi en France qui regle
le genre de la peine des crimes qui fui-
vent, il eft arbitraire & dépend de l'office du Juge qui doit examiner la qualité
& les circonftances du crime pour le punir, mais il ne peut ordonner d'autres
peines que celles qui font reçues par
l'ufage.*

SACRILEGE.

L'Amende-honorable, pendu ou autre
peine, comme celle des galeres à tems
ou à perpétuité, ou le banniffement.

Dans les crimes énormes qui regardent
la Divinité, la fainte Vierge & les Saints ;
le feu & le procès brûlé avec le coupable.

De même pour vol de faintes Hofties
avec le faint Ciboire, & en avoir fait
mauvais ufage ; ainfi pareille peine pour
des crimes qui regardent les faints Myf-
teres.

Beftialité.

Beſtialité.

Ce crime bien prouvé , pareille peine.

Parricide.

Le coupable ſera condamné à l'amende-
honorable , poing coupé , rompu vif , expiré ſur la roue.

Un pere ou une mere qui tuent leurs
enfans , condamnés à être pendus.

Femme qui aſſaſſine ſon mari.

L'amende-honorable , poing coupé ,
pendue , le corps mort brûlé , & les cendres jettées au vent.

Le mari qui aſſaſſine ſa femme.

De même , ou la roue , ſelon la gravité
du crime.

Homicide de ſoi-même.

Le cadavre ſera attaché à une charrette ,
traîné ſur une claye la face contre terre ,
& pendu enſuite.

Il en ſera de même de celui qui eſt
tué en faiſant rébellion à Juſtice , à force
ouverte.

Tome II. C

Incefte.

Il n'y a point de loi en France qui punisse l'Incefte de mort, néanmoins il y a plusieurs Arrêts qui ont condamné au dernier fupplice, ceux qui en ont été convaincus.

Bigame.

La peine de ce crime est le carcan ; le coupable y est attaché avec deux quenouilles, & un écriteau, *Bigame* : on y ajoute le banniffement ou les galeres.

Adultere.

La peine à l'égard de la femme fera d'être authentiquée, c'est-à-dire, d'être mife dans un Couvent tel que fon mari voudra choifir, pour y demeurer pendant deux ans en habit féculier, pendant lefquels fon mari la pourra voir & reprendre fi bon lui femble, finon ce tems paffé, fera rafée & voilée pour y finir le refte de fes jours, & privée de fa dot & conventions matrimoniales, dont la propriété appartiendra aux enfans, & l'ufufruit au mari, à la charge de lui payer la penfion, dont il conviendra avec la Supérieure du Couvent ; & le complice condamné au banniffement ou au blâme, fuivant l'exigence des cas & la qualité des personnes : cela peut aussi aller à une admonition & aux dommages & intérêts du mari, & solidairement avec la femme aux dépens.

Maquereaux publics.

La peine est le fouet, la flétrissure & le bannissement, avec écriteaux portant ces mots, *Maquereau public.*

Larcin.

1. Le larcin est simple, lorsque le voleur emporte les meubles du lieu où il est entré sans fraction de portes, fenêtres & coffres, ou s'il coupe la bourse : pour la premiere fois le bannissement à tems ; mais s'il y a récidive, & que l'accusé ait été deux fois repris de Justice, il pourroit être condamné aux galeres : pour le condamner à mort, il faudroit que le vol fût considérable.

2. Larcin d'une chose sacrée qui se commet dans une Eglise, la mort.

3. Celui qui se commet dans les Auditoires & Chambres où se rend la Justice, fustigé, flétri & banni, jusques aux Galeres, selon l'exigence des cas.

4. Larcin domestique, la mort ; néanmoins celui qui a trouvé de l'argent sur

une table, galeres perpétuelles, parce que
c'est la faute du maître d'avoir laissé son
argent à découvert, qui a tenté le valet:
mais s'il avoit trouvé la clef de son maître, & ouvert une armoire ou un cabinet
dans lequel il eût pris de l'argent, il mé-
riteroit la mort ; parce que dans le premier cas, c'est une tentation subite, &
dans l'autre, c'est un vol prémédité.

Recélé & divertissement d'effets d'une succession.

Ce crime peut être poursuivi par des
procédures criminelles, & si ce sont des
étrangers qui en soient convaincus, ils
doivent être sévérement punis par le bannissement perpétuel ou autres peines, à
l'arbitrage du Juge. Mais si c'est une
veuve, enfans ou héritiers accusés de ré-
célé ou divertissement, l'on reçoit les parties en procès ordinaire, les informations
seront converties en enquête, & l'on
permet aux accusés de faire preuve de
leur part ; & s'il y a preuve par les Enquêtes, les enfans ou héritiers seront
condamnés aux peines civiles à l'ordinaire, la veuve ne pourra plus renoncer à
la communauté, ainsi elle sera obligée
de payer tous les créanciers ; & lorsqu'elle aura accepté la communauté, elle
sera privée de la moitié qu'elle eût gа

avoir en qualité de commune, en la propriété des choses qu'elle a récélées, & de l'usufruit de l'autre moitié, s'il y a un don mutuel entr'elle & le défunt, &c.

Injures.

1. L'injure verbale se punit par un acte au Greffe, par lequel l'offensant demandera pardon à l'offensé.

2. Si l'injure verbale est atroce, elle se punit par des déclarations que fera l'offensant en la Chambre Criminelle, à genoux, en présence de l'offensé & de six personnes de ses amis, auquel l'offensant demandera pardon; si l'offense est outrée, on ajoute un bannissement.

3. Si l'injure atroce est par écrit, elle se punit de même que l'injure verbale atroce, en ordonnant que les écrits demeureront supprimés ou seront lacérés.

XLI.

Les Juges sont les dépositaires de l'autorité du Roi, Sa Majesté leur communique toute sa puissance dans la distribution de la justice, ils peuvent augmenter ou diminuer les peines selon la qualité de l'accusation : & s'il se présente des crimes contre lesquels la loi n'ait point prononcé de châtiment, c'est au Juge devant qui

on en pourſuit la punition , de les condamner ſelon leur atrocité ; exemple.

1. Pour punir équitablement la réparation des injures lorſqu'elle eſt demandée,
il faut diſtinguer , 1. la qualité des perſonnes qui ont dit ou ſouffert les injures,
comme d'un ſerviteur domeſtique à ſon
maître , du vaſſal au Seigneur , &c. 2.
Le lieu où l'injure a été faite, ſi c'eſt en
jugement, les Juges étant dans le Tri-
bunal , en quelqu'autre lieu public ou en
une maiſon particuliere , ces circonſtances feroient une très-grande différence
pour la réparation ; parce que ſi l'injure a
été faite dans un lieu où la juſtice ſe rend,
ou dans une Egliſe qui ſont des lieux où
l'on doit être dans le reſpect , ou dans
quelqu'autre lieu public, la peine ſeroit
plus grande que ſi l'action avoit été com-
miſe dans une maiſon particuliere.

2. Ce qui a donné lieu à l'injure, ſi elle
a été faite pour repouſſer d'autres injures,
ou ſi l'injuriant les a faites par foibleſſe
d'eſprit ou par emportement, s'il y a été
excité par l'injurié, ſi l'injure a été faite
par une pure malignité, pour donner du
chagrin à l'injurié , &c.

3. La qualité de l'injure, ſi elle donne
atteinte à la réputation, comme d'appeller un honnête homme voleur, de dire
qu'un Notaire ou autre Officier public eſt
fauſſaire , qu'il a été repris de Juſtice à

cauſe des crimes qu'il a commis, ſi l'injuriant dit qu'une femme eſt d'une vie dé-
réglée, qu'il l'a vue dans des lieux de
débauche, &c.

4. Si l'injure eſt par écrit, elle eſt beaucoup plus atroce & plus ſenſible que
l'injure verbale, la réparation en doit
être plus grande, parce que l'injure qui
eſt écrite demeure à la poſtérité ; ce qui
fait que les gens d'eſprit demandent fort
rarement en Juſtice la réparation d'une
injure verbale, parce qu'elle devient injure par écrit, par l'acte de déclaration
publique que le Juge ne peut pas refuſer,
ſi on la demande.

5. Si l'injure a été faite en jugement,
& qu'elle ſoit néceſſaire pour juſtifier la
demande ou les défenſes des parties, elle
eſt permiſe comme un moyen légitime,
le Juge même en doit ordonner la preuve,
s'il y a lieu, en cas qu'elle ſoit déniée ;
mais ſi l'injure eſt inutile au fait dont il
s'agit, l'injuriant doit être condamné à en
faire réparation.

6. Il en eſt de même des reproches in-
jurieux qui ſont donnés contre les témoins,
qui étant vérifiés par écrit, les témoins
n'en peuvent demander réparation ; mais
ſi pour reproches la partie dit que le témoin eſt un fauſſaire, un voleur, qu'il a
été repris de Juſtice, &c. & que les re-

proches étant déniés , ne puissent être
vérifiés par écrit , la réparation en doit
être faite au témoin. *Article 41 de l'Or-*
donn. de 1539. Article 2 du Titre XXIII.
de l'Ordonnance du mois d'Avril 1667.

Les circonstances & l'atrocité des autres
crimes doit être examinée avec la même
exactitude.

XLII.

La révision des Procès-criminels est un
moyen pour annuller les Arrêts & Jugemens en dernier ressort, si la procédure
sur laquelle ils ont été donnés, n'a pas
été faite selon les règles que Sa Majesté a
prescrites pour l'instruction des Procès-
criminels, par l'Ordonnance du mois
d'Août 1670.

C'est au Conseil du Roi où il faut demander qu'il soit procédé à la révision des
Procès-criminels, & sur la Requête qui y
sera présentée ; à cet effet il se donne un
Arrêt qui renvoie la Requête aux Requêtes de l'Hôtel, pour donner avis s'il y a
lieu à la révision ou non ; & sur l'avis des
Maîtres des Requêtes qui se rapporte au
Conseil, s'il se trouve des fautes dans la
procédure criminelle, il se donne un Arrêt sur lequel on expédie des Lettres en
Chancellerie, dont l'adresse doit être faite
à celle des Cours où le Procès aura été

jugé, portant injonction de procéder à la
révifion du Procès, examen de la preuve;
& s'il y a lieu à nouveau Jugement, toutes ces procédures font au Titre VI. du
Stile du Confeil du Roi : ce Livre qui eft
le troifieme Tome du Stile Univerfel, en
eft la principale & la plus néceffaire partie ; il contient les différens degrés de
Jurifdictions qu'il y a dans le Royaume,
le pouvoir des Juges, les matieres qui
font de leur compétence, ce qu'il faut
obferver pour fe pourvoir en caffation
des Arrêts des Cours fupérieures & Jugemens en dernier reffort ; s'ils n'ont pas
jugé fuivant les Coutumes & les Ordonnances, & autres matieres importantes
pour l'inftruction des affaires civiles &
criminelles. *Art:* 8, 9, 10 *du Titre XVI.*
de l'Ordonnance du mois d'Août 1670.

Il y a des règles particulieres en faveur
feulement des habitans de la Franche-
Comté, pour la révifion des Procès-criminels. Sa Majefté après la conquête de
cette Province, les a confervés dans le
privilege de pouvoir demander la révifion
des Arrêts de leur Parlement transféré à
Befançon : Sa Majefté a choifi les trente
plus anciens Confeillers du Parlement de
Dijon, pour Juges des révifions des Arrêts du Parlement de Befançon, dont dix
compofent chaque année la Chambre où

D v

l'on porte ces sortes de Procès ; les formalités qu'il faut observer, sont 1. de consigner cent vingt livres , 2. de prendre
dans l'année que l'Arrêt a été rendu , une
Ordonnance des Commissaires Réviseurs,
pour apporter le Procès & faire venir
deux Conseillers de Besançon ; sçavoir ,
le Rapporteur qui doit être du nombre
des Commissaires Réviseurs , & celui qui
le premier a ouvert l'avis contraire à celui du Rapporteur. Dans le jugement de
révision , l'on ne peut être parti en opinions , parce que lorsqu'il y a partage ,
le premier Arrêt subsiste. *Déclaration du
mois de Février* 1679.

XLIII.

De la Jurisdiction Ecclésiastique en matiere criminelle.

Le Juge d'Eglise connoît des crimes
purement Ecclésiastiques qui se commet-
tent contre les saints Decrets & Consti-
tutions Canoniques , qui sont appellés
crimes simples , parce qu'ils peuvent être
réparés par les peines Canoniques , sans
avoir recours à celles des Ordonnances
Royaux.

Les crimes communs sont ceux qui dé-
pendent des deux Jurisdictions , & qui

font fujets aux peines établies par les loix
civiles & ecclésiastiques, comme le blafphême, l'adultere, l'usure, le parjure,
le larcin, l'injure verbale ou réelle, &
autres.

Les crimes privilégiés font les cas
Royaux, qui à cause de leur atrocité ne
peuvent être affez févérement punis par
les peines Canoniques, l'intérêt public
exigeant des punitions exemplaires qui
n'appartiennent pas aux Juges d'Eglise.
Ces cas privilégiés font ; 1. le crime de
leze Majefté humaine. 2. La fabrication,
altération ou expofition de fauffe monnoie. 3. Le meurtre. 4. L'incendie. 5. Le
rapt. 6. Les empoifonnemens. 7. Le vol
fur les grands chemins. 8. Le port d'armes avec affemblée illicite. 9. La force
publique. 10. L'infraction ou contravention aux défenfes du Juge. 11. Le crime
de faux commis en contrats & obliga-
tions ou en actes judiciaires, de quelque
nature qu'ils foient. 12. L'injure commife
ou proférée contre le Juge exerçant fa
Charge. 13. La défobéiffance ou rébellion
à l'Ordonnance du Juge laïc en matiere
qui eft de fa Jurifdiction. 14. La suborna-
tion des témoins au procès pendant devant
le Juge laïc. 15. Les excès commis par un
Ecclésiastique contre fa partie adverfe
pendant & en haine du procès. 16. L'in-

fraction de sauvegarde royale. 17. L'empêchement de prendre un prisonnier que
l'on veut arrêter en vertu de l'Ordonnance du Juge , ou si étant arrêté , on le
fait évader avec force. 18. Si l'Ecclésiastique a arraché ou lacéré les Ordonnances du Juge attachées en lieu public. 19.
Si le fait est militaire , & que l'accusé
comme soldat ait pris la solde du Capitaine , &c.

Les Prevôts des Maréchaux ne peuvent
connoître des Procès-criminels des Ecclésiastiques, ni les Juges Présidiaux les
juger pour les cas privilégiés , qu'à la
charge de l'appel. *Art. 42 de l'Edit con-*
cernant la Jurisdiction Ecclésiastique du
mois d'Avril 1695.

L'instruction des Procès criminels contre les personnes Ecclésiastiques pour les
cas privilégiés , doit être faite conjointement tant par les Juges Ecclésiastiques
que par les Juges Royaux, dans le ressort
desquels les Officialités sont situées , & en
ce cas ceux des Juges Royaux qui seront
commis pour cet effet sont tenus d'aller
au Siege de la Jurisdiction Ecclésiastique
pour y faire rédiger les dépositions des témoins, interrogatoires, récolemens &
confrontations par leurs Greffiers en des
cahiers séparés de ceux des Greffiers des
Officiaux , & être le Procès jugé par les

Juges Royaux, fur les procédures rédigées par leurs Greffiers. Les Sentences
de ces deux Juges doivent être pronon-
cées féparément à l'accufé. *Art.22 de l'E-
dit de Melun , du mois de Février* 1580,
& *les Edits du mois de Février* 1678 , &
Juillet 1684 *pour l'exécution de l Art.* 22
de celui de Melun.

Lorfque les Baillis & Sénéchaux & leurs
Lieutenans Criminels inftruiront le Pro-
cès-criminel à des Eccléfiaftiques, & qu'ils
accorderont leur renvoi pardevant l'Official dont ils font jufticiables pour le délit
commun, foit fur celle du Promoteur en
l'Officialité; les Procureurs du Roi ès Sieges des Bailliages & Sénéchauffées font
tenus d'en donner avis à l'Official , afin
qu'il fe tranfporte fur les lieux pour l'inftruction du Procès, s'il l'eftime à propos
pour le bien de la Juftice : & en cas qu'il
déclare qu'il entend inftruire le procès
dans le Siége de l'Officialité, il faut tranf-
férer les accufés dans les prifons de l'Officialité dans huitaine après cette déclaration, aux frais & à la diligence de la partie
civile , s'il y en a ; & en cas qu'il n'y en
ait pas , ce fera à la pourfuite des Procureurs du Roi & aux frais des Domaines
de Sa Majefté : & dans le même tems de
huitaine , le Lieutenant Criminel , & à
fon défaut un autre Officier du Siége, dans

lequel le Procès a été commencé, se tranf-
portera dans le lieu où eſt le Siége de l'Officialité, quand même il ſeroit hors le
reſſort du Siége Royal, pour y achever
l'inſtruction du Procès, conjointement
avec l'Official, ſans que les Officiers
Royaux ſoient obligés de demander territoire ni prendre *Pareatis* des Officiers
ordinaires des lieux; & après que le Procès inſtruit pour le délit commun aura
été jugé en l'Officialité, l'accuſé ſera ramené dans les priſons du Siége Royal,
où il aura été commencé, pour y être
jugé à l'égard du cas privilégié : & en
cas que le Lieutenant Criminel, & à ſon
défaut un autre Officier du Siége Royal
ne ſe rende pas dans le délai de huitaine
au Siége de l'Officialité où l'accuſé aura
été transféré ; en ce cas, le procès ſera
inſtruit conjointement avec l'Official par
le Lieutenant Criminel, ou en ſon abſence, ou légitime empêchement, par
l'un des Officiers du Bailliage ou Sénéchauſſée, ſuivant l'ordre du Tableau,
dans le reſſort duquel le Siége de l'Officialité eſt ſitué, pour être enſuite jugé au
même Siége.

Le même ordre s'obſerve à l'égard des
procès qui ont été commencés dans les
Officialités. Si par l'inſtruction qui s'en
fera aux Eccléſiaſtiques, les Officiaux

ont connoiſſance que les crimes dont ils
ſont accuſés & prévenus, ſoient de la
nature de ceux pour leſquels il échet de
renvoyer aux Juges Royaux pour le cas
privilégié, ils ſont tenus d'en avertir inceſſamment les Lieutenans Criminels des
Baillis & Sénéchaux, dans le reſſort deſquels les crimes ou cas privilégiés auront
été commis, à peine contre les Officiaux
de tous dépens, dommages & intérêts,
& d'être la procédure refaite à leurs dépens : & les Lieutenans Criminels, ou en
leur abſence & légitime empêchement,
les autres Officiers de leur Siége, ſuivant
l'ordre du Tableau, ſe tranſporteront dans
les lieux où ſont les Siéges des Officialités
dans huitaine après la ſommation qui leur
en aura été faite à la requête des Promoteurs pour être par eux procédé à l'inſtruction & jugement du procès pour le
cas privilégié en la forme ci-deſſus expliquée ; & à faute par les Lieutenans Criminels ou autres Officiers de leur Siége,
de ſe rendre dans huitaine dans les lieux,
où ſont les Officialités, Sa Majeſté veut
que les procès ſoient inſtruits & jugés
par les Officiers du Bailliage ou Sénéchauſſée, dans le reſſort duquel eſt le Siege
de l'Officialité, le tout ſans préjudice aux
Cours ſupérieures de commettre d'autres
Officiers Royaux pour les inſtructions,

& de renvoyer en d'autres Siéges le jugement des procès, lorſqu'elles l'eſtimeront
à propos.

Les Juges Royaux, ne peuvent, ſous
quelque prétexte que ce ſoit, juger les
Eccléſiaſtiques ſur les procédures faites
par les Officiaux pour raiſon du délit commun : néanmoins les informations faites
par les Officiaux avant que les Officiers
Royaux ayent été appellés pour le cas privilégié ſubſiſteront, à la charge par les
Officiers Royaux de recoler les témoins;
& en cas que les Eccléſiaſtiques ayent été
accuſés devant les Juges Royaux, & ſoient
revendiqués par les Promoteurs des Officialités, ou renvoyés pour le délit commun, en ce cas les informations & autres
procédures faites par les Juges Royaux
ſubſiſteront, pour être le procès fait,
parachevé & jugé contre les Eccléſiaſtiques pour raiſon du délit commun, ſur
ce qui aura été fait par les Juges Royaux
du renvoi & déclinatoire, de peur qu'en
voulant recommencer l'information on
ne fît évanouir la preuve.

Les ſimples Clercs tonſurés vivans clé-
ricalement, réſidans & ſervans aux Offices ou au Miniſtère & Bénéfices qu'ils
tiennent en l'Egliſe, & qui ſeront accuſés
des cas que l'on appelle privilégiés, jouiſ-
ſent du privilége des Eccléſiaſtiques. *Art.*

*38 de l'Edit du mois d'Avril 1695 concer-
nant la Jurisdiction Ecclésiastique.*

Les Archevêques & Evêques ne seront pas
obligés de donner des lettres de Vicariats
pour l'instruction & jugement des procès
criminels, si ce n'est que les Cours l'ayent
ordonné, pour éviter la recousse des accusés durant leur translation, & pour
quelques raisons importantes à l'ordre &
au bien de la Justice dans les procès qui
s'y instruisent, & en ce cas lesdits Prélats
choisiront tels Conseillers-Clercs desdites
Cours qu'ils jugeront à propos, pour instruire & juger les procès pour le délit
commun. *Art. 39 du même Edit.*

Le Juge d'Eglise ne peut condamner
à mort ni à aucune peine qui emporte
effusion de sang, ni aux galeres, ni user
du mot de bannissement, l'Eglise n'ayant
point de territoire : mais il peut prononcer la prison perpétuelle, la condamnation à la question, pourvu qu'elle soit
modérée, & qu'il ne s'ensuive aucune
mutilation des membres du condamné :
l'amende pécuniaire qui doit être appliquée par le même Jugement à quelques
œuvres pieuses ; l'excommunication, l'in-
terdit, la suspension, la privation des
Bénéfices, du rang dans l'Eglise pour un
tems, de voix dans le Chapitre ; des dis-
tributions ou d'une partie des gros fruits,

& peut faire faire une espece d'amende-
honorable aux Clercs, nue tête & à genoux, en son auditoire : mais si l'accusé
mérite la mort, ou quelqu'autre peine
corporelle, & s'il y a quelque chose de
privilégié, c'est au Juge laïc à le punir.

Si l'Ecclésiastique a été jugé par l'Official seul pour le délit commun, il pourra
être repris par le Juge laïc, & par lui
puni pour le cas privilégié, soit qu'il ait
satisfait à la condamnation du Juge d'E-
glise, ou qu'il ait été renvoyé absous.

Et au contraire si l'Ecclésiastique a été
renvoyé absous par le Juge laïc, l'Official ne peut plus lui faire son procès pour
le délit commun; & s'il vouloit l'entreprendre, l'Ecclésiastique pourroit se porter appellant comme d'abus de la Sentence
de l'Official, pourvu qu'il ne soit question
que des mêmes faits sur lesquels est in-
tervenu l'Arrêt qui a confirmé la Sentence
d'absolution du Juge laïc.

Il y a appel comme d'abus, si par la
Sentence de l'Official, il y a contravention aux Ordonnances ou aux Arrêts, ou
aux anciens Canons qui s'observent dans
l'Eglise Gallicane, comme sont les décrets
des Conciles œcumeniques, &c.

Il y a aussi appel comme d'abus ; 1. Si
le Monitoire a été publié pour un fait dont
la preuve ne puisse être reçue par témoins.

1. Si l'on y avoit nommé ou désigné des personnes. 3. Inséré d'autres faits que ceux qui sont contenus dans le jugement, &c.

L'appel qualifié comme d'abus de la Sentence de l'Official se réleve au Parlement.

Et si l'appel est simple & à l'ordinaire, il faut le relever devant l'Official de l'Archevêque, & de l'Official de l'Archevêque à l'Official du Primat; l'appel du Primat se releve au Pape, qui est obligé de donner des Commissaires sur les lieux, suivant le privilége de la France; ainsi il y a quatre degrés en la Jurisdiction Ecclésiastique, dont les Juges, aussi bien que les Juges Royaux sont obligés d'observer les procédures prescrites par les Ordonnances de Sa Majesté, &c.

Lorsque les Commissaires délégués ont jugé, l'on peut encore appeller au Pape, jusqu'à ce qu'il y ait trois Sentences difinitives confirmées, ou deux Sentences interlocutoires pareillement confirmées, suivant le Concordat d'entre Leon X. & François I.

Les Sentences & Jugemens sujets à exécution, & les decrets décernés par les Juges d'Eglise, seront exécutés sans qu'il soit besoin de prendre pour cet effet aucun *Pareatis* des Juges Royaux, ni de ceux des Seigneurs ayant Justice : Sa Ma-

jesté leur a enjoint de donner main forte
& tout aide , & le secours dont ils seront
requis , sans prendre aucune connoissance
des Jugemens. *Art. 44 du même Edit du
mois d'Avril 1695.*

STILE UNIVERSEL

De toutes les Cours & Jurisdictions du Royaume.

Pour l'instruction des Matieres Criminelles

SUIVANT L'ORDONNANCE

DE LOUIS XIV.

ROI DE FRANCE ET DE NAVARRE,

Du mois d'Août 1670.

Instruction des Procès Criminels par Contumace.

PREMIERE PARTIE.

CHAPITRE PREMIER.

De la Compétence des Juges.

L A connoissance des crimes appartient aux Juges des lieux où ils ont été commis, & l'accusé y sera renvoyé si le renvoi en est requis, même le prisonnier transféré aux frais de la partie civile, s'il y en a, sinon aux frais de Sa Majesté, ou des Seigneurs; ainsi qu'il est porté par l'Article premier du Titre premier de l'Ordonnance du mois d'Août 1670.

Exception.

LES Prévôts Royaux ne peuvent connoître des crimes commis par des Gentilshommes, ou par des Officiers de Judicature; sans rien innover néanmoins, en ce qui regarde la jurisdiction des Seigneurs. *Article* 10 *du Titre* I.

Les Présidens, Maîtres ordinaires, Correcteurs, Auditeurs, Avocats & Procureurs Généraux de la Chambre des Comptes à Paris, ne peuvent être poursuivis ès causes & matieres criminelles, ailleurs qu'en la Grand'Chambre du Parlement de Paris : néanmoins pour crime commis hors la Ville, Prévôté & Vicomté de Paris, les Baillis & Sénéchaux peuvent en informer, & s'ils sont capitaux, decreter contr'eux, à la charge de renvoyer les procédures à la Grand'-Chambre, pour être instruites & jugées; & au cas que les parties ayent volontairement procédé devant eux, elles ne pourront se pourvoir à la Grand'Chambre que par appel. *Article* 22 *du même Titre.*

*Cas Royaux dont les Baillis, Sénéchaux
& Juges Présidiaux peuvent connoître
privativement aux autres Juges Royaux
& à ceux des Seigneurs, suivant l'Art.
11. du Titre I.*

1. **D**u crime de leze-Majesté en tous
   ses chefs.
2. Du sacrilege avec effraction.
3. De la rebellion aux mandemens émanés du Roi, ou des Officiers de Sa
   Majesté.
4. De la police pour le port d'armes.
5. Des assemblées illicites.
6. Des séditions & émotions populaires.
7. De la force publique.
8. De la fabrication, altération ou expo-
   sition de fausse monnoie.
9. De la correction des Officiers royaux,
10. Des malversations par eux commises
    en leurs Charges.
11. Du crime d'hérésie.
12. Du trouble fait au Service Divin.
13. Du rapt & enlevement de personnes
    par force & violence.

Et des autres cas expliqués par les Ordonnances & Reglemens.

Crimes desquels les Prévôts des Maréchaux,
Lieutenans Criminels de Robe-Courte,
Vice-Baillis & Vice-Sénéchaux con-
noissent en dernier ressort, aux termes de
l'Art. 12 du Titre I.

1. DE tous les crimes commis par vagabonds, gens sans aveu & sans domicile, ou qui auront été condamnés à peine corporelle, bannissement ou amende-honorable.

2. Des oppressions, excès ou autres crimes commis par les gens de guerre, tant dans leur marche, lieux d'étape que d'assemblée & de séjour pendant leur marche.

3. Des déserteurs d'armées.

4. D'assemblées illicites avec port d'armes.

5. Des levées de gens de guerre sans Commission du Roi.

6. Des vols faits sur les grands chemins.

7. Des vols faits avec effraction.

Crimes dont ils peuvent connoître contre
toutes personnes, lorsqu'ils ont été com-
mis hors des Villes de leur résidence.

8. DU port d'armes & violence publique.

9. Des sacrileges avec effraction.

10. D'assassinats prémedités.

11. De

11. De féditions & émotions populaires.
12. De fabrication, altération ou expofi-
. tion de faulle monnoie.

Les Prévôts des Maréchaux ne peuvent
connoître d'autres cas, à peine d'interdiction, dépens, dommages & intérêts,
& de trois cens livres d'amende, applicable moitié au Roi & l'autre moitié à
la partie. *Art.* 1 *du Titre* II.

Si, après le procès commencé pour un
crime Prevôtal, il furvient de nouvelles
accufations dont il n'y ait point eu de
plainte en Juftice pour crimes non Prevôtaux, elles feront inftruites conjointement, & jugées prévôtalement. *Art.* 13
du Titre II.

Mais lorfqu'il fera procédé pour crime
de duel, foit d'office ou à la requête des
parens de celui qui aura été tué, il fera
furfis à toutes autres procédures faites &
commencées par quelques Juges que ce
foit, pour d'autres actions qui fe feroient
paffées entre les mêmes parties, & qui
auroient rapport à celle de duel ; & les
procédures feront portées au Greffe du
Juge qui inftruira le procès pour duel,
fauf à être renvoyées auxdits Juges ou y
être autrement pourvu après le jugement
du procès inftruit pour duel. *Edit contre
les duels du mois d'Août* 1679, *& Lettres
d'ampliation du* 30 *Décembre de la même
année.*

D

Les Juges Préfidiaux connoiffent auffi en dernier reffort des perfonnes & crimes mentionnés ès articles précedens, & préferablement aux Prevôts des Maréchaux, Lieutenans Criminels de Robe-Courte, Vice-Baillis, & Vice-Sénéchaux, s'ils ont decreté, ou avant eux ou le même jour. *Art.* 15 *du Titre* I *de la même Ordonnance,*

✖✖✖✖✖✖✖✖ ✖ ✖ ✖✖✖✖✖✖✖✖

CHAPITRE II.

Des Plaintes,

1. IL eft fait défenfes aux Huiffiers, Sergens, Archers & Notaires de recevoir les plaintes, à peine de nullité, & aux Juges de les leur adreffer, à peine d'interdiction. *Art.* 2 *du Titre* III. *de l'Ordonnance du mois d'Août* 1670.

2. Sa Majefté a déclaré qu'elle n'entend rien innover dans la fonction des Commiffaires du Châtelet de Paris, pour la reception des plaintes, qu'ils feront tenus de remettre au Greffe, enfemble toutes les informations & procédures par eux faites dans les vingt-quatre heures, dont ils feront faire mention par leur Greffier au bas de leur expédition, & fi c'eft avant ou après midi, à peine de cent livres d'amende, moitié vers Sa Majefté, &

moitié vers la partie qui s'en plaindra.
Art. 3 du Titre III.

5. Tous les feuillets des plaintes seront
signés par le Juge & par le Plaignant,
s'il sçait ou peut signer, ou par son Procureur fondé de procuration spéciale, &
sera fait mention expresse sur la minute &
sur la grosse de sa signature ou de son
refus ; ce que Sa Majesté veut être observé par les Commissaires du Châtelet
de Paris. *Art. 4 du Titre* III.

4. Celui qui aura rendu sa plainte devant un Juge, ne pourra demander le
renvoi devant un autre, encore qu'il soit
Juge du délit. *Art. 2 du Titre* I.

SECTION PREMIERE.

Maniere de faire les Plaintes.

LEs plaintes pourront se faire par Requête en la forme de celle qui suit.
Art. 1 du Titre III.

Requête contenant la Plainte.

A Monsieur le Lieutenant Criminel.

SUPPLIE humblement A... Disant que
le... jour de... revenant de la Ville
de ... en celle de ... étant au Village de ...
environ l'heure de .... il rencontra B .....
qui sortoit à cheval de l'Hôtellerie, qui
a pour enseigne .... suivi de C .... son valet
de chambre, aussi à cheval, lequel de

manda au Suppliant s'il vouloit bien aller
de compagnie avec lui : à quoi il répon-
dit qu'il auroit beaucoup de joie d'avoir
cet honneur , & marcherent ensemble
jusqu'au lieu de .... où le Suppliant s'ar-
rêta , ne voulant pas continuer son chemin , de peur d'être insulté par B .... qui
est d'un naturel violent , & dont le visage
paroissoit ému. A l'instant B .... a dit au
Suppliant de mettre pied à terre , ce que
n'ayant pas voulu faire , il l'a frappé de
coups de bâton sur les bras & sur la tête,
avec tant de force , que le Suppliant en a
été renversé sur la croupe de son cheval ,
qui s'est emporté, & l'a jetté à terre , d'où
ne pouvant se relever , B ... s'est approché de lui l'épée à la main , dont il lui a
porté deux coups, l'un dans le bras gauche , & l'autre sur la tête; & sans le secours de quelques païsans qui sont survenus , B ... l'auroit tué , quoiqu'il ne lui
ait jamais donné sujet d'en venir à une
telle extrémité. Ce considéré, MONSIEUR,
il vous plaise donner acte au Suppliant de
la plainte ci-dessus , & lui permettre de
faire informer des faits contenus en la
présente Requête, circonstances & dépendances , pour, l'information faite & rapportée , être ordonné ce qu'il appartiendra; & vous ferez bien.

   Suivant l'Article 1 *du Titre* III. La
plainte n'aura date que du jour seulement

que le Juge, ou en son absence le plus
ancien Praticien du lieu, aura répondu la
Requête; ce qu'il fait par une Ordonnance mise au bas ainsi.

Ordonnance portant permission d'informer de la Plainte.

VU la présente Requête, Nous avons
donné acte au Suppliant de sa plainte, & permis à lui de faire informer pardevant Nous des faits contenus en icelle,
circonstances & dépendances; pour ce
fait, & l'information communiquée au
Procureur du Roi, être ordonné ce qu'il
appartiendra. Fait le . . . .

Si le plaignant demande aussi qu'il lui
soit permis d'obtenir Monitoire, l'Ordonnance sera ainsi.

Ordonnance portant permission d'informer & d'obtenir Monitoire.

NOus avons permis audit A . . . . de
faire informer des faits ci - dessus
pardevant . . . . obtenir & faire publier
Monitoire en forme de droit, pour, ce
fait & communiqué au Procureur du Roi,
être ordonné ce que de raison. Fait le . . .

Les plaintes pourront aussi être écrites
par le Greffier en présence du Juge, suivant l'Art. 1 du Titre III. par un Procès-
verbal comme celui qui suit.

Procès-verbal de Plainte.

L'AN . . . le . . . jour de . . . heure de . . .
pardevant Nous M . . . Conſeiller du
Roi , Lieutenant Criminel à . . . en notre
Hôtel , eſt comparu T . . . lequel nous a
dit & fait plainte que cejourd'hui matin ,
ſur les huit heures , ſortant de ſa maiſon
ſiſe rue . . . P . . . eſt venu à lui , & le ſa-
luant , lui a dit qu'il avoit une affaire im-
portante à lui communiquer ; ce qui a
obligé le plaignant de le ſuivre en parlant
de choſes indifférentes , ſans que P . . . .
lui donnât aucunes marques d'aigreur &
étant hors de la porte de . . . ſur le bord
du foſſé , il a dit au plaignant , en jurant
le ſaint nom de Dieu , qu'il avoit mal parlé
de lui à . . . & qu'il s'étonnoit de ce qu'il
oſoit ſortir de ſa maiſon , ayant affaire à
un homme tel que lui ; & en même tems ,
ſans vouloir entendre ce que le plaignant
lui diſoit pour lui faire connoître qu'il
n'avoit pas ſujet de ſe plaindre de lui , il
a mis l'épée à la main , dont il a donné
trois coups dans le corps du plaignant ,
l'a laiſſé pour mort ſur la place , & s'eſt
retiré , déclarant qu'il ſe rend partie Civile contre P . . . & en conſéquence a requis qu'il nous plût lui permettre de faire
informer des faits contenus en ſa plainte
ci-deſſus , circonſtances & dépendances ,
& a ſigné , ou déclaré ne ſçavoir écrire

ni figner, de ce enquis fuivant l'Ordonnance.

Sur quoi Nous avons donné acte à T...¹
de fa plainte, & permis de faire informer
des faits y contenus, circonftances & dépendances, pardevant .... pour ce fait,
être ordonné ce que de raifon. Fait les
jour & an que deffus.

Les plaignans ne feront point réputés
parties civiles, s'ils ne le déclarent for-
mellement, ou par la plainte ou par un
acte fubféquent. *Art. 5 du Titre* III. Et
-ainfi en cas que le plaignant n'ait pas fait
cette déclaration en faifant la plainte, il
faut faire fignifier l'acte qui fuit.

Acte par lequel le Plaignant fe rend partie civile.

A La requête de T .... demandeur &
plaignant; foit fignifié & déclaré à
P .... accufé, que ledit T .... fe rend
partie civile & pourfuivra l'inftruction &
jugement du procès criminel fur la plainte par lui faite contre ledit P ... élifant
domicile en la maifon & perfonne de
D .... Procureur.

Cet acte peut être fait en tout état de
caufe. *Art. 5 du Titre* III.

Le plaignant peut s'en défifter dans les
vingt-quatre heures, & non après *Art.*
5 du Titre III.

Le défiftement fe fera par un acte ainfi.

D iv

Désistement du Plaignant.

A La requête de T . . . .
Soit signifié à P . . . . qu'il se désiste
de l'acte signifié à sa requête le jour d'hier
à P . . . déclarant qu'il ne veut point être
partie, ni poursuivre ledit P . . . sur la
plainte faite par ledit T . . . sauf à Monsieur le Procureur du Roi à continuer la
poursuite du procès, & y prendre telles
conclusions qu'il avisera pour l'intérêt de
sa Majesté & du public.

Et en cas de désistement, le plaignant
ne sera tenu des frais faits depuis qu'il aura
fait signifier, sans préjudice des dommages & intérêts des parties. *Art.* 5 *du Titre* III.

Les Procureurs du Roi & les Procureurs des Seigneurs sont tenus de poursuivre incessamment ceux qui seront prévenus de crimes capitaux, ou auxquels il
échoira peine afflictive, nonobstant toutes transactions & cessions de droits faites
par les parties; & à l'égard de toutes les
autres, les transactions seront exécutées,
& ne peuvent les Procureurs du Roi,
ou ceux des Seigneurs, en faire poursuite.
Art. 19 *du Titre* XXV.

SECTION II.

De la plainte & demande pour être mis en
la sauve-garde du Roi, de Justice &
de l'accusé.

SI le Plaignant a peur d'être insulté par
l'accusé, il peut demander d'être mis
en la sauve-garde du Roi, de Justice &
de l'accusé; mais pour l'obtenir, il est nécessaire qu'il y ait preuve de voies de fait,
ou menaces de l'accusé, par une information précédente, ou par quelque preuve
authentique. La requête du plaignant
pourra être dressée en cette forme.

Requête contenant plainte & demande à ce
que le plaignant soit mis en la sauve-
garde du Roi, de Justice & de l'accusé.

A Monsieur le Lieutenant Criminel.

SUPPLIE humblement C ... disant que
sur l'information faite à sa requête
contre D.....pour raison de l'assassinat
par lui commis en la personne du Suppliant, il a obtenu decret de prise de corps
contre D ... & ses complices, le ... ce
qui a encore excité la fureur de D ... qui
ayant rencontré le Suppliant à... lui donna
des coups de bâton, & le faisoit marcher

D v

du côté de ... mais il fut empêché de continuer ces mauvais traitemens par ... habitans du village de ... qui paſſoient lorſque D ... aſſiſté de trois autres hommes tous armés d'épées & de piſtolets, conduiſoit le Suppliant.

Ce conſidéré, MONSIEUR, il vous plaiſe permettre au Suppliant de faire informer pardevant Vous des faits contenus en la préſente Requête, circonſtances & dépendances, & cependant ordonner que le Suppliant demeurera en la protection & ſauve-garde du Roi, de Juſtice & de D ... . & vous ferez bien.

L'Ordonnance ſur cette Requête ſera ainſi.

Ordonnance.

VU la préſente Requête & l'information faite à la requête du Suppliant contre D .... le ... Nous avons au Suppliant donné acte de ſa plainte, & permis de faire informer pardevant Nous des faits contenus en icelle, circonſtances & dépendances, pour l'information faite & communiquée au Procureur du Roi, être ordonné ce qu'il appartiendra, & cependant ordonnons que le Suppliant demeurera en la protection & ſauve-garde du Roi, de Juſtice & de D ... Fait le ...

❀❀❀❀❀❀ :: ❀ :: ❀❀❀❀❀❀

CHAPITRE III.

Des Dénonciations.

LES dénonciations qui se feront aux
Procureurs du Roi, & à ceux des
Seigneurs, seront circonstanciées & signées sur leur Registre par les dénonciateurs, s'ils sçavent signer, sinon elles seront écrites en leur présence par le Greffier du Siege qui en fera mention. *Art. 6
du Titre* III. *de l'Ordonnance du mois
d'Août* 1670.

*Dénonciation sur le Registre du Procureur
du Roi.*

Du .... jour de ....

EST comparu pardevant Nous F ... lequel a dit que le ... jour de... passant
au lieu de ... dans son Carrosse attelé de
deux chevaux noirs, il apperçut trois hommes sur le chemin qu'il ne reconnut pas
d'abord, l'un desquels s'étant approché,
il vit que c'étoit D .... qui lui demanda
une place dans son Carrosse, ce qu'il lui
accorda avec toute la civilité que l'on fait
en ces sortes d'occasions; & après que D...
y fut monté, continuant à marcher, les

deux autres hommes à lui inconnus qui
s'étoient avancés pendant que D . . . pre-
noit sa place, arrêterent le carrosse, l'un
desquels se mit à la tête des chevaux, le
pistolet à la main, & l'autre qui avoit un
mousqueton, fit descendre le Cocher, &
lui donna plusieurs coups dans l'estomac
avec le bout de son mousqueton; ce qui
obligea F . . . de sortir de carrosse, & de
mettre l'épée à la main contre celui qui
maltraitoit son Cocher; lequel homme
se tourna du côté de F . . . & voulut tirer
sur lui; mais le mousqueton ayant fait faux
feu, ledit homme mit aussi l'épée à la
main, dont il porta quelques coups à F...
qui ne faisoit que parer pour s'empêcher
d'être blessé; & ledit homme agissant in-
considérément & avec chaleur, s'est de
lui même enferré dans l'épée de F . . . &
est tombé mort du coup qu'il a reçu: ce
que l'autre homme qui étoit à la tête des
chevaux ayant vû, s'est jetté dans un fossé
qui est au bord du chemin, & F... étant
retourné à son carrosse, il n'y a plus
trouvé D . . . . & y est monté seul pour
revenir en sa maison, déclarant qu'il se
rend dénonciateur de D . . . & complices,
pour raison des crimes ci-dessus, offrant
d'en administrer des témoins, & a signé,
ou déclaré ne sçavoir signer, de ce enquis.

S'il n'y a point de partie civile, les
procès seront poursuivis à la diligence &

sous le nom des Procureurs du Roi, ou
des Procureurs des Justices Seigneuriales.
Art. 8 du Titre III.

Ainsi le Procureur du Roi, auquel la
dénonciation est faite, peut présenter.

Requête à fin d'avoir permission d'informer.

A Monsieur le Lieutenant Criminel.

VOus remontre le Procureur du Roi,
qu'il a eu avis que le . . . jour de . . -
F . . . passant au lieu de . . . . dans son carrosse, &c. *insérer les faits contenus en la
dénonciation.*

Ce considéré, MONSIEUR, il vous
plaise permettre audit Procureur du Roi
de faire informer des faits contenus en la
présente Requête, circonstances & dépendances; pour ce fait & l'information
à lui communiquée, requérir ce qu'il appartiendra.

Les Procureurs du Roi ne mettent point
la qualité de Suppliant dans les Requêtes
qu'ils présentent, & n'ajoutent pas à la fin
ces mots : *Et vous ferez bien.*

Le Juge met au bas de cette Requête
son Ordonnance, portant permission d'informer, comme celle ci-dessus ; après quoi
l'information & l'instruction du procès
doit être faite à la Requête du Procureur
Roi, ou du Procureur de la Justice Sei-
gneuriale.

Les Prevôts des Maréchaux ne peuvent recevoir aucunes plaintes, ni informer hors leur reſſort, ſi ce n'eſt pour rébellion à l'exécution de leurs decrets. *Art. 2 du Titre II. de l'Ordonn. du mois d'Août 1670.*

CHAPITRE IV.

Des Procès verbaux des Juges.

LES Juges dreſſeront ſur le champ, & ſans déplacer, Procès verbal de l'état auquel les perſonnes bleſſées, ou le corps mort ſeront trouvés : enſemble du lieu où le délit a été commis, & de tout ce qui peut ſervir pour la décharge ou conviction. *Art. 1 du Titre IV. de l'Ordonnance du mois d'Août 1670.*

Procès-verbal de l'état d'une perſonne bleſſée.

L'An... le... jour de... heure de... pardevant Nous M... Conſeiller du Roi, Lieutenant Criminel à... en notre Hôtel, eſt comparue N... femme de A..., laquelle Nous a ſupplié de Nous tranſporter en ſa maiſon ſiſe rue... pour recevoir la plainte dudit A..... qui a été bleſſé à mort par le ſieur B... ſuivant lequel requiſitoire Nous nous ſommes tranſporté en ladite maison, accompagnés de notre Greffier, où étant, sommes montés en la chambre du premier étage d'icelle, ayant vue sur ladite rue, en laquelle avons trouvé A . . . couché sur un lit, ayant les mains & les habits couverts de sang : comme aussi avons trouvé un corps mort ensanglanté étendu sur le plancher de la même chambre près la porte, & Nous étant approché du lit où est ledit A . . . . & lui ayant demandé pourquoi il étoit en cet état, il Nous a dit que le nommé B . . . . ayant peut-être eu la pensée que le plaignant avoit sollicité contre lui l'affaire de la veuve D . . . dont B . . . a tué le mari, est venu le soir sur les neuf heures en la chambre où nous sommes, avec quatre de ses domestiques, l'un desquels se nomme F . . . . & ne sçait pas le nom des trois autres, lesquels étoient armés d'épées & de pistolets, excepté B . . . . qui n'avoit qu'une canne à la main, & étant tous entrés dans la chambre où étoit le plaignant avec N . . . sa femme, une petite fille & une servante, B . . . lui a dit plusieurs injures, entr'autres qu'il étoit un faquin & un infame, & à l'instant a mis la main dans sa poche & en a tiré une bayonnette de laquelle il a donné plusieurs coups au plaignant, qui est demeuré sur la place affoibli par la perte de son sang, d'où on l'a porté sur le lit où nous le voyons. Cependant, au bruit qui se faisoit

dans la chambre, plusieurs voisins étant
survenus, B.... en est sorti aidé de ses
valets qui avoient tous l'épée à la main,
trois desquels se sont aussi retirés, & F
.... leur compagnon voulant se sauver
de même, le sieur E... l'un des voisins,
lui a donné un coup de bâton sur la tête,
duquel coup F.... est tombé mort; requérant acte de sa plainte, & a déclaré
qu'il ne veut point se rendre partie, & se
rapporte à Justice d'en ordonner, & a
signé *ou* déclaré ne sçavoir écrire ni signer,
de ce enquis.

Ce fait, avons fait ôter les habits du
cadavre étant près de la porte de ladite
chambre, dans lesquels habits s'est trouvé,
Il faut faire inventaire des habits, des pa-
piers & autres choses qui seront dans les
poches... ledit cadavre ayant une ouverture au-dessus de la tête de la largeur de
deux doigts, d'où il paroît que tout le
sang qui s'est répandu, tant sur le corps que
sur les habits, est sorti, & avons apposé le
sceau de nos armes sur un morceau de cire
appliqué au front dudit cadavre, lequel
Nous avons ensuite fait apporter près du
lit de A... auquel, après serment par lui
fait de dire vérité, avons enjoint de Nous
dire s'il reconnoît ledit cadavre, lequel
A... Nous a dit qu'il le reconnoît pour
être le corps dudit F.... qui a reçu le
coup de bâton sur la tête, & dont il Nous
a parlé par sa plainte: Comme aussi lui

avons représenté une baïonnette enfan-
glantée, garnie d'yvoire, qui s'est trouvée
en la même chambre, laquelle baïonnette A.... a reconnu être celle dont B....
l'a blessé; après quoi avons fait ôter les
habits & chemise de A.... & reconnu
qu'il est blessé en six endroits; sçavoir,
trois dans le ventre, un dans le bras droit,
un autre dans la cuisse, & un dans la main
gauche; & ayant passé la bayonnette au
travers des trous qui sont aux habits de
A... il nous a paru que la grandeur des
trous égale la largeur du fer de la baïonnette, & que les blessures de A... peuvent
avoir été faites avec icelle, dont A....
a requis acte, & persisté en sa plainte, &
a signé.

Sur quoi Nous avons audit A... donné
acte de sa plainte, & ordonné que le présent Procès verbal sera communiqué au
Procureur du Roi, pour requérir par lui
ce qu'il appartiendra par raison; & cependant ordonnons que le corps mort sera
porté en la Geole de cette Cour, & que
la baïonnette, une chemise de toile fine,
un haut-de-chausse & un juste-au corps
de drap couleur de... qui ont été ôtés audit
A... où sont les trous ci dessus désignés,
ensemble une chemise de grosse toile, un
haut-de-chausse & un Juste-au-corps
de droguet brun, dont le cadavre étoit
habillé, seront déposés en notre Greffe,
pour servir au Procès, ainsi qu'il appar-

tiendra. Fait les jour & an que dessus.

Les Procès verbaux seront remis au Greffe dans les vingt-quatre heures, avec les armes, meubles & hardes qui pourront servir à la preuve, & feront ensuite partie des pieces du Procès. *Art. 2 du Titre* IV.

Il faut communiquer le Procès verbal au Procureur du Roi, lequel peut donner ses conclusions ainsi.

Conclusions du Procureur du Roi.

VU le présent Procès verbal, je requiers pour le Roi qu'il soit informé à ma requête des faits y contenus, circonstances & dépendances, pour ce fait & à moi communiqué, requérir ce qu'il appartiendra par raison. Fait ce . . . .

CHAPITRE V.

Des Rapports des Médecins & Chirurgiens.

LES personnes blessées pourront se faire visiter par des Médecins & Chirurgiens qui affirmeront leur rapport véritable, ce qui aura lieu à l'égard des personnes qui agiront pour ceux qui seront décédés; & sera le rapport joint au Procès. *Art. 1 du Titre* V *de l'Ordonn. du mois d'Août* 1670.

Le Juge peut ordonner une seconde
visite par les Médecins & Chirurgiens
qu'il nommera d'office. *Art. 2 du Titre V.*

Ordonnance portant nomination des Méde-
cins & Chirurgiens pour visiter le blessé.

VU par Nous ... notre Procès verbal
du ... contenant la plainte de A ...
&c.

Nous ordonnons que A ... sera visité
par T ... Médecin, & I ... Chirurgien
que Nous avons nommés d'office, & à
cette fin seront assignés pardevant Nous
pour faire le serment de procéder en leur
conscience à ladite visite.

Les Médecins & Chirurgiens nommés
d'office, sont tenus de faire le serment
avant que de visiter le blessé, ou le corps
mort, dont il faut expédier l'acte qui suit.
Art. 2 du Titre V.

Acte de prestation de serment des Médecins
& Chirurgiens nommés d'office.

L'An ... le ... jour de ... pardevant
Nous ... Conseiller du Roi, Lieutenant Criminel à ... sont comparus T ...
Médecin & I ... Chirurgien, en exécution de notre Ordonnance du ... lesquels
ont fait le serment de bien en leur conscience visiter A ... & de nous en faire un
rapport fidéle. Fait les jour & an que
dessus.

Après cet acte expédié, ils pourront visiter le blessé ou le corps mort, dont ils dresseront leur rapport, & le signeront sur le champ. *Art.* 2 *du Titre* V.

Le rapport des Médecins & Chirurgiens pourra être dressé ainsi.

Rapport des Médecins & Chirurgiens.

A Monsieur le Lieutenant Criminel, Nous T... Médecin, & I... Chirurgien par vous Monsieur nommés d'office pour visiter A ... ou le corps mort de F ... après le serment fait par Nous suivant l'acte du ... Nous sommes transportés en une maison sise rue .... où étant, sommes montés en une chambre du premier étage d'icelle. *Il faut mettre en cet endroit l'état de la personne blessée, ou du corps mort, le nombre & les endroits des blessures, avec quelles armes l'on peut présumer que les blessures ont été faites ; si c'est un corps mort, dire de quels coups l'on croit qu'il est décédé ; & n'omettre aucune circonstance qui puisse faire connoître l'état des blessés ou des cadavres.* Dont Nous avons dressé le présent rapport, que Nous certifions en nos consciences être véritable : en foi de quoi Nous avons signé icelui le ... jour de ....

Ce rapport doit être mis au Greffe & joint au Procès, sans qu'il puisse être dressé

aucun Procès verbal, à peine de cent liv.
d'amende contre le Juge, moitié vers le
Roi, moitié vers la partie. *Article 2 du
Titre V.*

CHAPITRE VI.

Des Informations.

1. LES Juges Royaux n'auront aucune
prévention entr'eux; au cas néanmoins que trois jours après le crime commis
les Juges Royaux ordinaires n'ayent
informé & decrété, les Juges Supérieurs
pourront en connoître. *Art. 7 du Titre* I.
de l'Ordonnance du mois d'Août 1670.

2. Ce qui a lieu entre les Juges des
Seigneurs, encore que celui qui aura prévenu fût Juge Supérieur & du reſſort de
l'autre. *Article* 8 *du Titre* I.

3. Les Baillis & Sénéchaux ne peuvent
prévenir les Juges Subalternes & non
Royaux de leur reſſort, s'ils ont informé
& decrété dans les vingt-quatre heures
après le crime commis. *Art.* 9 *du Titre* I.
Sa Majeſté a déclaré qu'elle n'entendoit
déroger aux Coutumes à ce contraires,
ni à l'uſage du Châtelet de Paris.

4. Les Prevôts des Maréchaux ne peuvent informer hors leur reſſort, qu'en

cas de rébellion à l'exécution de leurs décrets. *Art.* 2 *du Titre* II.

5. Les témoins seront adminiſtrés par
les Procureurs du Roi, ou par ceux des
Seigneurs, & par les parties civiles. *Art.*
1 *du Titre* VI.

SECTION PREMIERE.

Procédures contre les témoins.

L Es procédures contre les témoins,
pour les avertir de venir dépoſer &
pour les y contraindre lorſqu'ils ne com-
paroiſſent pas, ſeront faites en la forme
qui ſuit,

*Ordonnance pour aſſigner les témoins pour
dépoſer.*

D E l'Ordonnance de Nous M... Conſeiller du Roi, Lieutenant Criminel
en la Sénéchauſſée de ... à la requête de
A ... ſoit donné aſſignation aux témoins
qu'il voudra faire ouir, à comparoir demain huit heures du matin pardevant
Nous en notre Hôtel, pour dépoſer en
l'information qui ſera par Nous faite, &
en outre procéder comme de raiſon. Fait
ce...

Aſſignation aux témoins.

L 'An ... en vertu de l'Ordonnance de
Monſieur le Lieutenant Criminel du
... & à la requête de A .... j'ai Huiſſier

Sergent à . . . donné affignation à D . . .
N... & O... en parlant à . . . à comparoir
demain huit heures du matin, en l'Hôtel
& pardevant Monfieur le Lieutenant Criminel, fis rue . . . pour dépofer en l'information qui fera par lui faite à la requête
de A . . . . & leur ai déclaré qu'ils feront
payés de leur falaire, fuivant la taxe qui
en fera faite par Monfieur le Lieutenant
Criminel.

Ceux qui feront affignés pour être ouis
en témoignage, feront tenus de comparoir pour fatisfaire aux affignations : Et
pourront les Laïcs y être contraints par
amende fur le premier défaut. *Art. 3 du
Titre* VI.

Défaut contre les témoins.

L'An... pardevant Nous M.., Confeiller
du Roi, Lieutenant Criminel à ... eft
comparu C . . . Procureur de A... qui a dit
qu'en vertu de notre Ordonnance du . . .
il a fait affigner à ce jour, lieu & heure
D . . . N . . . & O . . . par Exploit du . . .
qu'il Nous a repréfenté, pour dépofer en
l'information qui fera par Nous faite à la
requête de A . . . . Et après avoir attendu
jufqu'à neuf heures fonnées, Nous a requis défaut contre lefdits D . . . N . . . . &
O . . . . non comparans, & pour le profit,
qu'ils fuffent condamnés en telle amende
qu'il Nous plaira, & ordonné qu'ils feront

réaffignés & tenus de comparoir , fur les peines portées par l'Ordonnance.

Sur quoi Nous avons donné acte à C... audit nom , de fa comparution & réquifition ci-deffus , & défauts contre lefdits D ... N ... O... non comparans, duement appellés , & pour le profit les avons condamnés en ... livres d'amende chacun, au payement de laquelle ils feront contraints par toutes voies dûes & raifonnables , & ordonné qu'ils feront réaffignés à comparoir demain deux heures de relevée en notre Hôtel , pour dépofer fuivant notre précédente Ordonnance , finon & à faute de comparoir , fera fait droit fur le réquifitoire de C ... ce qui fera exécuté , nonobftant oppofitions ou appellations , & fans préjudice d'icelles. Fait les jour & an que deffus.

Le Receveur des amendes peut faire contraindre par faifies & ventes de meubles ceux qui ont été condamnés à payer l'amende faute de dépofer.

Et la partie civile peut les faire réaffigner par un exploit qui fera dreffé en la forme du premier ci-deffus.

Et en cas de contumace, les Laïcs pourront être contraints par corps à venir dépofer. *Art. 3 du Titre* VI.

Second Défaut contre les Témoins.

ET le... jour de... pardevant Nous Lieutenant Criminel susdit, est comparu
C... Procureur de A... qui a dit qu'en vertu
de notre Ordonnance du... il a fait réassi-
gner à ce jour, lieu & heure D... N... &
O... pour déposer en l'information qui
sera par Nous faite; & après avoir attendu
jusqu'à trois heures sonnées, nous a requis
défaut contr'eux, & pour le profit, qu'il
Nous plût ordonner qu'ils y seront contraints par corps, nonobstant oppositions
ou appellations, & sans préjudice d'icelles;
& a signé.

Sur quoi nous avons donné acte à C...
de sa comparution, dire & requisition, &
défaut second contre D... N .. & O... non
comparans, duement appellés : & pour le
profit, ordonnons qu'ils seront contraints
par emprisonnement de leurs personnes,
à venir déposer en l'information qui sera
par Nous faite, en exécution de nos pré-
cédentes Ordonnances : ce qui sera exécuté, nonobstant oppositions ou appellations, & sans préjudice d'icelles. Fait les
jour & an que dessus.

On peut faire emprisonner ceux qui
auront été assignés pour déposer, en cas
qu'ils refusent de comparoître chez le
Juge, après que cette Ordonnance leur
aura été signifiée.

Les Eccléfiaftiques ne peuvent être contraints à dépofer que par amende, pour
le payement de laquelle l'on peut faifir
leur temporel. *Art.* 3 *du Tit.* VI.

Ordonnance contre les Eccléfiaftiques féculiers.

Sur quoi Nous avons donné acte à C...
audit nom, de fa comparution, dire &
requifition, & défaut contre T...non comparant ; & pour le profit, faute par lui de
venir dépofer en l'information dont il
s'agit, le condamnons en... livres d'amende, au payement de laquelle il fera contraint par faifie de fon revenu temporel ;
ce qui fera exécuté nonobftant oppofitions
ou appellations, & fans préjudice d'icelles. Fait...

Les Supérieurs Réguliers font tenus
d'y faire comparoître leurs Religieux, à
peine de faifie de leur temporel, & de
fufpenfion des priviléges à eux accordés
par Sa Majefté. *Art.* 3 *du Tit.* VI.

Ordonnance contre un Eccléfiaftique régulier.

Sur quoi Nous avons donné acte à C...
audit nom, de fa comparution, dire &
requifition, & défaut contre F... non comparant ; & pour le profit, ordonnons qu'il
fera réaffigné au premier jour deux heures

de relevée, en notre hôtel, pour déposer en l'information qui sera par Nous faite. Enjoint à P... Supérieur du Couvent, de faire comparoir F... à peine de saisie de son temporel ; & de suspension des priviléges accordés par Sa Majesté audit Couvent ; ce qui sera exécuté nonobstant oppositions ou appellations, & sans préjudice d'icelles. Fait les jour & an que dessus.

Il faut signifier cette Ordonnance au Supérieur, aussi bien qu'au témoin.

Si le Religieux ne comparoît pas à la réassignation, le Juge pourra donner l'Ordonnance qui suit.

Second défaut contre le régulier, faute de comparoir.

Sur quoi Nous avons donné acte à C... audit nom, de sa comparution, dire & réquisition, & défaut second contre F... non comparant, & faute par P... Supérieur du Couvent, de l'avoir fait comparoître pour déposer en l'information dont il s'agit, avons déclaré les peines portées par l'Ordonnance contre lui encourues ; & en conséquence ordonnons qu'il y sera contraint par saisie du revenu temporel du Couvent, & demeureront en suspension les priviléges accordés par Sa Majesté au même Couvent, jusqu'à ce qu'il ait satisfait ; ce qui sera exécuté nonobstant oppositions ou

appellations, & fans y préjudicier. Fait les
jour & an que deſſus.

Lorſque les témoins ſont comparus pour
dépoſer, il faut obſerver les regles qui
ſuivent, conformes aux *Art.* 2, 4, 5, 6, 7,
8, 9, 10, 11, 12 & 13 *du Titre* VI.

SECTION II.

Regles pour bien faire l'Information.

1. LES dépoſitions des enfans de l'un &
de l'autre ſexe, quoiqu'au deſſous de
l'âge de puberté, peuvent être reçues, ſauf
en jugeant d'avoir par les juges tel égard
que de raiſon, à la néceſſité & ſolidité de
leur témoignage.

2. Les témoins, avant que d'être ouis,
feront apparoir de l'exploit qui leur aura
été donné pour dépoſer, dont il ſera fait
mention dans leurs dépoſitions; les Juges
peuvent néanmoins entendre les témoins
d'office & ſans aſſignation en cas de flagrant délit.

3. Prêteront le ſerment avant que de
dépoſer.

4. Seront enquis de leurs noms, ſur-
noms, âges, qualités & demeures.

5. S'ils ſont ſerviteurs ou domeſtiques,
parens ou alliés des parties, & en quel
degré.

6. Seront ouis ſecretement & ſéparé-
ment.

7. La déposition du témoin sera écrite par le Greffier en présence du Juge.

8. Elle sera rédigée à charge ou à décharge.

9. Lecture sera faite au témoin de sa déposition, & il déclarera s'il y persiste, dont il sera fait mention.

10. Chaque déposition sera signée par le Juge, par le Greffier & par le témoin, s'il sçait ou peut signer, sinon il en sera fait mention.

11. Il ne sera fait aucune interligne; & s'il y a quelques ratures ou renvois, le Greffier les fera approuver par le témoin & par le Juge.

12. Chaque page sera cottée & signée par le Juge.

13. La taxe pour les frais & salaires des témoins sera faite par le Juge. Sa Majesté fait défenses à ses Procureurs, à ceux des Seigneurs, & aux parties, de donner aucune chose au témoin, s'il n'est ainsi ordonné.

14. Les Juges, même ceux des Cours Supérieures, ne peuvent commettre leurs Clercs, ou autres personnes, pour écrire les informations qu'ils feront dedans ou dehors leur Siége, s'il y a un Greffier ou un Commis à l'exercice du Greffe, si ce n'est qu'ils fussent absens ou malades, ou qu'ils eussent quelqu'autre légitime empêchement.

E iij

15. Ceux qui exécuteront les Commiſſions émanées du Roi, pourront commettre telles perſonnes qu'ils aviſeront, auxquelles ils feront prêter ſerment, avant que de leur faire écrire l'information.

16. Ces regles doivent être obſervées à peine de nullité de la dépoſition, & des dépens, dommages & intérêts des parties contre le Juge.

Suivant ces regles, l'information doit être faite en la forme qui ſuit.

Information.

INFORMATION faite par Nous M... Conſeiller du Roi, Lieutenant Criminel à... à la requête de A... demandeur & plaignant, le Procureur de Sa Majeſté joint, contre B... défendeur & accuſé, & ſes complices, à laquelle information avons procédé ainſi qu'il enſuit.

Du .... jour de ....

N... demeurant à... rue... Paroiſſe de... âgé de... ans ou environ, lequel après ſerment par lui fait de dire vérité, & qu'il Nous a dit n'être parent, allié, ſerviteur ni domeſtique des parties; *ſi au contraire il faut en faire mention*, & nous a repréſenté l'Exploit d'aſſignation à lui donnée pour dépoſer à la requête de A... le... jour de...

Dépose sur les faits mentionnés en la plainte de A... de laquelle lui avons fait lecture, qu'il y a environ... jours, ne peut précisément dire le tems, qu'étant allé au lieu de... pour... il vit trois hommes tous à cheval, l'un desquels avoit un juste-au-corps d'écarlate brodé d'or, dont le cheval étoit bai-brun, l'autre avoit un juste-au-corps de velours noir garni de boutons d'or, monté sur un cheval gris-pommelé ; & le troisiéme qui avoit un cheval bai-clair, étoit vêtu d'un juste-au-corps gris avec des boutons d'argent, lesquels hommes à juste-au-corps d'écarlate & juste-au-corps gris, ayant surpassé de quelques trente ou quarante pas celui qui avoit un juste au-corps de velours noir, & qui s'é-toit arrêté, l'homme à juste-au-corps d'é-carlate est revenu à celui vêtu de velours noir, & ces deux hommes ont parlé en-semble pendant quelque tems, sans que lui déposant les pût entendre, étant trop éloigné d'eux ; mais a remarqué qu'ils parloient avec beaucoup de chaleur, & que l'homme à juste-au-corps de velours noir a donné un soufflet à l'autre, & en même t ms l homme à juste-au-corps d'écarlate, qui avoit une canne à la main, en a donné plusieurs coups à celui vêtu de velours noir, lequel est tombé de dessus son che-val, & l'homme vêtu d'écarlate a aussi-tôt mis pied à terre, & donné son cheval à

tenir à l'homme vêtu de gris ; & s'étant
approché l'épée à la main, de l'homme
vêtu de noir, il lui en a donné quelques
coups fur la tête qu'il avoit nue ; après
quoi il est remonté à cheval, & a continué fon chemin vers le lieu de... fuivi de
l'homme vêtu de gris, & lui dépofant avec
le nommé Q... & autres étant allés pour
fecourir celui qui étoit tombé, il leur a
dit qu'il fe nommoit A... & que l'homme
qu'il avoit blessé étoit le Sr B... & l'homme
vêtu de velours noir fut porté chez D...
Chirurgien, déclarant le dépofant, que
lorfque lefdits deux hommes vêtus d'écar-
latte & de gris lui feront repréfentés, il
les reconnoîtra bien, qui est tout ce qu'il
a dit fçavoir ? Lecture à lui faite de fa dépofition, a dit icelle contenir vérité, y a
persisté, & figné, *ou déclaré* ne fçavoir
écrire ni figner, de ce enquis fuivant l'Ordonnance. *Si le témoin demande falaire,*
il faut ajouter. Et après qu'il a requis falaire, lui avons taxé... *Et s'il ne veut point*
de falaire en faire mention.

La taxe fe fait, eu égard à la qualité du
témoin, & au tems qu'il a employé à venir dépofer.

Ce modéle de dépofition conforme aux
regles ci-deffus, & qui répond à la plainte
de la page huitiéme, contient la maniere
d'obferver les moindres circonftances qui
peuvent fouvent dans la fuite fervir à
charge ou à décharge des accufés.

SECTION III.

Des Commiſſions pour informer lorſque les témoins ſont éloignés du lieu où ſe fait le procès.

S t les témoins étoient éloignés, l'on peut obtenir Commiſſion rogatoire adreſſée au plus prochain Juge Royal du lieu de leur demeure, pour faire l'inform ition.

Requête pour avoir permiſſion d'informer devant le plus prochain Juge Royal du lieu de la demeure des témoins.

A Monſieur le Lieutenant Criminel.

S UPPLIE humblement A ... qu'il vous plaiſe lui permettre de faire informer du contenu en ſa plainte du... pour raiſon de l'aſſaſſinat commis en ſa perſonne par B,... circonſtances & dépendances, pardevant le plus prochain Juge Royal de la demeure des témoins ; & à cet effet, ordonner que Commiſſion rogatoire ſera expédiée : Et vous ferez bien.

Ordonnance portant permiſſion d'informer.

V u la préſente Requéte, Nous avons permis au Suppliant de faire informer du contenu en ſa plainte, circonſtances & dépendances, pardevant le Sieur

E v

Lieutenant Criminel de... à l'effet de quoi
Commiſſion rogatoire ſera expédiée, pour
l'information faite, rapportée & communiquée au Procureur du Roi, être ordonné
ce qu'il appartiendra par raiſon. Fait ce...

Commiſſion rogatoire.

M... Conſeiller du Roi, Lieutenant
Criminel en la Sénéchauſſée de...
au Sieur Lieutenant Criminel de... Salut.
Ayant par notre Ordonnance du... étant
au bas de la Requête à Nous préſentée par
A... permis à lui de faire informer pardevant vous des faits contenus en ſa plainte,
circonſtances & dépendances, contre le
nommé B... & complices, Nous vous
prions & requerons d'ouir les témoins
qui vous ſeront préſentés par A... & de
procéder à l'information deſdits faits,
comme Nous ferions en pareil cas, ſi
Nous en étions requis par Vous : laquelle
information ſera par vous envoyée cloſe
& ſcellée en notre Greffe. Fait ce...

Si la Commiſſion eſt d'un Juge ſupé-
rieur, elle ſera ainſi.

Arrêt portant Commiſſion au Juge inférieur pour informer.

Extrait des Regiſtres de...

V u par la Cour la Requête préſentée
par A... tendante à ce qu'il lui fût
permis de faire informer des faits conte-

hus en fa plainte du... à caufe de l'affaffinat commis en fa perfonne par B... &
complices, pardevant le plus prochain
Juge Royal de la demeure des témoins :
Oui le rapport de Maître... Confeiller ;
& tout confidéré : LA COUR a permis &
permet au Suppliant de faire informer
des faits contenus en fa plainte, circonftances & dépendances, pardevant le Lieutenant Criminel de... que la Cour a commis à cet effet ; pour l'information faite,
rapportée clofe & fcellée au Greffe de la
Cour, & communiquée au Procureur
Général du Roi, être ordonné ce qu'il
appartiendra. Fait...

Les Commiffions qui s'expédient fur
les Arrêts ou Ordonnances des Cours Supérieures, & les Commiffions des Chancelleries Préfidiales, feront ainfi.

Commiffion d'une Cour fupérieure à un Juge inférieur.

Louis par la grace de Dieu, Roi de
France & de Navarre: A notre Prévôt
de... Salut. Vu par notre Cour de... la
Requête préfentée par A... à ce qu'attendu
l'éloignement de la demeure des témoins
qui peuvent dépofer de l'affaffinat commis en fa perfonne par B... il lui fût permis d'en faire informer pardevant le plus
prochain Juge Royal des lieux de la de-

E vj

meure des témoins. Notredite Cour a permis audit A... de faire informer pardevant Vous, des faits contenus en sa plainte, circonstances & dépendances, pour l'information faite, être par Vous envoyée close & scellée au Greffe de notredite Cour. Donné à...

Un Juge commis ne peut subdeleguer d'autres Juges, si l'Arrêt ou Jugement par lequel il est commis, ne porte précisément pouvoir de subdeleguer.

Si la commission donne pouvoir au Juge commis de subdéleguer d'autres Juges pour informer, faire quelque instruction, ou juger; la subdélégation sera en cette forme.

Subdélégation pour informer, &c.

N... à D... Lieutenant Général de...: Salut. Ayant été commis par Lettres-Patentes du... pour... Nous vous avons commis & subdélégué pour informer à la requête de... contre... & complices; & parfaire l'instruction du procès jusqu'à Jugement définitif exclusivement; pour ce fait être le tout par Vous envoyé dans un sac clos & scellé en notre Greffe: De ce faire vous donnons pouvoir, en vertu de celui à Nous donné par Sa Majesté. Mandons à tous Huissiers & Sergens Royaux, & autres Ministres de Justice, de mettre à due & entiere exécution les

Decrets, Ordonnances & Jugemens qui
seront par Vous donnés, sans q'il soit
besoin d'autre permission. En témoin de
quoi, Nous avons signé & fait contresigner la présente par notre Secretaire, &
apposer à icelle le sceau de nos Armes.
Fait à...

Le Commissaire qui a fait l'information,
la doit envoyer au Juge qui l'a commis,
close & scellée, & n'en doit retenir aucune chose pardevers lui.

Les Greffiers commis par les Officiers
des Cours, seront tenus remettre leurs
minutes ès Cours qui les auront commis, dans trois jours après la procédure
achevée, si elle s'est faite au lieu de la
Jurisdiction, ou dans les dix lieues; &
sera ce délai augmenté d'un jour pour la
distance de chaque dix lieues, à peine de
quatre cens livres d'amende, moitié vers
le Roi & moitie vers la partie; & de tous
dépens, dommages & intérêts: ce qui sera
exécuté par le Greffier Commis, quoiqu'il
n'eût encore reçu les salaires, & dont en
ce cas lui sera délivré exécutoire par le
Greffier ordinaire, suivant la taxe du Commissaire, qui n'en pourra prétendre aucuns frais.

SECTION IV.

De l'information par addition.

S'IL survient de nouvelles preuves après l'information faite, l'on peut faire informer par addition, & présenter Requête à cet effet.

Requête pour avoir permission de faire informer par addition.

'A Monsieur le Lieutenant Criminel.

SUPPLIE humblement A... qu'il vous plaise lui permettre de faire informer par addition des faits contenus en la plainte par lui rendue contre B... & complices, le...

Ordonnance portant permission d'informer par addition.

VU la présente Requête , nous avons permis au Suppliant de faire informer par addition pardevant... pour ce fait & communiqué au Procureur du Roi , être ordonné ce qu'il appartiendra. Fait ce...

Le Juge commis pour faire l'information, ne peut informer par addition, qu'il n'ait une nouvelle commission.

Il est fait défenses aux Greffiers de communiquer les informations & autres pieces

fecrettes du procès, ni de fe défaifir des
minutes, finon ès mains des Procureurs
du Roi ou de ceux des Seigneurs qui s'en
chargeront fur le Regiftre, & marque-
ront le jour & l'heure pour les remettre
inceffamment & au plus tard dans trois
jours, à peine d'interdiction contre le
Greffier, & de cent livres d'amende,
moitié vers le Roi & moitié vers la partie.
Art. 15 *du Titre* VI.

Les dépofitions qui auront été déclarées
nulles par défaut de formalité, pourront
être réitérées, s'il eft ainfi ordonné par le
Juge. *Art.* 14 *du Tit.* VI.

* * *

CHAPITRE VII.

Des Monitoires.

LE Monitoire eft un acte de Juftice, dont
l'on fe peut fervir lorfqu'il ne fe trouve
pas de témoins pour dépofer dans les matieres criminelles, où il s'agit de vols,
d'affaffinats, d'ufure, recelé des biens
d'une fucceffion, &c. Cet Acte eft fouvent
néceffaire pour obliger ceux qui ont connoiffance des faits dont on veut avoir la
preuve, à en déclarer la vérité. Ils y doivent être excités, ou par équité, fi leur témoignage peut rendre les faits certains,

ou par un principe de religion, à caufe de l'excommunication qui feroit fulminée contr'eux par l'Eglife, s'ils ne viennent pas reveler ce qu'ils fçavent des faits contenus au Monitoire, qui eft un avertiffement public à chaque particulier, dont la confcience & l'honneur font également chargés.

SECTION PREMIERE.

Ce qu'il faut faire pour obtenir les Monitoires.

Tous Juges, même Eccléfiaftiques & ceux des Seigneurs, peuvent permettre d'obtenir Monitoires, encore qu'il n'y ait aucun commencement de preuve, ni refus de dépofer par les témoins. *Art. 1. du Titre* VII. *de l'Ordonnance du mois d'Août* 1670.

Requête à fin d'avoir permiffion d'obtenir & faire publier Monitoire.

A Monfieur le Lieutenant Criminel.

Supplie humblement A... Difant que le... jour de... revenant de la campagne, il a trouvé la porte de fon cabinet rompue, & que l'on avoit volé tous fes papiers, or & argent monnoyé, plufieurs pierreries d'un prix confidérable, & autres

choses qui étoient dans le cabinet, lesquelles il ne peut précisément désigner.

Ce considéré, MONSIEUR, il vous plaise
permettre au Suppliant d'obtenir & faire
publier Monitoire en forme de droit, sur
les faits contenus en la présente Requête,
pour avoir révélation d'iceux : & vous
ferez bien.

Le Juge auquel cette Requête sera présentée, peut donner l'Ordonnance qui
suit, laquelle se met au bas de la Requête.

Ordonnance portant permission d'obtenir &
faire publier Monitoire.

Vu la présente Requête, Nous avons
permis au Suppliant d'obtenir & faire
publier Monitoire en forme de droit, sur
les faits y contenus. Fait ce...

Les Monitoires ne contiendront autres
faits que ceux compris au Jugement qui
aura permis de les obtenir, à peine de
nullité, tant des Monitoires, que de ce
qui aura été fait en conséquence. *Art.* 3
du Tit. VII.

Suivant cette regle, on observe en quelques Justices d'expédier un Jugement sur
la Requête, au lieu de mettre l'Ordonnance au bas, qui est néanmoins la même
chose.

*Jugement portant permiſſion d'obtenir &
publier Monitoire.*

Extrait des Regiſtres de...

Sur la Requête à Nous préſentée par
A... contenant que le... jour de... revenant de la campagne, il a trouvé la porte
de ſon cabinet rompue, & que l'on avoit
volé tous ſes papiers, or & argent monnoyé, pluſieurs pierreries d'un prix con
ſidérable, & autres choſes qui étoient
dans ledit cabinet, leſquelles il ne peut
préciſément déſigner ; requerant qu'il
Nous plût lui permettre d'obtenir & publier Monitoire en forme de droit ſur les
faits contenus en ladite Requête, pour
avoir révélation d'iceux; & tout conſidéré :
Nous avons permis au Suppliant d'obtenir & faire publier Monitoire en forme
de droit ſur les faits ci-deſſus, pour les
révélations rapportées, être ordonné ce
qu'il appartiendra. Fait ce...

SECTION II.

*Procédure contre les Officiaux qui refuſent
d'accorder les Monitoires..*

Il eſt enjoint aux Officiaux, à peine de
ſaiſie de leur temporel, d'accorder les
Monitoires que le Juge aura permis d'obtenir. *Art.* 2 *du Titre* VII.

Si l'Official le refuse il lui faut faire cette

Sommation d'accorder un Monitoire.

A LA requête de A...
ſoit requis, ſommé & interpellé M...,
Prêtre, Official de....
d'accorder audit A... des Lettres Monitoires en forme de droit ſur les faits mentionnés au Jugement de Monſieur le Lieutenant Criminel du... offrant de lui mettre
entre les mains ledit Jugement , & de
payer les droits , tant dudit ſieur Official,
que de ſon Greffier , ſuivant l'Ordonnance.

Si après cette ſommation , l'Official
refuſe encore d'accorder le Monitoire ,
il faut préſenter la

Requête, pour avoir permiſſion de faire ſaiſir le temporel de l'Official.

A Monſieur le Lieutenant Criminel.

S UPPLIE humblement A .... Diſant que
par votre Sentence du... vous avez permis au Suppliant d'obtenir & faire publier
Monitoire en forme de droit ſur les faits
y mentionnés , en exécution de laquelle
il a requis le ſieur de... de lui accorder ledit
Monitoire : ce qu'il a refuſé , ainſi qu'il
paroît par acte du...

Ce confidéré, MONSIEUR, il vous plaife
ordonner que ledit Official fera contraint
par faifie de fon revenu temporel à accorder le Monitoire que vous avez permis
d'obtenir par votre Jugement du… Et
vous ferez bien.

Il faut attacher à la Requête le Jugement portant permiffion d'obtenir Monitoire, avec la fommation faite à l'Official de l'accorder; & fur ces pieces le Juge
peut donner la

Permiffion de faire faifir le temporel de l'Official.

Vu la préfente Requête, notre Jugement du… portant permiffion au Suppliant d'obtenir & faire publier Monitoire, & la fommation faite à fa requête
à l'Official de… le… d'accorder ledit Monitoire. Nous ordonnons que ledit Official
fera contraint par faifie de fon temporel,
d'accorder ledit Monitoire ; ce qui fera
exécuté nonobftant oppofitions ou appellations, & fans préjudice d'icelles. Fait
ce…

En vertu de cette Ordonnance, l'on
peut faifir & arrêter les revenus des Officiaux ès mains de leurs débiteurs & fermiers.

Saisie & arrêt.

L'AN... en vertu de l'Ordonnance de Monsieur le Lieutenant Criminel du... & à la requête de A ... j'ai... Huissier, Sergent à... soussigné, saisi & arrêté de par le Roi, ès mains de B... en parlant à... en son domicile, tous & chacun les deniers qu'il doit à M... Official de... lui faisant défenses de vuider ses mains jusqu'à ce qu'autrement par Justice il en ait été ordonné, à peine de payer deux fois ; & ce, faute par ledit sieur Official d'avoir accordé à A... le Monitoire mentionné en ladite Ordonnance ; & outre, j'ai à B.... parlant comme dessus, donné assignation à comparoir d'hui en... jours pardevant Monsieur le Lieutenant Criminel en son Auditoire à... pour affirmer ce qu'il doit audit sieur Official, & représenter le bail qu'il lui a fait, & sa derniere quittance.

L'on peut aussi faire une saisie de fruits, & y établir Commissaire en la forme exprimée au Titre dix-neuf du Stile Universel Civil, sur l'Ordonnance du mois d'Avril 1667.

Assignation à l'Official, pour voir déclarer les saisies valables.

L'AN... à la requête de A... j'ai... Huissier à... donné assignation à M... Official de... à comparoir d'hui en... jours pardevant Monſieur le Lieutenant Criminel en la Sénéchauſſée de... pour voir déclarer la ſaiſie faite à la requête de A... ès mains de B...bonne & valable; & en conſéquence que les revenus qu'il affirmera devoir à M... échus & qui écherront juſqu'à ce qu'il ait ſatisfait à l'Ordonnance de Monſieur le Lieutenant Criminel, enſemble les fruits ſaiſis auxquels T... a été établi Commiſ-ſaire, ſeront diſtribués aux pauvres de l'Hôtel-Dieu de ... & en outre procéder comme de raiſon, & lui ai laiſſé copie, tant de ladite ſaiſie que du préſent exploit.

Si après la ſaiſie du temporel des Offi-ciaux à eux ſignifiée, ils refuſent d'accor-der le Monitoire, les Juges pourront or-donner que les fruits & revenus ſaiſis ſe-ront diſtribués aux Hôpitaux ou Pauvres des lieux, ſuivant l'*Art. 6 du Titre* VII ; & à cet effet, il faut faire rendre compte au Commiſſaire établi aux fruits ſaiſis, & pourſuivre les débiteurs & fermiers pour repréſenter leurs baux & quittances ; & affirmer ce qu'ils doivent. Ces procédures ſont dans le Stile Univerſel ſur l'Ordon-nance du mois d'Avril 1667.

SECTION III.
De la forme des Monitoires.

1. LES Monitoires ne contiendront au-tres faits que ceux compris au Juge-ment qui aura permis de les obtenir, à

peine de nullité, tant des Monitoires que de ce qui aura été fait en conséquence. *Art. 3 du Titre* VII.

2. Les personnes ne pourront être nommées ni désignées par les Monitoires, à peine de cent livres d'amende contre la partie, & de plus grande s'il y écheoit. *Art. 4 du Titre* VII.

Monitoire.

OFFICIALIS *Parisiensis, omnibus Parochis nobis subditis eorumveVicariis, Salutem in Domino.*

Vu le Jugement rendu par le sieur Lieutenant Criminel en la Sénéchaussée de... le... sur la Requête de A... plaignant à Dieu & à notre Mere sainte Eglise. Nous vous mandons d'admonester par trois Dimanches consécutifs ès Prônes de vos Eglises, tous ceux & celles qui ont connoissance que le jour de... certains Quidams ou Quidannes ont rompu la porte du cabinet de A... pris & emporté des papiers, or & argent monnoyé, plusieurs pierreries d'un prix considérable, & autres choses qui étoient dans ledit cabinet; *Exposer ainsi les faits contenus dans le Jugement* ; qui sçavent & connoissent les auteurs, complices, fauteurs & adhérans desdits Quidams ou Quidannes: & où ils se sont réfugiés ; & généralement tous ceux & celles qui des faits ci-dessus, circonstances & dépendances, en ont vu, fçu, connu, entendu, ouï dire, ou apperçu aucune chofe, ou y ont été préfens, confenti, donné confeil ou aide en quelque forte & maniere que ce foit, d'en venir à révélation, & lefdits Quidams ou Quidannes à fatisfaire par eux ou par autrui, dans trois jours après la publication des préfentes ; finon Nous uferons contr'eux des cenfures eccléfiafti-ques; & felon la forme de droit, Nous nous fervirons de la peine d'Excommuni-cation. *Datum fub figillo Curiæ noftræ, anno Domini mill. fept... menfis.*

Les Officiaux ne pourront prendre ni recevoir pour chacun Monitoire plus de trente fols, leur Greffier dix, y compris les droits du Sceau, à peine de reftitution du quadruple, fans néanmoins qu'ès lieux où l'ufage eft de donner moins, les droits puiffent être augmentés. *Art. 7 du Titre VII.*

SECTION IV.

Procédures contre les Curés qui refufent de publier les Monitoires.

LEs Curés & leurs Vicaires font tenus, à peine de faifie de leur temporel, à la premiere requifition, de publier le Mo-nitoire. *Art. 5 du Titre VII.*

Requifition

Réquisition au Curé de publier Monitoire.

L'AN... à la requête de A... j'ai... Huissier à ... requis & interpellé Messire C... Prêtre, Curé de... en parlant à... en la maison Presbyterale de ladite Paroisse, de publier au Prône de la Messe Paroissiale, par trois Dimanches consécutifs, le Monitoire obtenu par A... que j'ai à cet effet offert de lui mettre entre les mains, lequel C... parlant comme dessus, a été de ce faire refusant, au moyen de quoi je lui ai déclaré que A... fera saisir son temporel, suivant l'Ordonnance.

Il faut obtenir une permission de saisir le temporel des Curés & Vicaires qui refusent de publier les Monitoires, & faire contr'eux pareilles poursuites que celles ci-dessus contre les Officiaux qui refusent de les accorder.

Et néanmoins en cas de refus des Curés & leurs Vicaires, de faire la publication du Monitoire, le Juge peut nommer d'office un autre Prêtre, *suivant l'Art. 5 du Titre VII.* Et à cette fin il faut présenter

Requête pour faire commettre un autre Prêtre pour publier le Monitoire.

A Monsieur le Lieutenant Criminel.

SUPPLIE humblement A...Disant qu'ayant obtenu des Lettres Monitoires en forme de droit, en l'Officialité de... en con-

Tome II.   E

féquence de votre Jugement &... il a requis Meffire C... Curé de... de publier ledit
Monitoire, ce qu'il a refufé, ainfi qu'il
paroît par acte du...

Ce confidéré, Monsieur, il vous plaife
nommer d'office un autre Prêtre pour faire
la publication dudit Monitoire : Et vous
ferez bien.

Ordonnance portant nomination d'office d'un Prêtre pour publier le Monitoire.

Vu la préfente Requête, notre Jugement du... portant permiffion d'obtenir Monitoire en forme de droit, Lettres
Monitoires accordées par l'Official de...
en exécution dudit Jugement, la fommation & réquifition faite à Meffire C... Curé
de... de publier ledit Monitoire, contenant
fon refus : Nous ordonnons que les pu-
blications defdites Lettres Monitoires feront faites en la Paroiffe de... par Meffire
L... Prêtre, que Nous avons nommé d'office. Fait ce...

SECTION V.

Des oppofitions à la publication des Monitoires.

Les oppofans à la publication du Monitoire doivent élire domicile dans le
lieu de la Jurifdiction du Juge qui aura

permis de l'obtenir, à peine de nullité de leur opposition. *Art.* 8 *du Titre* VII.

L'acte d'opposition qui fera fignifié aux Curés & Vicaires, doit être en la forme qui fuit.

Oppofition à la publication d'un Monitoire.

A LA requête de B... Soit fignifié & déclaré à Meffire C... Prêtre, Curé de l'Eglife Paroiffiale de... que ledit B... s'eft oppofé & s'oppofe à la publication du Monitoire obtenu par A... en l'Officialité de.... pour les caufes & moyens qu'il déduira en tems & lieu, élifant domicile en la maifon de P... fife rue . . .

Les oppofans pourront être affignés au domicile élu, fans commiffion ni mandement, pour comparoir à certain jour & heure dans les trois jours, pour le plus tard, fi ce n'eft qu'il y eût appel comme d'abus. *Art.* 8 *du Titre* VII.

Affignation à l'oppofant.

L'AN... à la requête de A... je... Huiffier à... ai donné affignation à B... au domicile par lui élu en la maifon de P... en parlant à... audit domicile, à comparoir demain huit heures du matin en la Chambre & pardevant Monfieur le Lieutenant Criminel, pour voir ordonner que non-obftant l'oppofition formée par B... à la

publication du Monitoire obtenu par A...
de laquelle il fera débouté avec dépens,
dommages & intérêts, ledit Monitoire
fera publié en la maniere accoutumée.

S'il y avoit appel comme d'abus, au lieu
de cet exploit, l'appellant obtiendra un
relief d'appel, & fera affigner fa partie
au Parlement pour y procéder ; & s'il né-
gligeoit de relever fon appel, l'intimé
pourroit obtenir des Lettres d'anticipa-
tion, & pourfuivre, ainfi qu'il eft dit dans
le Stile Univerfel fur l'Ordonnance du
mois d'Avril 1667.

Il faut plaider l'oppofition au jour de
l'affignation. *Art. 9 du Titre* VII.

*Sentence par laquelle l'oppofant eft débouté
de fon oppofition.*

Extrait des Regiftres de...

ENTRE A... demandeur aux fins de l'exploit du... à ce que le défendeur ci-
après nommé fût débouté de l'oppofition
par lui formée à la publication du Monitoire obtenu par le demandeur en l'Officialité de... le... & condamné aux dépens,
& B... défendeur d'autre : après que T...
pour le demandeur, a conclu aux fins dudit
exploit, & que P... pour le défendeur a été
oui. Nous avons débouté le défendeur de
fon oppofition ; & en conféquence ordonnons qu'il fera paffé outre à la publication
du Monitoire dont il s'agit, & le condam-

nions aux dépens , ce qui fera exécuté nonobſtant oppoſitions ou appellations , &
ſans préjudice d'icelles. Fait ce...

Si le défendeur a eu raiſon de s'oppoſer,
le Juge y aura égard.

Les Jugemens qui interviendront ſur
les oppoſitions à la publication des Monitoires feront exécutés nonobſtant oppoſitions ou appellations , même comme
d'abus. Sa Majeſté fait défenſes aux Cours
& à tous autres Juges d'en ſurſeoir l'exécution , ſi ce n'eſt après avoir vu les informations & le Monitoire, & ſur les concluſions des Procureurs du Roi : Sa Majeſté
a déclaré nulles toutes celles qui pourroient être obtenues , & veut , ſans qu'il
ſoit beſoin d'en demander main-levée ,
que les Arrêts, Jugemens & Sentences
ſoient exécutés , & les parties qui auront
préſenté des Requêtes à fin de défenſes ,
ou ſurſéances , & les Procureurs qui y
auront occupé, condamnés chacun en cent
livres d'amende, qui ne pourra être remiſe
ni modérée , applicable moitié au Roi ,
moitié à la Partie. *Art. 9 du Titre* VII.

SECTION VI.

Ce qu'il faut faire lorſque les Monitoires
ſont publiés.

LES révélations qui auront été reçues
par les Curés ou Vicaires, ſeront envoyées par eux cachetées au Greffe de la

Jurifdiction où le procès fera pendant.
Article 10 *du Titre* VII.

S'il écheoit de taxer les frais du voyage, pour apporter les révélations fur le
Monitoire, il y fera pourvû par le Juge
fur la Requête qui lui fera préfentée. *Art.*
10 *du Titre* VII.

Requête à fin de faire taxer les frais du
voyage pour apporter les révélations.

A Monfieur le Lieutenant Criminel.

SUPPLIE humblement C... Prêtre, Curé
de l'Eglife de... Difant qu'ayant publié
le Monitoire obtenu par A... & reçu les
révélations de plufieurs perfonnes, il les
a rédigées en un cahier qu'il a envoyé ca-
cheté en votre Greffe par un homme exprès dudit lieu de... en cette Ville de...
diftant l'un de l'autre de... lieues.

Ce confidéré, MONSIEUR, il vous
plaife ordonner exécutoire être délivré au
Suppliant contre A... de la fomme de...
pour les frais du voyage de celui qui a
apporté les révélations en votre Greffe,
au payement de laquelle il fera contraint
par toutes voies dues & raifonnables,
nonobftant oppofitions ou appellations,
& fans y préjudicier. Et vous ferez bien.

Ordonnance par laquelle les frais du voyage sont taxés.

VU la présente Requête, & les révélations envoyées en notre Greffe par le Suppliant, Nous avons taxé les frais du voyage pour apporter lesdites révélations à la somme de... dont sera délivré exécutoire contre A... & au payement de laquelle somme il sera contraint par toutes voies dues & raisonnables, nonobstant oppositions ou appellations, & sans préjudice d'icelles. Fait ce....

Il faut donner cette Ordonnance au Greffier sur laquelle il expédie.

Exécutoire des frais d'un voyage.

M... Conseiller du Roi, Lieutenant Criminel à... au premier Huissier ou Sergent Royal sur ce requis: Vous mandons à la requête de C.... Prêtre, Curé de l'Eglise de... contraindre A... par toutes voies dues & raisonnables, nonobstant oppositions ou appellations, & sans préjudice d'icelles, à payer à C... la somme de... à laquelle Nous avons taxé les frais du voyage d'un homme venu exprès en cette Ville, pour apporter les révélations sur le Monitoire publié par C... à la requête de A.... De ce faire vous donnons pouvoir. Fait ce....

F iv

Après que cet exécutoire aura été signifié, & commandement fait de payer la somme y contenue, l'on peut, pour le refus de la partie condamnée, faire exécuter & vendre ses meubles.

En matiere criminelle, les Procureurs du Roi, & ceux des Seigneurs, les Promoteurs aux Officialités auront communication des révélations des témoins. *Art.* 11 *du Titre* VII.

Les Parties civiles auront seulement communication des noms & domiciles des témoins ouis en révélation. *Art.* 11 *du Titre* VII.

L'on peut faire répéter par forme d'information les témoins qui ont révélé, & à cette fin il faut présenter

Requête pour faire répéter les témoins ouis en révélation.

A Monsieur le Lieutenant Criminel.

SUPPLIE humblement A ... disant que sur la publication faite à sa requete des Lettres Monitoires obtenues en l'Officialité de... en exécution de votre Jugement du... plusieurs personnes sont venues à la révélation, lesquelles ont été reçues par Messire C ... Curé de ... par lui rédigées en un cahier qu a été envoyé en votre Greffe.

Ce considéré, MONSIEUR, il vous

plaise ordonner que les témoins ouïs en révélation seront répétés pardevant vous par forme d'information : Et vous ferez bien.

Ordonnance portant que les témoins ouïs en
révélation seront répétés.

VU la présente Requête & les révélations envoyées en notre Greffe par Messire C... Curé de ... Nous ordonnons que les témoins ouïs en révélation seront répétés par forme d'information, & à cet effet assignés au premier jour deux heures de relevée en notre Hôtel. Fait ce...

Suivant cette Ordonnance, il faut faire assigner les témoins pour être répétés, & s'ils ne comparent, observer la procédure ci-dessus contre les témoins défaillans, qui doit être pareille contre ceux qui sont venus à révélation, & qui refusent de comparoître.

CHAPITRE VIII.

Des Decrets.

TOUS Decrets seront rendus sur les Conclusions des Procureurs du Roi, ou de ceux des Seigneurs : il leur faut

communiquer les informations fur lefquelles ils donnent leurs Conclufions.
Art. 1 *du Titre* X. *de l'Ordonn. du mois*
d'Août 1670.

SECTION PREMIERE.

Des Decrets fur les Informations.

IL y a trois fortes de Decrets diftin-
gués par l'Ordonnance. 1. D'affigné
pour être oui. 2. D'ajournement perfonnel. 3. De prife de corps. Ces différens
Decrets fe décernent felon la qualité des
crimes , des preuves & des perfonnes.
Art. 2 *du Titre* X.

Du Decret d'affigné pour être oui.

LE Decret d'affigné pour être oui contre un Juge ou Officier de Juftice
n'emporte point d'interdiction : *Art.* 10
du Titre X. Voici la forme de ce Decret.

Decret d'affigné pour être oui.

Extrait des Regiftres de . . .

VU l'information faite par Nous M...
Confeiller du Roi, Lieutenant Criminel à . . . à la requête de A . . . demandeur & accufateur, le Procureur du Roi
joint , contre B . . . accufé, & complices,
le . . . Conclufions du Procureur du Roi,

& tout confidéré: Nous ordonnons que
B.... fera affigné pour être oui fur les
faits réfultans de ladite information, &
répondre aux Conclufions que le Procureur du Roi voudra contre lui prendre.
Fait ce....

Du Decret d'ajournement perfonnel.

LEs Juges, tant Royaux que des Seigneurs, font tenus d'exprimer dans les
Decrets d'ajournement perfonnel qu'ils
décerneront, le titre de l'accufation pour
laquelle ils décreteront, à peine contre
les Juges ordinaires & des Seigneurs
d'interdiction de leurs charges; ce qui
fert à diftinguer les Decrets à l'égard defquels les Cours ne peuvent donner des
Arrêts de défenfes qu'après avoir vû les
informations; qui font, 1. Pour fauffetés.
2. Pour malverfations d'Officiers dans
l'exercice de leurs charges. 3. S'il y a
d'autres co-accufés contre lefquels il ait
été décrété de prife de corps. *Déclaration
en forme d'Edit du mois de Décembre
1680.*

Il faut, par le Decret d'ajournement
perfonnel, régler un délai à l'accufé, pour
comparoir felon la diftance des lieux,
ainfi qu'aux ajournemens en matiere civile. *Art. 4 du Titre X.*

Decret d'ajournement personnel.

Extrait des Regiſtres de....

VU.... Nous ordonnons que B....
accuſé de....*exprimer en cet endroit
le titre de l'accuſation*, ſera ajourné à
comparoir en perſonne pardevant Nous
dans...pour être oui & interrogé ſur les
faits réſultans deſdites charges & informations & autres pour leſquels le Procureur du Roi le voudra faire ouir, & répondre à ſes concluſions. Fait ce...

Ceux contre leſquels il y aura decret
d'aſſigné pour être oui, ou d'ajournement
perſonnel, ne pourront être arrêtés priſonniers, s'il ne ſurvient de nouvelles
charges, ou que par délibération ſecrette
des Cours Supérieures il ait été réſolu
qu'en comparoiſſant ils ſeront arrêtés; ce
qui ne peut être ordonné par aucun autre
Juge Royal. *Art.* 7 *du Titre* X.

Le Decret d'ajournement perſonnel ou
de priſe de corps emporte de droit interdiction contre les Juges ou Officiers de
Juſtice. *Art.* 11 *du Titre* X.

Du Decret de priſe de corps.

LE Decret de priſe de corps s'expédie
en la forme qui ſuit.

Decret de prise de corps.

Extrait des Regiftres de......

VU... Nous ordonnons que ledit B.... fera pris au corps, & conduit ès prifons de cette Cour, pour être oui & interrogé fur les faits réfultans defdites charges & informations, & autres fur lefquels le Procureur du Roi le voudra faire ouir ; finon & après perquifition faite de fa perfonne, fera affigné à comparoir à quinzaine & par un feul cri public à la huitaine enfuivant, fes biens faifis & annotés, & à iceux établi Commiffaire ; ce qui fera exécuté nonobftant oppofitions ou appellations, & fans préjudice d'icelles. Fait ce....

Il pourra, fi le cas le requiert, être décerné prife de corps fur la feule notoriété pour crime de duel ; fur la plainte des Procureurs du Roi, contre les vagabonds ; & fur celle des Maîtres pour crimes & délits domeftiques. *Art.* 8 *du Titre* X.

Et contre les perfonnes non connues, & fous les défignations de l'habit, de la perfonne, & autres fuffifantes. *Art.* 18 *du Titre* X.

Decrets de prise de corps sous la désignation de l'habit.

NOus ordonnons que deux Quidams, l'un ayant un juste-au-corps d'écarlate, & l'autre vêtu de droguet, seront pris au corps & conduits, &c.

L'on peut aussi décreter, à l'indication qui sera faite des accusés. *Article* 18 *du Titre* X.

Decret de prise de corps à l'indication.

NOus ordonnons qu'un Quidam vêtu de noir, qui sera indiqué par le complaignant, sera pris au corps, &c.

SECTION II.

Des Decrets sur les Procès-verbaux des Officiers de Justice.

1. LES Procès-verbaux des Présidens & Conseillers des Cours Supérieures pourront être décrétés de prise de corps. *Art.* 5 *du Titre* X.

2. Ceux des autres Juges Royaux, d'ajournement personnel seulement, sinon après que leurs assistans auront été répétés. *Art.* 5 *du Titre* X.

3. Les Procès-verbaux des Sergens ou Huissiers, même des Cours Supérieures, ne pourront être decretés, sinon en cas

de rébellion à Justice, que d'ajournement personnel seulement ; mais après qu'ils auront été répétés & leurs Records, les Juges pourront décerner prise de corps, si le cas y échet. Sa Majesté a déclaré qu'elle n'entendoit rien innover à l'usage des Maîtrises des Eaux & Forêts, dans lesquelles les Procès-verbaux des Verdiers, Gardes & Sergens seront décretés, même de prise de corps. *Art. 5 du Titre* X.

4. Si l'exécution des Arrêts, Jugemens, Contrats, & autres Actes, est empêchée par voies de fait, rébellion, ou de quelqu'autre maniere que ce soit, ceux qui sont commis pour les exécuter, en doivent dresser un Procès-verbal qui pourra être en la forme qui suit.

Procès-verbal.

L'AN... Nous... à la requête de A... Nous sommes transportés à... à l'effet de... & voulant faire... est survenu B... qui nous a dit qu'il empêchoit que... & lui ayant fait connoître que c'étoit une chose jugée, & qu'il avoit même été débouté de son opposition par Arrêt du... la contestation qu'il vouloit présentement former étoit inutile : mais sans rien repliquer aux remontrances que nous lui avons faites, il a arraché de nos mains si subitement l'Arrêt de l'exécution duquel il s'agit, qu'il nous a été impossible de l'en

empêcher ; après quoi il a fermé la porte
de la chambre où nous étions , & s'est
approché de la fenêtre , d'où il a appellé
ses domestiques, qui sont aussi-tôt montés
dans l'escalier avec d'autres gens armés de
mousquetons & de pistolets , lesquels il a
excités de la voix à faire retirer nos assistans : ce que ces gens armés ayant voulu
exécuter avec violence, nos assistans ont
refusé de sortir jusqu'à ce que B... eût ouvert la porte du lieu où nous étions enfermés ; mais B... entendant cette dispute,
a crié à ses gens qu'ils étoient les plus forts
& qu'ils se servissent de leurs armes ; & à
l'instant tous les domestiques de B... ont
porté des coups d'épée & de broche à nos
assistans , qui se sont mis seulement en
défenses , & qui eussent encore résisté
quelque tems , parce qu'ils étoient sur la
hauteur de l'escalier ; mais les gens armés
de mousquetons voulant exécuter l'ordre
de leur maître qui les menaçoit , ont tiré
quelques coups, & ont tué sur la place D...
l'un de nos assistans ... dont nous avons
dressé le présent Procès-verbal les jour &
an que dessus.

Decret d'ajournement personnel sur un Procès-verbal.

Vu le Procès-verbal du... Nous ordonnons que ledit... Sergent & ses Records & Assistans seront répétés sur ledit

Procès-verbal ; & cependant feront les nommés… ajournés à comparoir en perfonne, &c.

Mais il eft beaucoup mieux de les répéter avant le decret d'ajournement perfonnel qu'après, parce qu'après la répétition le decret pourroit être de prife de corps.

De la répétition des Sergens, Records & Affiftans fur les Procès-verbaux.

LA répétition s'intitule, *Information & répétition faite par Nous*, &c. Les Sergens, Records & Affiftans dépofent féparément mot à mot de tout le contenu au procès-verbal, dont le Juge leur fait faire lecture à chacun féparément ; il doit être fait mention à chacune répétition que lecture leur en a été faite ; ils peuvent, lors de la répétition, changer ou augmenter à ce qu'ils ont dit par le Procès verbal : il faut obferver les mêmes formalités que celles pour l'audition des témoins en une information.

Les répétitions feront communiquées aux Procureurs du Roi, ou à ceux des Seigneurs, ainfi que les informations, pour donner leurs conclufions, fur lefquelles le Juge peut décerner fes decrets felon la qualité des crimes, des preuves & des perfonnes, ainfi qu'il eft ci-deffus remarqué.

Il eft fait défenfes à tous Juges, même

des Officialités, d'ordonner qu'aucune partie soit amenée sans scandale. *Art.* 17 *du Titre* X.

CHAPITRE IX.

De l'exécution des decrets contre les accusés absens.

1. SA Majesté veut qu'il soit procédé à l'exécution des decrets, nonobstant toutes appellations, même comme de Juge incompétent ou récusé, & toutes autres, sans demander permission ni *paréatis. Art.* 12 *du Titre* X *de l'Ordonnance du mois d'Août* 1670.

2. Ceux à la requête desquels les decrets seront exécutés, seront tenus d'élire domicile dans le lieu où se fera l'exécution, sans attribuer toutefois aucune Jurisdiction au Juge du domicile élu. *Art.* 13 *du Titre* X.

3. Les Prévôts des Maréchaux sont tenus de mettre à exécution les decrets & mandemens de Justice, lorsqu'ils en seront requis par les Juges Royaux, & sommés par les Procureurs du Roi, ou par les parties, à peine d'interdiction & de trois cens livres d'amende, moitié vers Sa Majesté & moitié vers la partie. *Art.* 3 *du Titre* II.

4. Sa Majesté enjoint à tous Gouverneurs, ses Lieutenans Généraux des Provinces & Villes, Baillis, Sénéchaux, Maires & Echevins, de prêter main-forte à l'exécution des decrets, & de toutes les Ordonnances de Justice, même aux Prévôts des Maréchaux, Vice-Baillis, Vice-Sénéchaux, leurs Lieutenans & Archers, à peine de radiation de leurs gages en cas de refus, dont il sera dressé Procès-verbal par les Juges, Huissiers ou Sergens, pour être envoyé aux Procureurs Généraux, chacun dans leur ressort, & y être pourvu par Sa Majesté. *Art.* 15 *du Titre X.*

5. Les Huissiers, Sergens, Archers, & autres Officiers chargés de l'exécution des Arrêts ou Mandemens de Justice, auxquels on aura fait rébellion, excès ou violence, en dresseront Procès-verbal, qu'ils remettront incontinent entre les mains du Juge pour y être pourvu, & en être envoyé une expédition au Procureur Général, sans néanmoins que l'instruction & le Jugement puissent être retardés. *Art.* 14 *du Titre X.*

SECTION PREMIERE.

*De la converſion de l'Aſſignation pour être
oui en decret d'ajournement perſonnel ;
& de l'ajournement perſonnel en decret
de priſe de corps.*

En vertu du decret d'aſſigné pour être
oui, ou du decret d'ajournement perſonnel, il faut donner l'aſſignation à l'accuſé par un exploit comme celui qui ſuit.

*Aſſignation en vertu d'un decret d'aſſigné
pour être oui.*

L'an ... le ... jour de .... en vertu du
decret de Monſieur le Lieutenant Criminel du ... ſigné & ſcellé, & à la requête
de A... qui a élu ſon domicile en la maiſon
de ... j'ai ... Huiſſier, Sergent à ... donné
aſſignation à B ... en parlant à ... en ſon
domicile, à comparoir dans ... jours, pardevant Monſieur le Lieutenant Criminel;
pour être oui & interrogé ſur les faits
réſultans des charges & informations contre lui faites à la requête de A... & répondre aux concluſions que Monſieur le Procureur du Roi voudra contre lui prendre;
& en outre procéder comme de raiſon,
requérant dépens; & ſignifié que T ... eſt
Procureur de A... & lui ai laiſſé copie,
tant du decret que du préſent exploit.

La partie assignée sera tenue de faire sa comparution au Greffe, & élire domicile, auquel les assignations lui puissent être données, pour subir l'interrogatoire & la confrontation aux témoins, & pour être présent au Jugement du procès.

Si la partie ne compare après les délais portés par le titre troisiéme, par l'article premier du titre onze, & par l'article quatorze du titre quatorze de l'Ordonnance du mois d'Avril 1667, l'on peut obtenir défaut aux présentations ainsi,

Défaut faute de comparoir.

Extrait des Registres de ...

Défaut à A... demandeur & accusateur, le Procureur du Roi joint, contre B... défendeur & accusé, faute d'être comparu à l'assignation à lui donnée le... échue le.... après que le délai porté par l'Ordonnance est expiré. Fait ce...

Il faut ensuite donner le défaut à juger, pour le profit duquel le decret d'assigné pour être oui sera converti en decret d'ajournement personnel. *Art. 3 du Titre X.*

Sentence par laquelle le decret d'assigné pour être oui est converti en ajournement personnel.

Extrait des Registres de...

Vu le défaut obtenu par A.... demandeur & accusateur, le Procureur du Roi joint, contre A... défendeur & accusé, faute de comparoir le... charges & informations contre lui faites à la requête de A... le.... decret d'assigné pour être oui par lui décerné contre B... le... sur lesdites informations. Exploit d'assignation donnée en conséquence le... Conclusions du Procureur du Roi, & tout considéré : Nous avons déclaré ledit défaut bien obtenu; & pour le profit d'icelui, ordonnons que B.... sera ajourné à comparoir en personne dans... pour être oui & interrogé sur les faits résultans des charges & informations, *& le reste du decret d'ajournement personnel ci-dessus page 70, & ajouter,* condamnons l'accusé aux dépens dudit défaut, & de ce qui s'en est ensuivi. Fait ce...

En vertu du decret d'ajournement personnel, il faut faire donner l'assignation à comparoir en la même forme que celle sur le decret d'assigné pour être oui.

Si le décret d'ajournement personnel porte decret de prise de corps contre d'autres accusés, il n'en faut donner qu'un extrait à celui contre lequel il y a ajournement personnel, de peur qu'il n'avertisse ceux contre lesquels on a décrété prise de corps, si on lui en donnoit une copie entiere.

L'ajournement personnel sera converti en decret de prise de corps, si l'accusé ne compare dans le délai qui sera réglé par le decret d'ajournement personnel, selon la distance des lieux, ainsi qu'aux ajournemens en matiere civile. *Art. 4 du Titre X.*

Le défaut faute de comparoir sera comme celui ci - dessus, page 141.

Sentence de conversion d'ajournement personnel en prise de corps.

Extrait des Registres de . . . .

Vu le défaut obtenu par A. . . . demandeur & accusateur, le Procureur du Roi joint, contre B... défendeur & accusé, faute de comparoir le... les charges & informations contre lui faites à la requête de A... le decret d'ajournement personnel décerné contre l'accusé le... sur lesdites charges & informations. Exploit d'assignation à comparoir en personne à lui donnée le... Conclusions du Procureur du Roi, auquel le tout a été communiqué: Nous avons déclaré ledit défaut bien obtenu; & pour le profit, faute par le défendeur accusé, d'être comparu en per-

fonne, fuivant ledit decret, ordonnons
qu'il fera pris au corps, *& le refte du decret de prife de corps ci-deſſus, page* 71.

Si le decret de prife de corps ne peut
être exécuté contre l'accufé, il en fera fait
perquifition. *Art.* 1 *du Titre* XVII.

SECTION II.

*De la perquifition de l'accufé pour l'exécu-
tion du decret de prife de corps.*

Sɪ dans les trois mois du jour qu'un crime a été commis, l'accufateur en veut
pourfuivre & faire inftruire la contumace,
la perquifition de l'accufé pourra être valablement faite dans la maifon où réfidoit
l'accufé dans l'étendue de la Jurifdiction
où le crime aura été commis, fans qu'il
foit néceffaire de faire la perquifition au
lieu où demeuroit l'accufé avant qu'il eût
commis le crime ; & après les trois mois
depuis le crime commis, la perquifition
de l'accufé doit être faite en fon domicile
ordinaire, & fera dreffé copie du Procès-
verbal de perquifition. *Déclaration en
forme d'Edit du mois de Décembre* 1680,
qui interprete & ajouté aux art. 2, 3, 7 *du
Titre* XVII *de l'Ordonnance du mois d'Août*
1670.

Procès-verbal

Procès-verbal de perquisition de l'accusé.

L'AN... en vertu du décret de Monsieur le Lieutenant Criminel à ... du jour de ... signé... & scellé, & à la requête de A.... qui a élu son domicile à ... je .... Sergent à ... assisté de C... & D... Archers en la Maréchaussée de ... me suis transporté au-devant de la maison & domicile de B.... sise rue .... où étant, j'ai heurté à la porte d'icelle, laquelle ayant été ouverte par F... serviteur domestique de B... j'y suis entré avec mes assistans, & lui ayant demandé où étoit B... il m'a dit qu'il y avoit environ cinq ou six jours que B.... sortit de sa maison monté sur un cheval bai-brun, & lui dit en sortant qu'il alloit passer quelques jours à la campagne, & ne sçavoit ledit F... quand il pourroit être de retour, ni le lieu où il étoit allé, B... ne lui en ayant rien dit lors de son départ; & ensuite j'ai sommé & interpellé F... de par le Roi, de me faire ouverture de toutes les chambres & lieux dépendans de la maison; & à l'instant F.... a ouvert toutes les portes d'icelle maison où je suis entré; premierement dans la salle basse, *spécifier ainsi les lieux que l'on visite*; dans tous lesquels lieux j'ai fait une perquisition exacte de B... pour l'arrêter & le mener prisonnier dans les

prisons de ... en vertu dudit decret; & ne
l'ayant point trouvé en la maison, je me
suis enquis de M...T ...O...proches voisins,
s'ils ne l'avoient point vu entrer ou sortir
d'icelle maison, lesquels m'ont dit, *expri-*
mer ce que l'on peut apprendre des voisins.
Dont j'ai dressé le present Procès-verbal
pour servir audit A .... ainsi qu'il appartiendra par raison, duquel j'ai laissé copie
à F .... suivant l'Ordonnance.

Observation.

Suivant l'*Art.* 3 *du Titre* XVII. &
l'*Édit du mois de Décembre* 1680. Il
faut seulement afficher la copie du decret
à la porte de l'Auditoire, au lieu de la
perquisition ci-dessus, aux cas. 1. Que l'accusé n'ait point résidé dans l'étendue de la
Jurisdiction où a été commis le crime, &
que la poursuite en soit faite dans les trois
mois du jour qu'il a été commis. 2. Si l'accusé n'a aucun domicile, soit qu'il soit
poursuivi avant ou depuis les trois mois
échus.

Procès-verbal de l'affiche du Decret à la porte de l'Auditoire.

L'AN ... à la requête de A ... qui a élu
son domicile à ... en vertu du decret
de prise de corps décerné par Monsieur le
Lieutenant Criminel en la Sénéchaussée

de … contre B … je … Huiſſier, Sergent
à … ſouſſigné : en conſequence de la déclaration qui m'a été faite par A … que
B … n'a point réſidé dans le reſſort de
ladite Sénéchauſſée, *ou* que B … n'a point
de domicile, me ſuis tranſporté au-devant
de la porte & principale entrée de l'Auditoire de ladite Sénéchauſſée, où étant,
j'ai mis & affiché à icelle porte copie dudit decret, enſemble du préſent Procès-
verbal ſuivant l'Ordonnance, pour valoir
perquiſition de la perſonne de B … dont
acte.

SECTION III.

Ce qu'il faut faire ſi l'accuſé empêche par
voies de fait l'exécution du Decret.

Il ſe feroit des frais immenſes, ſi
l'Huiſſier pour exécuter un decret ou
quelqu'autre acte, avoit la liberté de ſe
faire aſſiſter de tel nombre d'Officiers
qu'il voudroit. Il eſt vrai que ſi par des
voies de fait, l'accuſé empêchoit la perquiſition, & les autres Actes de Juſtice pour
l'exécution du decret, ou que l'accuſé fût
en lieu de ſureté où l'on ne pût pas facilement le prendre, la partie civile peut
demander aux Juges qui ont décerné le
decret, qu'il ſoit permis à l'Huiſſier de ſe
faire aſſiſter d'un nombre ſuffiſant d'Officiers pour l'exécuter : mais cette permiſ-

fion ne fe donne que lorfqu'il paroit qu'il
y a néceffité de l'accorder, à caufe des
grands frais qu'il faudroit faire pour cela.

Requête à ce qu'il foit permis à l'Huiffier,
porteur d'un Decret, de fe faire affifter de
tel nombre d'Officiers qu'il fera néceffaire.

A Monfieur le Lieutenant Criminel.

SUPPLIE humblement A.... difant que
fur l'information faite à fa requête
pour raifon de... il a obtenu un decret de
prife de corps contre B... & fes complices,
le... qu'il a mis entre les mains de T...
Huiffier, pour le mettre à exécution; lequel voulant entrer dans la maifon de B...
pour faire la perquifition de fa perfonne,
& faire les Actes de Juftice en la manière
accoutumée; B... eft furvenu avec cinq ou
fix perfonnes armées de piftolets & mouf-
quetons qu'il a fait tirer fur T.... & fur
fes deux Records; l'un defquels eft bleffé
au bras & à la tête des coups qu'il a reçus; enforte qu'ils ont été obligés de fe
retirer, dont il a été dreffé un Procès-verbal, fur lequel ils ont été répétés par forme d'information.

Ce confidéré, MONSIEUR, il vous plaife
permettre au Suppliant de fe faire affifter
de tel nombre d'Officiers & de perfonnes
qui feront néceffaires pour l'exécution du-

dit decret ; enforte que force demeure à Justice : Et vous ferez bien.

Le Juge met sur cette Requête : *Soit montré au Procureur du Roi.*

Lorsque le Procureur du Roi a donné ses Conclusions, l'Ordonnance du Juge sera ainsi :

Ordonnance portant permission à l'Huissier Porteur d'un Decret , de se faire assister d'un nombre de Records.

Vu la présente Requête , le decret de prise de corps décerné contre B ... le ... Procès-verbal de T.... Huissier, du... Répétition dudit T ... & de ses Records, par forme d'information du . .. Conclusions du Procureur du Roi : Et tout considéré, Nous avons permis à T .... de se faire assister de tel nombre de Records qui sera nécessaire, jusqu'à trente, ou de ... au plus pour l'exécution dudit decret ; en sorte que force demeure à Justice. Ce qui sera exécuté , nonobstant & sans préjudice de l'appel. Fait ce ...

SECTION IV.

Regles pour faire les saisies après la perquisition de l'accusé.

1. En vertu du decret de prise de corps, l'on peut, après perquisition de l'accusé, saisir & annoter ses biens , sans que

pour raifon de ce il foit obtenu aucun Jugement. *Art.* 1 *du Titre* XVII.

2. La faifie des meubles de l'accufé fera faite en la maniere prefcrite par l'Ordonnance du mois d'Avril 1667, Titre trente-trois, des Saifies & exécutions. *Art.* 4 *du Titre* XVII.

3. La forme de faire les faifies, exécutions & ventes de meubles, eft au Titre trente-trois du Stile Univerfel Civil, fur l'Ordonnance du mois d'Avril 1667.

4. On peut faifir les fruits des immeubles, & établir Commiffaire à leur garde, en obfervant les formalités prefcrites par l'Ordonnance du mois d'Avril 1667 pour les Sequeftres & Commiffaires. Ces formalités font expliquées au Titre dix-neuf du Stile Univerfel fur la même Ordonnance. *Art.* 5 *du Titre* XVII *de l'Ordonn. du mois d'Août* 1670.

5. Sa Majefté fait défenfes d'établir pour Gardiens ou Commiffaires, les parens ou domeftiques des Fermiers & Receveurs du Domaine, ou des Seigneurs à qui la confifcation appartient. *Art.* 6 *du Titre* XVII.

6. Elle fait auffi défenfes aux Juges, Greffiers, Archers ou autres Officiers de Juftice, de prendre ou faire tranfporter en leurs logis, ni même au Greffe, aucuns deniers, meubles, hardes ou fruits appartenans aux condamnés, ou à ceux con-

tre lefquels il y aura decret, ni de s'en rendre adjudicataires fous leurs noms, ou fous des noms interpofés, fous quelque prétexte que ce foit, à peine d'interdiction, & du double de la valeur des chofes qu'ils auront prifes ou fait ainfi tranfporter. *Art. 27 du Titre* XVII.

7. On peut requerir le Juge de fceller dans la maifon de l'accufé, & d'y établir garnifon, fi l'on croit trouver quelque chofe qui puiffe fervir à conviction.

Procès-verbal d'appofition de Scellé en la maifon de l'accufé.

L'AN... pardevant Nous M.... Confeiller du Roi, Lieutenant Criminel à... eft comparu A... lequel Nous a dit qu'il a fait faire perquifition de B.... en fon domicile, en vertu du decret de prife de corps par Nous décerné contre lui, le... & comme on ne l'a pû trouver, & qu'il y a des chofes dans fa maifon qui peuvent fervir à le convaincre du crime dont il eft accufé, ledit A... Nous a fupplié de Nous y tranfporter pour fceller les portes & cabinets fermés étant en icelle, même d'y établir garnifon pour fureté des fcellés.

Sur quoi Nous avons donné acte audit A... de fa comparution, dire & réquifition ci-deffus, & ordonné que Nous Nous transporterons, heure préfente en la maifon de B... pour y appofer nos fcellés fur fes biens & effets. Fait les jour & an que deffus.

En exécution de laquelle Ordonnance, Nous Nous fommes tranfportés en la maifon de B.... fife rue.... où étant, avons appofé le cachet de nos armes, & fcellé fur les trous & entrées de clef de la porte d'un cabinet de la premiere chambre de ladite maifon, & fur chacun des bouts de deux bandes de papier appliquées à ladite porte, l'une du côté de la ferrure, & l'autre du côté des pentures d'icelle, & fur... *Il faut fpécifier les fcellés qui feront appofés fur les coffres, cabinets & armoires fermées à clef, & faire la defcription des meubles qui fe trouveront en évidence.*

Ce fait, Nous avons tous nofdits fcellés, & les meubles & effets dont la defcription a été ci-deffus faite, laiffés en la garde de C... & D... Archers en la Maréchauffée de.... qui demeureront à cet effet en ladite maifon, jufqu'à ce qu'il en ait été autrement par Nous ordonné, dont ils fe font folidairement chargés comme dépofitaires de biens de Juftice, & promis de les repréfenter, même nofdits fcellés, fains & entiers, & ont figné. Fait les jour & an que deffus.

CHAPITRE X.

Des Défauts & Contumaces.

APRÉS la perquisition de l'accusé en la forme ci-dessus exprimée, l'instruction de la contumace contre l'accusé, sera faite en la forme qui suit.

SECTION PREMIERE.

De l'Assignation à quinzaine.

L'ASSIGNATION à comparoir dans quinzaine, sera donnée à l'accusé en la maison où il résidoit en l'étendue de la Jurisdiction où le crime a été commis dans les trois mois, du jour qu'il a commis le crime, sans qu'il soit nécessaire de la donner au lieu où il demeuroit auparavant; & après les trois mois l'assignation à quinzaine sera donnée au domicile ordinaire de l'accusé, auquel il faut laisser copie de l'exploit. *Déclaration en forme d'Edit du mois de Décembre 1680, qui interprete l'Article 7 du Titre XVII. de l'Ordonnance du mois d'Août 1670.*

Assignation à l'accusé à comparoir dans quinzaine.

L'AN... en vertu du decret de prise de corps décerné par Monsieur le Lieutenant Criminel au Bailliage de.... signé & scellé, & à la requête de A.... qui a élu son domicile à.... en continuant le Procès-verbal de perquisition par moi fait le... j'ai... Sergent à... donné assignation à B... en parlant à ... au domicile de C... où l'on m'a dit que B... a résidé depuis trois mois, *ou* en son domicile ... à comparoir dans quinzaine pardevant Monsieur le Lieutenant Criminel, pour se mettre en état ès prisons dudit lieu, & satisfaire audit decret, & lui ai laissé copie du présent Exploit.

Observation.

Cet Exploit d'assignation à quinzaine sera seulement affiché à la porte de l'Auditoire. 1. Si l'accusé n'a point résidé dans l'étendue de la Jurisdiction où le crime a été commis; & au cas que la poursuite en soit faite dans les trois mois échus depuis que le crime aura été commis. 2. Si l'accusé n'a pas de domicile, quoiqu'il soit poursuivi avant ou depuis les trois mois.

Assignation à l'accusé par affiche à la porte de l'Auditoire, à comparoir dans quinzaine.

L'AN ... en vertu du decret de prise de corps décerné par Monsieur le Lieutenant Criminel à ... signé & scellé, & à la requête de A ... qui a élu son domicile à... je ... Sergent à ... en continuant la perquisition par moi ci-devant faite, me suis transporté au devant de la porte & principale entrée de l'Auditoire de... où étant, j'ai donné assignation à B ... à comparoir dans quinzaine pardevant Mr le Lieutenant Criminel, pour se mettre en état, ès prisons dudit lieu, en exécution dudit decret ; & afin que ladite assignation soit publique, & que B ... n'en puisse ignorer, j'ai mis & apposé copie du présent Exploit à la porte dudit Auditoire.

Il faut observer que si l'assignation à quinzaine est donnée au domicile ordinaire de l'accusé, après les trois mois échus depuis le crime commis, il lui sera donné, outre la quinzaine, le délai d'un jour pour chaque dix lieues de distance de son domicile, jusques au lieu de la Jurisdiction où il sera assigné.

Les jours de l'assignation & de l'échéance ne seront pas compris dans les délais. *Art.* 8 *du Titre* XVII.

SECTION II.

De l'assignation par un cri public.

SI l'accusé ne comparoît point dans la quinzaine, il sera assigné par un seul cri public à la huitaine. Les jours de l'assignation & de l'échéance, ne seront point compris dans les délais. *Art.* 8 *du Titre* XVII.

Le cri public sera fait à son de trompe, suivant l'usage, à la place publique, & à la porte de la Jurisdiction, & encore au-devant du domicile ou résidence de l'accusé, s'il en a. *Art.* 9 *du Titre* XVII.

Le Procès-verbal du cri public & proclamation, sera affiché à la porte de l'Auditoire de la Jurisdiction où se fera le Procès. *Déclaration en forme d'Edit du mois de Décembre* 1680.

Procès - verbal d'assignation par un cri public à la huitaine.

L'AN... en vertu du decret de prise de corps décerné par Monsieur le Lieutenant Criminel en la Sénéchaussée de... signé & scellé, & à la requête de A... qui a élu son domicile à... je... Sergent à.... me suis transporté en la place de... où se tient le Marché, accompagné de P... où étant, P...ayant sonné de sa trompe, j'ai par

un cri public à haute & intelligible voix
aſſigné B...à comparoir à la huitaine pardevant mondit ſieur le Lieutenant Criminel,
pour ſe mettre en état ès priſons dudit
lieu, & ſatisfaire audit decret, & à l'inſtant je me ſuis tranſporté au-devant de la
porte & principale entrée de l'Auditoire
de ladite Sénéchauſſée, auſſi accompagné
de P...où étant, P...ayant ſonné de ſa
trompe, j'ai par un cri public, à haute &
intelligible voix fait pareille proclamation
& aſſigné B...à comparoir à la huitaine
pardevant Monſieur le Lieutenant Criminel, pour ſe mettre en état ès priſons dudit lieu, & ſatisfaire audit decret. *Si l'accuſé a un domicile ou réſidence au lieu de la
Juriſdiction, le Sergent s'y doit tranſporter
avec le Trompette, & continuer ſon Procès
verbal ainſi.* Après quoi m'étant tranſporté
avec P...au devant de la maiſon & domicile de B...icelui P...ayant ſonné de la
trompe, j'ai par un cri public à haute &
intelligible voix pareillement aſſigné B...
à comparoir, &c. dont & de ce que deſſus
j'ai dreſſé le préſent Procès-verbal, pour
ſervir ainſi qu'il appartiendra. Après quoi
copie du préſent Procès-verbal ſigné dudit
P...avec moi a été par moi affichée à la
porte dudit Auditoire.

Il eſt fait défenſes aux Juges d'ordonner
autre aſſignation ou proclamation que celles ci-deſſus, à peine d'interdiction, & des

dommages & intérêts des parties. *Art.* 12
du Titre XVII.

SECTION III.

*Du recolement des témoins en leurs déposi-
tions pour valoir confrontation à l'accusé.*

APRÉS le délai des assignations, la
procédure sera remise au Parquet des
Procureurs du Roi ou de ceux des Seigneurs, pour y prendre leurs conclusions.
Art. 12 *du Titre* XVII.

Si la procédure a été valablement faite,
les conclusions de Messieurs les Procureurs du Roi, ou de ceux des Seigneurs,
peuvent être ainsi.

Conclusions du Procureur du Roi.

VU la plainte faite par A... contre B...
le... Ordonnance de Monsieur le Lieutenant Criminel portant permission d'informer des faits y contenus du... Information faite en conséquence le... Decret de
prise de corps décerné contre B... le...
Procès-verbal de perquisition faite de sa
personne le.... Assignation à quinzaine
donnée à l'accusé en son domicile le... Autre assignation à lui donnée le... à son de
trompe par un seul cri public à comparoir
à la huitaine ensuivant, & tout ce qui m'a
été communiqué vu & considéré,

Je requiers pour le Roi, qu'il soit ordonné que les témoins ouis en l'information, seront recolés en leurs dépositions, & que le recolement qui sera fait d'iceux, vaudra confrontation à l'accusé, pour ce fait, & le tout à moi communiqué, requerir ce qu'il appartiendra.

Après les conclusions prises, il faut remettre le tout entre les mains des Juges qui ordonneront que leurs témoins seront recolés en leurs dépositions, & que le récolement vaudra confrontation. *Art.* 13 *du Titre* XVII.

Jugement portant que les témoins seront recolés en leurs dépositions, & que le recolement vaudra confrontation à l'accusé.

Extrait des Registres de...

VU la plainte, &c. *Le même vu que celui des conclusions ci-dessus,& ajouter:* Conclusions du Procureur du Roi; & tout considéré. Nous ordonnons que les témoins ouis en l'information seront recolés en leurs dépositions, & vaudra le recolement confrontation à l'accusé. Fait ce...

Il faut ensuite obtenir une Ordonnance du Lieutenant Criminel, à l'effet de faire assigner les témoins pour être recolés.

Ordonnance pour assigner les témoins pour
être recolés en leurs dépositions.

DE l'Ordonnance de Nous M...Con-
seiller du Roi, Lieutenant Criminel
à...à la requête de A...demandeur & accusateur, le Procureur du Roi joint, soit
donné assignation à D...N...O...à comparoir pardevant Nous au premier jour,
deux heures de relevée à... pour être recolés en leurs dépositions contenues en
l'information par Nous faite à la requête
de A...contre B...accusé, & complices.
Fait ce...

En vertu de cette Ordonnance, il faut
faire assigner les témoins pour être recolés ; & s'ils ne comparent, on peut les y
contraindre ; il faut observer la même procédure que celle qui se fait contre les témoins qui refusent de venir déposer, ci-
dessus page 30 & suivantes, jusques à la
36.

Les témoins défaillans seront pour le
premier défaut condamnés à l'amende ; &
en cas de contumace, contraints par corps,
suivant qu'il sera ordonné par le Juge.
Art. 2 du Titre XV.

Regles pour faire le recolement des témoins.

1. LEs témoins seront recolés séparément.
2. Ils feront serment de dire vérité.

3. Après quoi leurs sera fait lecture de leurs dépositions.

4. Ils seront ensuite interpellés de déclarer s'ils y veulent ajouter ou diminuer, & s'ils y persistent.

5. Sera écrit ce qu'ils y voudront ajouter ou diminuer.

6. Lecture leur sera faite du recolement.

7. Le recolement sera paraphé & signé dans toutes ses pages, par le Juge & par le Témoin, s'il sçait ou veut signer, sinon sera fait mention de son refus.

8. Le recolement des témoins sera mis dans un cahier séparé des autres procédures. *Art.* 5 *& 7 du Titre* XV.

Récolement.

L'AN... pardevant Nous M... Conseiller du Roi, Lieutenant Criminel à... est comparu A ... demandeur & accusateur, lequel Nous a dit qu'en exécution de notre Ordonnance du... il a fait assigner D.... N... O... témoins ouïs en l'information par nous faite à sa requête contre B. .. accusé, & complices, pour être recolés en leurs dépositions, par exploit de... Huissier du... contrôlé à... le... lequel il Nous a représenté & requis qu'il nous plût procéder au recolement desdits témoins.

Surquoi nous avons donné acte audit A... de sa comparution, dire & requisition, & ordonné ce qu'il sera par Nous présente-

ment procédé au recolement desdits témoins, & s'eft ledit A... retiré.

Et à l'inftant eft comparu O... fecond
témoin oui en l'information par Nous faite
à la requête de A... auquel O... après ferment par lui fait de dire vérité, avons fait
faire lecture de la dépofition par lui faite
en ladite information ; & après l'avoir
oui, a dit qu'elle eft véritable, n'y veut
augmenter ni diminuer, & qu'il y perfifte;
lecture à lui faite du préfent recolement,
y a auffi perfifté, & a figné avec Nous, *ou*
déclaré ne fçavoir écrire ni figner, de ce
interpellé fuivant l'Ordonnance.

Eft auffi comparu N... premier témoin
oui en ladite information, auquel après le
ferment par lui fait de dire vérité, &c.
Comme au recolement du témoin ci-deffus,
& fi les témoins veulent ajouter ou diminuer
à leurs dépofitions, il faut l'écrire.

Il ne pourra être procédé au recolement
des témoins, qu'il n'ait été ordonné par
Jugement; néanmoins ceux qui feront fort
âgés, malades, valetudinaires, prêts à faire
voyage, ou pour quelqu'autre néceffité
preffante, pourront être repetés avant qu'il
y ait aucun Jugement qui l'ordonne; mais
la repetition de ces témoins ne vaudra pour
confrontation contre le contumax, qui a-
près qu'il aura été ordonné par le Jugement de défaut & contumace. *Art. 3 du*
Titre XX.

SECTION IV.

Du Jugement de la Contumace.

APRÈS le recolement, le procès sera de rechef communiqué aux Procureurs du Roi, ou à ceux des Seigneurs, pour prendre leurs conclusions diffinitives. *Art.* 14 *du Titre* XVII.

Conclusions diffinitives du Procureur du Roi sur la Contumace.

VU, &c. *Dresser le vu pareil à celui des Conclusions ci-dessus.*

Je requiers pour le Roi que la contumace soit déclarée bien instruite contre l'accusé, & adjugeant le profit d'icelle, qu'il soit déclaré duement atteint & convaincu de … pour reparation de quoi, condamné à être pendu & étranglé jusques à ce que mort s'ensuive, à une potence qui sera plantée en la place de… condamné en… livres de reparation, dommages & intérêts envers le demandeur, & aux dépens du procès, le surplus de ses biens acquis & confisqués à qui il appartiendra, sur iceux prealablement pris la somme de. …, livres d'amende envers le Roi, en cas que confiscation n'ait pas lieu au profit de Sa Majesté, ce qui sera exécuté par effigie en un Tableau qui sera attaché à ladite potence.

Le même Jugement déclarera la contumace bien inftruite, en adjugera le profit & contiendra la condamnation de l'accufé. Sa Majefté fait défenfes d'y inférer la claufe, *fi pris & apprehendé peut être*, dont l'ufage eft abrogé. *Art.* 15 *du Titre* XXII.

Jugement diffinitif de condamnation à mort par Contumace.

Extrait des Regiftres de...

VU le Procès criminel par Nous extraordinairement fait & inftruit à la requête de A... demandeur & accufateur, le Procureur du Roi joint, contre B... accufé, défendeur & défaillant. Procès verbal par Nous fait le... contenant la plainte de A...notreOrdonnance portant qu'il fera informé du contenu en icelle, circonftances & dépendances. Information par Nous faite en conféquence à la requête de A... Decret de prife de corps par Nous décerné contre B... le... Procès-verbal de perquifition faite de la perfonne de l'accufé le... Affignation à quinzaine à lui donnée le... jour de... pour fe mettre en état ès prifons de cette Cour, & fatisfaire audit decret. Autre affignation à huitaine par cri public à lui donnée aux mêmes fins le.... Notre Sentence du.... par laquelle il eft ordonné que les témoins ouis en l'information seront recolés en leurs dépositions, & que le recolement vaudra confrontation à l'accusé. Recolement par Nous fait des témoins en leurs dépositions le... Conclusions du Procureur du Roi, auquel le tout a été communiqué : & tout considéré,

Nous avons déclaré la contumace bien instruite contre B... accusé, & adjugeant le profit d'icelle, le déclarons duement atteint & convaincu de... *Inférer le crime dont il s'agit.* Pour reparation de quoi, condamnons B... accusé à être pendu & étranglé jusques à ce que mort s'ensuive, à une potence qui sera pour cet effet dressée en la place de... le condamnons en outre en... livres de réparation, dommages & intérêts envers le demandeur, & aux dépens du Procès : avons déclaré le surplus de ses biens acquis & confisqués à qui il appartiendra, sur iceux préalablement pris la somme de... livres d'amende envers le Roi, en cas que confiscation n'ait lieu au profit de Sa Majesté ; & sera la présente Sentence exécutée par effigie en un Tableau qui sera attaché à ladite potence par l'Exécuteur de la Haute-Justice.

Le Procès-verbal d'exécution sera mis au pied du Jugement signé du Greffier seulement. *Art.* 17 *du Titre* XVII.

Procès-verbal d'exécution par effigie.

L'AN... le préfent Jugement a été publié à haute & intelligible voix en la place de... par moi Greffier en la Sénéchauffée de... souffigné : ce fait, l'effigie y mention-née étant en un Tableau, a été attachée à une potence dreffée en la même place par Z... Exécuteur de la Haute-Juftice, con-formement & en exécution dudit Juge-ment. Fait les an & jour que deffus.

Les feules condamnations de mort natu-relle feront exécutées par effigie. *Art.* 16 *du titre* XVII.

Jugement diffinitif de condamnation aux Galeres perpétuelles.

Extrait des Regiftres de...

Vu le Procès criminel, &c. *comme le précédent,* Nous avons déclaré la con-tumace bien inftruite contre B... accufé, & adjugeant le profit d'icelle, le décla-rons duement atteint & convaincu de... pour reparation de quoi le condamnons à fervir de Forçat à perpétuité dans les Ga-leres du Roi : le condamnons en outre en... livres de réparation, dommages & intérêts, & aux dépens du procès : avons déclaré le furplus de fes biens acquis & confifqués à qui il appartiendra, fur iceux

préalablement pris la somme de... livres
d'amende envers le Roi, en cas que confifcation n'ait lieu au profit de Sa Majefté; &
fera la préfente Sentence tranfcrite dans un
Tableau attaché par l'Executeur de la haute-Juftice, à une potente, qui pour cet
effet fera plantée en la place de...

Les condamnations des Galeres, Amende-honorable, Banniffement perpetuel,
Flétriffure & du Fouet, feront feulement
écrites dans un Tableau, fans aucune effigie. *Art. 16 du Titre* XVII.

Le Tableau fera attaché dans la place
publique.

Les condamnations des autres peines
font ci-après Livre fecond, chapitre dix-
fept, *des Sentences, Jugemens & Arrêts.*

Toutes les autres condamnations par
contumace feront feulement fignifiées, &
copies données au domicile ou refidence
du condamné, fi aucune il a dans le lieu
de la Jurifdiction, finon affichées à la
porte de l'Auditoire. *Art. 16 du titre* XVII.

SECTION V.

*De la contumace contre l'accufé, qui s'étant
évadé, ou qui ayant été relaxé ne fe re-
préfente pas.*

IL y a quelques efpeces de contumace,
dont l'inftruction eft différente de celle
dont il eft ci-deffus parlé.

De la contumace contre l'accusé qui s'est évadé depuis son interrogatoire.

C'EST un crime nouveau que commet l'accusé , si pour s'évader il brise sa prison : l'Ordonnance de 1670 distingue la simple évasion sans fracture, qui est celle dont nous parlons , d'avec le crime de bris des prisons qui doit être severement puni , & pour lequel le procès sera aussi fait à l'accusé par défaut & contumace. *Art.* 24 & 25 *du titre* XVII.

Si l'accusé s'évade des prisons après son interrogatoire , il ne sera ni ajourné ni proclamé à cri public, & après que le Juge aura fait un procès-verbal de l'évasion, il faut communiquer le tout au Procureur du Roi, qui donne ses conclusions en la forme qui suit. *Art.* 24 *du titre* XVII.

Conclusions du Procureur du Roi.

VU la plainte faite par A... contre B... le...Ordonnance de Monsieur le Lieutenant Criminel portant permission d'informer du... Information faite en conséquence le... Decret de prise de corps décerné contre ledit B...le... Procès-verbal d'emprisonnement dudit B...le..Interrogatoire subi par ledit B... le...Procès-verbal d'évasion dudit B... & tout ce qui m'a été communiqué , vu & considéré.

Je

Je requiers pour le Roi qu'il soit ordonné que les témoins seront ouïs, que
ceux qui l'ont été seront recolés en leurs
dépositions, & que le recolement vaudra
confrontation.

Le Jugement qui sera donné, sera conforme à ces conclusions. *Art.* 14 *du titre*
XVII.

Le reste de la procédure pour l'instruction de la contumace, est ci-dessus, *page*
100 & *suivantes*, *jusqu'à* 109.

De la Contumace contre l'accusé qui a pour
prison la suite du Conseil ou du Grand
Conseil, le lieu de la Jurisdiction où
s'instruit son Procès, ou les chemins
de celle où il a été renvoyé, & ne se re-
présente pas.

SI l'accusé ne se représente pas, il faut
communiquer le Procès au Procureur
du Roi, qui donnera ses conclusions conformes au Jugement qui suit. *Art.* 10 *du*
Titre XVII.

Jugement portant que l'accusé sera assigné
par une seule proclamation faute de se
représenter.

Extrait des Registres de . . .

VU la plainte faite par A. . . contre B. . .
le. . . l'Ordonnance portant permission
d'informer du. . . . Information faite en

Tome II.   H

conséquence le... Decret de prise de corps décerné contre B... le... Jugement du ... portant que l'accusé aura pour prison les chemins de... Conclusions du Procureur du Roi', & tout vu, Nous ordonnons que dans... l'accusé sera tenu de se représenter aux pieds de la Cour, ou se mettre en état ès prisons de... pour être procédé au Jugement du procès, sinon sera pris au corps, si pris & appréhendé peut être, sinon assigné par une seule proclamation suivant l'Ordonnance.

Ce Jugement peut aussi être donné sur la Requête du Procureur du Roi ou de la partie civile, ou par la Cour en voyant le Procès.

Il faut le signifier à l'accusé, & s'il ne se représente pas, & que l'on ne puisse l'arrêter, il sera assigné par une seule proclamation à la porte de l'Auditoire, *Art.* 10 *du titre* XVII par un exploit ainsi,

Assignation à l'accusé par proclamation.

L'AN... en vertu du Jugement du... & à la requête de A... qui a élu son domicile à... je... Huissier à... soussigné, me suis transporté au-devant de la porte & principale entrée de l'Auditoire de... où étant j'ai à haute & intelligible voix proclamé & assigné B... à comparoir d'hui en... jours pardevant Monsieur le Lieutenant Criminel, pour se mettre en état ès prisons de... & satisfaire au decret contre lui décerné dont j'ai dressé le présent Procès-verbal, copie duquel a été par moi Huissier soussigné, mise & apposée à la même porte, à ce que B...n'en puisse ignorer.

Le Procès-verbal de proclamation à la porte de l'Auditoire, sera affiché au même endroit. *Art.* 10 *du Titre* XVII.

Il sera procédé sans autres formalités, au reste de l'instruction & Jugement du procès contre l'accusé. *Art.* 10 *du Tit.* XVII.

Lorsque le délai de l'assignation sera expiré, on peut obtenir au Greffe

Défaut contre l'accusé faute de se représenter.

Extrait des Registres de...?

DEFAUT à... demandeur & accusateur, le Procureur du Roi joint, contre B... accusé, défendeur & défaillant, faute de se représenter suivant l'assignation échue le...après que le délai porté par l'Ordonnance est expiré.

Il faut ensuite communiquer le procès au Procureur du Roi, pour y donner ses conclusions.

Conclusions du Procureur du Roi.

VU le défaut obtenu aux Présentations le... par A... demandeur & accusateur contre B... défendeur & accusé, faute de se

repréfenter après que le délai porté par
l'Ordonnance eft expiré? vu auffi la plainte
dudit A ... contre B ... Ordonnance de
Monfieur le Lieutenant Criminel, portant permiffion d'informer du ... Information faite en conféquence le ... Decret
de prife de corps décerné contre l'accufé;
Jugement du ... portant que l'accufé aura
pour prifon le chemin de ... Autre Jugement du ... portant que l'accufé fera tenu
de fe repréfenter, finon pris au corps,
ou affigné par une feule proclamation;
Procès verbal fait par ... Huiffier le ... contenant proclamation à la porte de l'Auditoire de cette Cour, & affignation à l'accufé pour fe mettre en état ès prifons de ...
& tout ce qui m'a été communiqué, vu &
confidéré.

Je requiers pour le Roi être dit que le
défaut a été bien obtenu, & pour le profit
que les témoins ouis en l'information,
&c. *Le refte de la procédure fera faite comme ci-deffus, page* 110.

*De la Contumace faute par l'accufé de fe
repréfenter lors du Jugement du Procès,
qui a été inftruit avec lui.*

POUR inftruire cette forte de contumace
qu'on appelle contumace, faute de préfence, l'on fe peut fervir de la regle prefcrite par l'article dix du Titre dix-fept de

l'Ordonnance du mois d'Août 1670.

Les actes néceffaires pour cette inftruction, font 1. Le Jugement portant que l'accufé fera affigné par une feule proclamation. 2. Le Procès verbal de proclamation. 3. Le Défaut; ces trois pieces font ci-deffus, *pag.* 111 , 112, 113.

Il faut communiquer le tout au Procureur du Roi, pour y donner fes conclufions.

Conclufions définitives du Procureur du Roi.

VU, &c.
Je requiers pour le Roi la contumace être déclarée bien inftruite , & adjugeant le profit d'icelle , que l'accufé foit condamné...

S'il y a eu des conclufions diffinitives avant la contumace, les conclufions de la contumace feront ainfi.

Conclufions du Procureur du Roi fur la Contumace feulement.

VU, &c.
Je requiers pour le Roi la contumace être déclarée bien inftruite & perfifte aux conclufions par moi ci-devant prifes.

Si c'eft au Parlement ou en quelqu'autre Cour fupérieure, & qu'il y ait appel d'une Sentence , les conclufions feront ainfi.

Je requiers pour le Roi que la contumace soit déclarée bien instruite, & pour
le profit, l'appellant déchu de son appel &
condamné en l'amende... *Ou* je n'empé-
che droit être fait par la Cour, ainsi qu'il
appartiendra.

En cet état on peut juger le procès.

SECTION VI.

De l'exécution des Jugemens de Contumace.

1. SI le condamné se présente ou est mis
prisonnier dans l'année de l'exécution
du Jugement de contumace, main-levée
lui sera donnée de ses meubles ou immeubles, & le prix provenant de la vente de
ses meubles lui sera rendu, les frais dé-
duits, en consignant l'amende à laquelle
il aura été condamné. *Article 26 du Titre*
XVII.

2. Si le contumax est arrêté prisonnier
ou se représente après le Jugement, ou
même après les cinq années dans les prisons du Juge qui l'aura condamné; les
défauts & contumaces seront mis au néant,
en vertu de l'Ordonnance du mois d'Août
1670, sans qu'il soit besoin de Jugement,
ou d'interjetter appel de la Sentence de
contumace. *Art.* 18 *du Titre* XVII.

3. Les frais de la contumace seront
payés par l'accusé après avoir été taxés,
sans néanmoins que faute de payement il

puisse être sursis à l'instruction & Jugement du Procès. *Art.* 19 *du Titre* XVII.

4. Si ceux qui auront été condamnés par
contumace ne se représentent, ou ne sont
constitués prisonniers dans les cinq années
de l'exécution de la Sentence de contumace, les condamnations pécuniaires,
amendes & confiscations, seront reputées
contradictoires, & vaudront comme or-
données par Arrêt. *Art.* 28 *du Titre* XVII.

5. Au cas que Sa Majesté les reçoive à
ester à droit, & qu'ils obtiennent Lettres
pour se purger, & que le Jugement qui
interviendra porte absolution, & n'emporte point de confiscation, les meubles
& immeubles sur eux confisqués, leur seront rendus en l'état qu'ils se trouveront,
sans pouvoir prétendre néanmoins aucune
restitution des amendes, intérêts civils,
& des fruits des immeubles. *Art.* 28 *du
Titre* XVII.

6. Celui qui aura été condamné par contumace à mort, aux galeres perpétuelles,
ou qui aura été banni à perpétuité du
Royaume, qui décédera après les cinq
années, sans s'être représenté, ou avoir
été constitué prisonnier, sera reputé mort
civilement du jour que la Sentence de
contumace aura été exécutée. *Article* 29
du Titre XVII.

7. Les Receveurs du Domaine de Sa
Majesté, ou autres à qui la confiscation

appartient, peuvent pendant les cinq années percevoir les fruits & revenus des
condamnés, des mains des Fermiers re-
devables & Commiſſaires : mais il leur
eſt fait défenſes de s'en mettre en poſſeſſion, ni d'en jouir par leurs mains à peine
du quadruple, applicable moitié au Roi,
& moitié aux pauvres du lieu, dépens,
dommages & intérêts des parties. *Art.*
30 *du Titre* XVII.

8. Sa Majeſté a déclaré qu'elle ne vouloit faire aucun don des confiſcations qui
lui appartiennent pendant les cinq années
de la contumace ; ce qui eſt pareillement
défendu aux Seigneurs hauts-Juſticiers.
Et a déclaré nuls tous les dons qui pourroient avoir été obtenus d'elle, ou faits
par les Seigneurs, ſinon pour les fruits
des immeubles ſeulement. *Art.* 31 *du Tit.*
XVII.

9. Après les cinq années expirées, les
Receveurs du Domaine, les Donataires &
les Seigneurs à qui la confiſcation appartiendra, ſeront tenus de ſe pourvoir en
Juſtice, pour avoir permiſſion de ſe mettre en poſſeſſion des biens des condamnés,
& avant que d'y entrer, faire faire procès verbal de la qualité & valeur des meubles & effets mobiliers, & de l'état des
immeubles dont ils jouiront enſuite en
pleine propriété, à peine contre les Donataires & les Seigneurs, d'être déchus

de leur droit, qui fera adjugé aux pauvres du lieu ; & contre les Receveurs du Domaine de mille livres d'amende, applicable moitié au profit de Sa Majefté, & moitié aux pauvres du lieu. *Art.* 32 *du Titre* XVII.

CHAPITRE XI.

Des Lettres pour efter à droit après les cinq années de la Contumace.

LE Roi accorde ces Lettres à ceux qui étoient abfens & dans le fervice de Sa Majefté, ou pour quelqu'autre caufe favorable, & qui ont laiffé écouler les cinq années depuis la condamnation par contumace, fans fe préfenter.

SECTION PREMIERE.

De la forme des Lettres pour efter à droit, & du tems qu'il faut les préfenter.

SI elles font obtenues par les Gentils-hommes, ils feront tenus d'exprimer nommément leur qualité, à peine de nullité, & ne pourront être adreffées qu'aux Cours Supérieures chacune fuivant fa Jurifdiction, & la qualité de la matiere : les Cours pourront néanmoins, fi la partie
H v

civile le requiert & qu'elles le jugent à propos , renvoyer l'inſtruction ſur les lieux. *Art.* 11, 12 *du Titre* XVI *de l'Ordon. du mois d'Août* 1670.

Par les Lettres pour eſter à droit après les cinq années de la contumace, l'accuſé eſt reçu à ſe purger des cas qui lui ſont impoſés , quoiqu'il y ait plus de cinq ans paſſés , ainſi qu'il auroit pu faire avant le Jugement de contumace , de conſigner les amendes & ſommes , ſi aucunes ont été adjugées aux Parties civiles, & à la charge que foi ſera ajoutée aux dépoſitions des témoins recolés & décédés, ou morts civilement pendant la contumace.

Ces Lettres ne peuvent être ſcellées qu'en la Grande Chancellerie. *Art.* 5 *du Titre* XVI.

Si l'accuſé en veut obtenir, elles ſeront dreſſées ainſi.

Lettres pour eſter à droit.

L Ouis, par la grace de Dieu, Roi de France & de Navarre : A nos amés & féaux, &c. *Il faut mettre l'adreſſe aux Juges qui ont jugé la contumace*, Salut ! ... Nous a expoſé qu'il a tué B ... dans la néceſſité d'une légitime défenſe de ſa vie, & craignant la rigueur de la Juſtice, il s'eſt refugié à ... d'où il n'a pu repaſſer en France à cauſe de la guerre entre les deux

Couronnes ; cependant la veuve de ce
défunt a fait une plainte contre l'exposant,
qualifiant cet accident d'assassinat prémédité , & a obtenu Arrêt qui le condamne
à mort par défaut & contumace le... quoique l'exposant soit fort innocent du crime
qu'on lui impose ; & comme il lui a été
impossible de se représenter dans les cinq
années depuis ledit Arrêt , il nous a très-
humblement supplié de lui octroyer nos
Lettres pour être reçu à ester à droit. A
CES CAUSES , Nous vous mandons que
notre Procureur Général , & autres qu'il
appartiendra appellés pardevant Vous ,
s'il vous appert que l'Exposant n'ait pu se
présenter lors des défauts & contumace,
en ce cas ayez à le recevoir à ester à droit,
& se justifier des cas à lui imposés , tout
ainsi qu'il eût pu faire avant ledit Arrêt ,
que ne voulons lui préjudicier pour ne
s'être représenté dans les cinq ans portés
par nos Ordonnances , dont nous l'avons
de notre grace spéciale , pleine puissance
& autorité Royale , relevé & relevons
par ces présentes, à la charge de se mettre
en état dans vos prisons dans trois mois
lors de la présentation d'icelles, de refon-
der les dépens de la contumace & de consigner les amendes & sommes , si aucunes
ont été adjugées aux parties , & que foi
sera ajoutée aux dépositions des témoins
décédés, comme s'ils avoient été confron-

H vij

tés. Mandons au premier notre Huissier
ou Sergent sur ce requis, de faire pour
l'exécution des présentes tous exploits,
significations & actes de Justice nécessaires : CAR tel est notre plaisir. DONNÉ à...
le jour de... l'an de grace... & de notre
regne le...

Il faut présenter les Lettres pour ester
à droit dans trois mois du jour de l'obtention, passé lequel tems il est fait défenses aux Juges d'y avoir égard; les impétrans ne pourront en obtenir de nouvelles, ni être relevés du laps de tems.
Art. 16 du Titre XVI.

SECTION II.

*Regles pour la présentation & entérinement
des Lettres pour ester à droit.*

L'ACCUSÉ qui a obtenu des Lettres pour
ester à droit, doit se mettre en état en
se présentant, & consigner les amendes
& intérêts civils, si ce n'est que le Roi ne
l'en ait déchargé par une clause déroga-
toire à l'Ordonnance; mais quoiqu'il n'ait
pas consigné, il peut toujours poursuivre
l'entérinement de ses Lettres & son absolution, parce que sa personne répond
pour le tout.

L'écroue de l'accusé qui se rend volontairement prisonnier est au chapitre quatre
de la seconde Partie.

La Requête de l'accusé à fin d'entérinement des Lettres pour ester à droit sera en ces termes.

Requête à fin d'entérinement des Lettres pour ester à droit.

A Nosseigneurs de...

SUPPLIE humblement I... qu'il plaise à la Cour enteriner les Lettres pour ester à droit obtenues par le Suppliant le... & ordonner qu'il sera oui & interrogé sur les faits résultans des informations contre lui faites à la requête de... Et vous ferez bien.

Il faut joindre à cette Requête les Lettres pour ester à droit & l'écroue de l'accusé, communiquer le tout au Procureur Général, si les Lettres sont adressées à une Cour Supérieure, ou au Procureur du Roi si l'adresse est aux Juges inférieurs, & sur ses conclusions se donne un Arrêt en la forme qui suit.

Arrêt qui enterine les Lettres pour ester à droit.

Extrait des registres de...

VU par la Cour la Requête présentée par I... à ce que les Lettres pour ester à droit par lui obtenues en Chancellerie

fuffent entérinées , & qu'il plût à la Cour
ordonner qu'il fera interrogé fur les informations contre lui faites à la requête
de ... Vu auffi lefdites Lettres , l'écroue
d'emprifonnement du Suppliant du... Conclufions du Procureur Général du Roi ;
oui le rapport de Maître... Confeiller ,
& tout confidéré : la Cour a entériné &
entérine lefdites Lettres obtenues par le
Suppliant , & en conféquence ordonne
qu'il fera oui & interrogé fur les faits réfultans des charges & informations pardevant le Confeiller Rapporteur , pour,
l'interrogatoire fait & communiqué au
Procureur Général du Roi , être ordonné
ce que de raifon. Fait...

L'interrogatoire fe fait comme il eft dit
au chapitre fixieme de la feconde Partie.

Lorfque l'accufé a fubi l'interrogatoire,
on communique de nouveau le procès au
Procureur du Roi ou au Procureur Général pour y donner fes conclufions. Le
Jugement ou l'Arrêt qui intervient fur le
tout , porte que les témoins feront recolés
en leurs dépofitions & confrontés à l'accufé. La forme de cet acte eft au chapitre
dixieme de la feconde Partie.

Il faut enfuite continuer l'inftruction du
Procès.

CHAPITRE XII.

*Des Procédures à l'effet de purger la mé-
moire d'un défunt.*

LA mémoire d'un défunt pourra être
purgée. 1. Avant que les cinq années
du jour de la Sentence de condamnation
par contumace soient expirés. 2. Après les
cinq années.

SECTION PREMIERE.

*Procédures que la veuve, enfans ou parens
d'un défunt, peuvent faire pour purger
sa mémoire dans les cinq ans du jour de
la Sentence de Contumace.*

1. LA veuve, les enfans & les parens d'un
condamné par Sentence de contumace, qui sera décédé avant les cinq ans,
à compter du jour de son exécution, pourront appeller de la Sentence. *Art.* 1 *du
Titre* XVII. *de l'Ordonn. du mois d'Août*
1670.

2. Les procédures sur les appellations
sont au titre onze du Stile Universel civil,
sur l'Ordonnance du mois d'Avril 1667.

3. Si la condamnation de contumace est
par Arrêt ou Jugement en dernier ressort,

ils doivent se pourvoir pardevant les mêmes Cours ou Juges qui l'auront rendue. *Art.* 1 *du Titre* XXVII.

4. La procédure des instances de Requête civile contre les Arrêts, & de Requête contre les Jugemens en dernier ressort, est au Titre trente - cinquieme du même Stile Universel Civil.

SECTION II.

Des Lettres qu'il faut obtenir pour purger la mémoire d'un défunt, après les cinq années de la contumace expirées.

APRE's les cinq années de la contumace expirées, aucun ne sera reçu à purger la mémoire d'un défunt, sans obtenir Lettres en la Grande Chancellerie. *Art.* 2 *du Titre* XXVII.

Ces Lettres seront dressées en la forme qui suit.

Lettres qui reçoivent à purger la mémoire d'un défunt.

LOUIS, par la grace de Dieu, Roi de France & de Navarre : A nos amés & féaux, &c. *L'adresse se fait aux Juges qui ont jugé le procès par contumace* ; Salut. M... veuve de défunt R... Nous a exposé qu'en l'année... ledit défunt passant dans la rue... il vit deux hommes qui se bat-

toient sans aucun avantage l'un sur l'autre,
& s'étant approché pour les séparer, il
les reconnut pour être les sieurs B... & D...
lesquels prévoyant peut-être l'intention de
l'exposant, se précipiterent avec si peu
de jugement, qu'ils s'enferrerent dans
leurs épées, & tomberent en même tems
tous deux morts sur la place, la veuve
duquel D...en fit informer & obtint un Jugement de mort par défaut & contumace
contre ledit défunt en ladite Sénéchaussée,
le... pendant un voyage qu'il fit en Espa-
gne, où il est décédé; & où il étoit allé
pour des affaires pressantes, ne croyant
pas que pour avoir voulu rendre un bon
office il dût être poursuivi criminellement:
Nous suppliant de la recevoir à purger la
mémoire de défunt son mari, & lui octroyer nos Lettres à ce nécessaires. A ces
causes, Nous avons reçu l'exposante à
purger la mémoire de défunt son mari,
ainsi qu'il eût pu faire avant les défauts de
contumace & condamnation à mort contre lui prononcés, quoique l'exposante
soit hors le tems porté par nos Ordonnances, dont nous l'avons relevée & relevons par ces présentes, à la charge de
payer les frais de la contumace, comme
frais préjudiciaux, & de consigner les
amendes, dépens, dommages & intérêts
civils; & que foi sera ajoutée aux dépositions des témoins décédés, comme s'ils

avoient été confrontés. Mandons, &c.

Si le défunt avoit obtenu des Lettres de remiſſion avant ſon décès, la clauſe qui ſuit pourroit être ajoutée.

Clauſe lorſque le défunt a obtenu des Lettres de remiſſion.

ET permis à l'expoſante de pourſuivre l'entérinement des Lettres de grace & remiſſion accordées audit défunt, & du contenu en icelles faire jouir l'expoſante, comme ſi elles euſſent été entérinées du vivant dudit défunt, à la charge de payer les frais, &c.

SECTION III.

De l'inſtance en conſéquence des Lettres pour purger la mémoire d'un défunt.

1. LES Procureurs du Roi & les parties civiles, s'il y en a, ſeront aſſignés en vertu des Lettres, dont il faut leur donner copie, & ſera procédé dans les délais preſcrits pour les affaires civiles, *Art.* 3 *du Titre* XXVII.

2. La forme des aſſignations eſt au titre ſecond du Stile Univerſel Civil.

3. Si les parties aſſignées ne ſe préſentent pas ſur l'aſſignation pour procéder ſur l'appel ou ſur les Lettres en forme de Requête Civile, ou ſur celles en vertu des

Lettres pour ester à droit, après les cinq ans de la contumace, le demandeur pourra obtenir défaut & le faire juger, selon les regles qui sont au Titre cinquieme du Stile Universel Civil.

4. Mais si le défendeur compare, il faut observer les regles des procédures en premiere instance, ou sur les appellations qui sont au Titre onzieme du Stile Universel Civil, ou de celles pour l'entérinement des Requêtes Civiles, qui sont au Titre trente-cinquieme du même Stile, selon la qualité de la matiere.

5. Le Jugement des instances, à l'effet de purger la mémoire d'un défunt, sera rendu sur les charges, informations, procédures & pieces sur lesquelles la condamnation par contumace sera intervenue. *Art.* 5 *du Titre* XXVII.

6. Il faut faire joindre au Procès d'appel ou à l'instance de Lettres, les informations & la procédure criminelle faites par contumace contre le défunt.

7. Les parties pourront respectivement produire de nouveau telles pieces que bon leur semblera, & les attacher à une Requête, qui sera signifiée à la partie, & copie donnée de la Requête & des pieces, sans qu'il puisse être pris aucun appointement. *Art.* 6 *du Titre* XXVII.

8. Elles pourront aussi y répondre par autre Requête qui sera pareillement signi-

fiée, & copie donnée de la Requête &
des pieces qui y feront attachées dans les
délais ordonnés pour les matieres civiles,
fi ce n'eft qu'ils foient prorogés par les
Juges. *Art. 7 du Titre* XXVII.

Le Jugement pour purger la mémoire
d'un défunt condamné par contumace,
fera en la forme qui fuit.

Arrêt qui decharge la mémoire d'un défunt
condamné par contumace.

Extrait des Regiftres de . . . .

V u par la Cour, &c.

La COUR a déchargé la mémoire dudit
défunt de l'accufation contre lui faite; ce
faifant, ordonne que la veuve , enfans &
héritiers dudit défunt , demeureront en
la poffeffion & jouiffance des biens &
effets de fa fucceffion , fauf à eux à fe
pourvoir pour la réparation , dépens ,
dommages & intérêts contre le dénonciateur, ou contre ceux qu'ils aviferont
bon être . . .

Lorfque la partie civile ou le dénonciateur font en caufe , la condamnation des
dommages & intérêts & reparation , fe
prononce par le même Jugement.

INSTRUCTION
DES
PROCES CRIMINELS
CONTRE
L'ACCUSÉ PRÉSENT.
SECONDE PARTIE.

CHAPITRE PREMIER.

Des Lettres d'abolition, rémission & pardon.

L'ORDONNANCE diftingue les Juges auxquels l'adreffe des Lettres d'abolition, ré-miffion & pardon doit être faire, exprime les caufes diffé-rentes pour lefquelles elles s'expédient, & regle la procédure néceffaire pour en pourfuivre l'entérinement. Ces maximes s'obfervent felon l'ordre qui fuit.

SECTION PREMIERE.

Regles générales pour l'adreſſe des Lettres.

1. LES Lettres obtenues par les Gentilshommes ne pourront être adreſſées
qu'aux Cours Supérieures, chacune ſuivant ſa Juriſdiction & la qualité de la
matiere. *Art.* 12 *du Titre* XVI.

2. Elles pourront neanmoins être adreſſées aux Préſidiaux, ſi leur compétence y
a été jugée. *Art.* 12 *du Titre* XVI.

3. Mais l'adreſſe des Lettres de remiſſion ne pourra être faite aux Sieges Préſidiaux où la compétence aura été jugée,
que l'accuſé n'ait été oui lors du Jugement
de la compétence, & qu'il ne ſoit actuellement priſonnier; & à cet effet ſeront
le Jugement de compétence & l'écroue
attachés ſous le contre-ſcel des Lettres.
*Déclaration en forme d'Edit du mois de
Décembre* 1680.

4. Les Gentilshommes ſeront tenus
d'exprimer nommément leur qualité dans
les Lettres de remiſſion & pardon, à peine
de nullité *Art.* 11 *du Titre* XVI *de l'Ordonn. du mois d'Août* 1670.

5. L'adreſſe des Lettres obtenues par des
perſonnes de qualité roturiere ſera faite
aux Baillis & Sénéchaux des lieux où il y
a Siege Préſidial, & dans les Provinces
eſquelles il n'y a point de Siege Préſidial,

d'adreſſe ſe fait aux Juges reſſortiſſans
nuement aux Cours Supérieures & non
autres, à peine de nullité des Jugemens.
Art. 13 *du Titre* XVI.

SECTION II.

Cas pour leſquels les Lettres d'abolition,
remiſſion & pardon peuvent ou ne peuvent
point être expédiées.

Les Lettres d'abolition ne peuvent être
ſcellées qu'en la Grande Chancellerie,
& ſe donnent pour toutes ſortes de crimes exceptés. *Art.* 4, 5 *du Titre* XVI.

1. Pour les duels.

2. Pour les aſſaſſinats prémedités, tant
aux principaux auteurs, qu'à ceux qui les
auront aſſiſtés, pour quelque occaſion ou
prétexte qu'ils puiſſent avoir été commis,
ſoit pour venger leurs querelles ou autrement.

3. A ceux qui à prix d'argent ou autrement, ſe louent ou s'engagent pour tuer,
outrager, excéder ou recoutre des mains
de la Juſtice, les priſonniers pour crimes,
ni à ceux qui les auront loués ou induits
pour ce faire, encore qu'il n'y ait eu que
la ſeule machination ou attentat, & que
l'effet ne s'en ſoit enſuivi.

4. A ceux qui auront excedé ou outragé
les Magiſtrats ou Officiers, Huiſſiers ou

Sergens Royaux , exerçant, faisant ou executant quelque acte de Justice.

5. Pour crime de rapt commis par violence.

Voici la forme des Lettres d'abolition pour un cas non excepté.

Lettres d'Abolition.

Louis , par la grâce de Dieu , Roi de France & de Navarre : A tous présens & à venir, Salut. Nous avons reçu la tres-humble supplication de M . . . contenant que la famille du sieur L . . . ayant successivement eu depuis plus de cent ans une haine mortelle contre la famille de l'exposant, le sieur L . . . a cherché les occasions d'en faire ressentir les effets à l'exposant, & s'est toujours rencontré dans les lieux où il a cru pouvoir lui donner du chagrin, ce que l'exposant a souffert avec toute la modération imaginable ; mais L... abusant de l'honnêteté & des égards que l'exposant avoit pour lui , est venu le... jour de... en la maison du sieur O . . . où étoit l'exposant, qui vouloit en sortir lorsqu'il vit ledit L . . . lequel continuant ses insultes, & l'exposant ne pouvant plus se contraindre, mit l'épée à la main , & en donna deux coups audit L... dont il mourut un jour après au grand regret de l'exposant , qui a eu un extreme déplaisir d'avoir contribué à ce malheur ; Nous suppliant

suppliant de lui octroyer nos Lettres de
Grace : A ces causes , voulant donner
audit M . . . des marques de notre clé-
mence , lui avons quitté, remis, pardonné,
éteint , aboli , quittons, pardonnons , remettons & abolissons par ces présentes
le fait & cas ci-dessus exposé , avec toute
peine , amende & offense corporelle , civile & criminelle , qu'il a pour raison de
ce encourue envers Nous & Justice; mettons au néant tous decrets , défauts, contumaces, Sentences, Jugemens & Arrêts
qui s'en sont ensuivis ; le mettons & res-
tituons en sa bonne renommée , & en
ses biens, non d'ailleurs confisqués , satis-
faction préalablement faite à partie civile,
si fait n'a été , & s'il y échet ; imposons
sur ce silence perpétuel à notre Procureur
Général , ses Substituts , présens & à venir , & à tous autres. Si donnons en mandement à notre Prevôt de . . . ou son Lieutenant Criminel, & Gens tenans le Siége
audit lieu . . . que du contenu en ces présentes , nos Lettres de grace & abolition,
ils fassent jouir l'exposant pleinement ,
paisiblement & perpétuellement , cessant
& faisant cesser tous troubles & empê-
chemens contraires , à la charge de se présenter pardevant Vous pour l'entérinement
des présentes dans . . . à peine de nullité
d'icelles. Car tel est notre plaisir , &c.

S'il étoit expédié quelques Lettres d'a-

Tome II.   I

bolition ou remiſſion pour les cas exceptés,
les Cours Supérieures pourront en faire
leurs remontrances à Sa Majeſté, & les
autres Juges repréſenter à M. le Chancelier ce qu'ils eſtimeront à propos. *Art.* 4
du Titre XVI.

SECTION III.

Des Lettres de Remiſſion.

LES Lettres de Remiſſion s'expédient
pour les homicides involontaires ſeulement, ou qui ſeront commis dans la néceſſité d'une légitime défenſe de la vie.
Art. 2 *du Titre* XVI.

Si les Lettres de rémiſſion ſont obtenues
pour des cas qui ne ſont pas remiſſibles,
ou ſi elles ne ſont pas conformes aux charges, les impétrans en ſeront déboutés.
Art. 27 *du Titre* XVI.

Sa Majeſté veut que les articles 2 & 27
du Titre 16 de l'Ordonn. du mois d'Août
1670 ſoient exécutés, & ayent lieu ſeulement pour les Chancelleries étant près
des Cours. Fait défenſes aux Maîtres des
Requétes & Garde-Scels de ſes Chancelleries de ſceller aucune rémiſſion, ſi ce
n'eſt pour les homicides involontaires,
ou pour ceux qui ſeront commis dans une
légitime défenſe de la vie, & quand l'impétrant aura couru riſque de la perdre,
ſans qu'en autre cas il en puiſſe être expé-

dié, à peine de nullité. Fait défenses aux Cours & Juges de procéder à l'entérinement des Lettres de rémission expédiées esdites Chancelleries, pour autres cas que ceux ci-dessus exprimés, quand même l'exposé se trouveroit conforme aux charges. *Déclaration du 22 Novembre 1683.*

Si Sa Majesté accorde des Lettres de rémission pour d'autres crimes que pour les homicides involontaires, ou qui seront commis dans la nécessité d'une légitime défense de la vie, que Sa Majesté a signées, fait contresigner par l'un des Secretaires d'Etat, & scellées du grand Sceau; Sa Majesté veut que les Cours & Juges auxquels l'adresse en est faite, les entérine, quand l'exposé que l'impétrant aura fait par les Lettres se trouvera conforme aux charges & informations, ou que les circonstances ne seront pas tellement différentes, qu'elles changent la qualité de l'action; encore que dans les Lettres le mot d'*abolition* n'y soit pas employé. *Art. 1 du Titre XVI. de l'Ordon. du mois d'Août 1670. Déclaration du 22 Novembre 1683.*

Les Lettres de remission peuvent être dressées ainsi.

Lettres de Remission.

Louis, par la grace de Dieu, Roi de France & de Navarre : A tous présens & à venir, Salut. Nous avons reçu la très-

humble supplication de P... contenant que
le... jour de... sur les onze heures du soir,
l'exposant sortant de sa maison pour aller
à... fut attaqué par deux hommes ayant
l'épée à la main, qui lui demanderent la
bourse, ce qui obligea l'exposant de tirer
aussi l'épée & de se mettre en défense;
mais voyant que deux autres hommes ve-
noient du même côté de ceux qui l'atta-
quoient, il recula quelques pas, & se mit
sous la porte du sieur F... où se trouvant
pressé par les quatre hommes, il leur porta
quelques coups, deux desdits hommes
demeurerent sur la place, & ceux qui res-
toient l'ayant réduit à l'extrêmité, il voulut faire un dernier effort pour sortir du
lieu où il étoit, & en passant il donna un
coup d'épée dans le corps de l'un d'eux,
qui se sentant blessé, pria son compagnon
de lui aider à se sauver, & laisserent l'exposant qui s'en retourna chez lui, Nous
suppliant de lui octroyer nos Lettres de
rémission. A CES CAUSES, avons remis &
pardonné, remettons & pardonnons par
ces présentes le fait, &c.

SECTION IV.

Des Lettres de Pardon.

LES Lettres de pardon s'accordent pour
les cas esquels il n'éche̅r peine de mort,
& qui néanmoins ne peuvent être excusés.

Art. 3 du Tit. XVI de l'Ordonnance du mois d'Août 1670.

Les Lettres de pardon, suivant cet article, se dressent en ces termes.

Lettres de Pardon.

Louis, &c. H... Nous a exposé qu'il y a près de quatre ans qu'il se trouva chez le sieur N... lequel donnoit à manger à plusieurs personnes qui y étoient assemblées ; & pendant le repas les sieurs P... & D... se dirent des paroles fâcheuses, & ensuite se menacerent en présence de l'exposant, lequel croyant que D... avoit raison de repousser par des injures celles qui étoient dites par P... se déclara pour D... en blâmant P... & la querelle s'étant échauffée, D... prit un des couteaux qui étoient sur la table, & en donna un coup à P... quelques efforts que l'exposant pût faire pour l'empêcher, duquel coup P... mourut à l'instant, dont l'exposant eut un sensible déplaisir, Nous suppliant de lui octroyer nos Lettres de pardon à ce nécessaires. A CES CAUSES, &c.

SECTION V.

Ce qu'il faut observer pour présenter & faire publier des Lettres.

1. LES Lettres seront présentées dans trois mois du jour de l'obtention, passé lequel tems il est fait défenses aux

Juges d'y avoir égard, & ne peuvent les impétrans en obtenir de nouvelles, ni être relevés du laps de tems. *Art.* 16 *du Titre* XVI.

2. L'obtention & la signification des Lettres d'abolition, remission & pardon ne peuvent empêcher l'exécution des décrets, ni l'instruction, Jugement & exécution de la contumace, jusqu'à ce que l'accusé soit actuellement en état dans les prisons du Juge auquel l'adresse en aura été faite. *Art.* 17 *du Titre* XVI.

3. Les Lettres ne peuvent être présentées par ceux qui les auront obtenues, s'ils ne sont effectivement prisonniers & écroués : il faut attacher les Ecroues aux Lettres. *Art.* 15 *du Tit.* XVI.

4. Les demandeurs en Lettres d'abolition, remission & pardon, seront tenus de les présenter à l'Audience, tête nue & à genoux, & affirmer, après qu'elles auront été lues en leur présence, qu'elles contiennent vérité, qu'ils ont donné charge de les obtenir, & qu'ils s'en veulent servir. *Art.* 21 *du Tit.* XVI.

Arrêt sur la présentation & lecture des Lettres.

Extrait des Registres de Parlement.

AUJOURD'HUI ont été lues en la Grand'Chambre, l'Audience tenant, les Lettres de. . . obtenues par B . . . & ce en sa

préfence, étant nue tête & à genoux ; &
après ferment par lui fait de dire vérité,
a affirmé qu'il a donné charge de les obtenir, & qu'il s'en veut fervir : LA COUR
a ordonné & ordonne que lefdites Lettres
& informations feront communiquées au
Procureur Général du Roi, & copie d'i-
celles Lettres donnée à la partie civile,
fi aucune y a, pour fournir fes moyens
d'oppofition dans le tems de l'Ordonnance ; & fera ledit B... oui & interrogé par
le Confeiller Rapporteur du Procès, fur
les faits réfultans defdites Lettres & informations, pour, l'interrogatoire fait & auffi
communiqué audit Procureur Général,
être ordonné ce que de raifon. Fait en
Parlement ce...

Sa Majefté fait défenfes aux Lieutenans
Criminels & tous autres Juges, aux Greffiers & Huiffiers, de prendre ni recevoir
aucune chofe, encore qu'elle leur fût volontairement offerte, pour l'attache, lecture ou publication des Lettres, ou pour
conduire & faire entrer l'impétrant à l'Audience, & fous quelque prétexte que ce
foit, à peine de concuffion & de reftitution du quadruple. *Art.* 23 *du Titre* XVI.

Après la publication & préfentation des
Lettres, l'impétrant doit être renvoyé en
prifon. *Art.* 21 *du Titre* XVI.

SECTION VI.

Regles générales pour l'instruction & Juge-
ment de l'instance, à fin d'entérinement
des Lettres.

1. L'IMPETRANT sera contraint de demeurer en prison pendant toute
l'instruction, & jusques au Jugement
diffinitif des Lettres. *Art.* 15 *du Titre*
XVI.

2. Défenses sont faites à tous Juges
d'élargir les accusés à caution, ou autrement, à peine de suspension de leurs charges, & de payer par eux les condamnations qui interviendront contre les accusés.
Art. 15 *du Titre* XVI.

3. Les Procureurs du Roi & la partie
civile, s'il y en a, pourront nonobstant
la présentation des Lettres de remission &
pardon, informer par addition, & faire
recoler & confronter les témoins. *Art.*
22 *du Titre* XVI.

4. Les charges & informations, & toutes les autres pieces du procès, même les
procédures faites depuis l'obtention des
Lettres, seront incessamment portées au
Greffe des Juges auxquels l'adresse en sera
faite. *Art.* 18 *du Titre* XVI.

5. Le demandeur en Lettres sera interrogé dans la prison par le Rapporteur du
procès, sur les faits résultans des charges

& informations. *Art.* 24 *du Titre* XVI.

6. Défenses font faites aux Juges, même aux Cours Supérieures, de procéder à l'entérinement des Lettres, que toutes les informations & charges n'ayent été apportées & communiquées aux Procureurs du Roi ou Procureurs Généraux, vues & examinées par les Juges, nonobstant toutes fommations qui pourroient avoir été faites aux Greffiers de les apporter, & les diligences dont les demandeurs en Lettres pourroient faire apparoir, fauf à décerner des exécutoires, & ordonner d'autres peines contre les Greffiers qui feront en demeure. *Article* 25 *du Titre* XVI.

7. Il ne pourra être procédé au Jugement des Lettres, qu'elles n'ayent été communiquées avec le procès aux Procureurs du Roi ou aux Procureurs Généraux. *Art.* 20 *du Titre* XVI.

8. Les impétrans feront interrogés dans la Chambre fur la Sellette avant le Jugement, & l'interrogatoire redigé par écrit par le Greffier, & envoyé avec le procès aux Cours Supérieures en cas d'appel. *Art.* 26 *du Tit.* XVI.

9. Sa Majefté enjoint aux Cours Supérieures, & autres Juges auxquels l'adreffe des Lettres d'abolition fera faite, de les entériner inceffamment, fi elles font conformes aux charges & informations; les

Cours Supérieures peuvent néanmoins faire des remontrances à Sa Majesté, & les autres Juges Royaux, repréfenter à M. le Chancelier ce qu'ils aviferont à propos fur l'atrocité du crime. *Art.* 1 *du Tit.* XVI.

10. Il n'eft point néceffaire de recoler ni confronter les témoins fi les Lettres font conformes aux charges & informations.

11. S'il y a une partie civile, il faut lui faire fignifier copie des Lettres, & l'affigner en vertu de l'Ordonnance du Juge, pour fournir fes moyens d'oppofition, & procéder à l'entérinement. *Art.* 19 *du Tit.* XVI.

Requête à fin d'affigner la partie civile pour procéder à l'entérinement des Lettres.

A Noffeigneurs de Parlement.

SUPPLIE humblement B... Ecuyer, prifonnier ès prifons de la Conciergerie: Difant qu'ayant été obligé dans la néceffité d'une légitime défenfe de fa vie de tuer A... il a obtenu des Lettres de remiffion adreffées à la Cour le... fignées & fcellées, lefquelles il a préfentées fuivant l'Arrêt du...

Ce confidéré, NOSSEIGNEURS, il vous plaife permettre au Suppliant de faire affigner C... fils & héritier dudit défunt,

pour fournir ſes moyens d'oppoſition, ſi
aucun il a, contre leſdites Lettres, & voir
procéder à l'entérinement d'icelles, pour
jouir par le Suppliant de l'effet y contenu
ſelon leur forme & teneur : Et vous ferez
bien.

Celui des Conſeillers à qui le procès
& les Lettres ont été diſtribuées, ou le
Greffier de la Cour, met ſur cette Requête l'Ordonnance qui ſuit.

Ordonnance.

SOIT partie appellée. Fait ce...
Si la partie que l'on veut faire aſſigner demeure hors du lieu où la Cour
eſt établie, il faut obtenir des Lettres de
Chancellerie, ou une commiſſion particuliere adreſſée au premier Huiſſier ou
Sergent Royal requis, n'y ayant que les
Huiſſiers de la Cour qui puiſſent ſignifier
les Ordonnances ſur les Requêtes qui y
ſont préſentées, comme les Arrêts qui en
ſont émanés.

Aſſignation pour voir procéder à l'entéri-nement des Lettres.

L'AN... en vertu de... *exprimer l'Or-*
donnance de la Cour ou les Lettres,
l'Arrêt ou la Commiſſion particuliere, & à
la requête de B... Ecuyer, qui a élu ſon
domicile en la maiſon de P... Procureur

en la Cour : je... Huiffier à... demeurant
à... ai donné affignation à C... héritier
de défunt A... en parlant à... en fon domicile, à comparoir d'hui en... jours pardevant Noffeigneurs de la Cour de Parlement de... pour procéder aux fins de
ladite Requête, de laquelle enfemble du
préfent exploit & des Lettres de remiffion
obtenues par ledit fieur B... mentionnées
en ladite Requête, j'ai laiffé copie audit
C... à ce qu'il n'en ignore, & en outre
procéder comme de raifon, & à fin de
dépens, dommages & intérêts, en cas de
contestation, & fignifié que P... eft Procureur.

1. Les formes & délais prefcrits par
l'Ordonnance du mois d'Avril 1667 feront
obfervés, fi ce n'eft que la partie civile
confente de procéder avant l'échéance des
délais, par acte figné & duement fignifié,
Art. 19 *du Titre* XVI.

2. Les ajournemens feront faits felon
les regles qui font au Stile Univerfel Civil
fur l'Ordonnance du mois d'Avril 1667,
Titre fecond.

3. Et les délais obfervés comme il eft
dit au Titre troifieme du même Stile Civil.

4. Si le Défendeur ne fe préfente pas,
l'on peut prendre défaut, & le faire juger
felon les regles exprimées au Titre cinquiéme du Stile Civil.

5. Si le défendeur comparoît, l'inftruc-

tion de l'Instance se fera comme celle qui est au Titre onziéme du Stile Civil.

6. Tous les incidens qui peuvent survenir pourront être instruits sur ceux du Stile Universel Civil.

Arrêt d'entérinement de Lettres.

Extrait des Regiſtres de Parlement.

Vu par la Cour les Lettres de rémiſſion obtenues par B... Ecuyer, le... jour de .... ſignées .... pour raiſon de l'homicide par lui commis en la perſonne de A ... informations & autres procédures criminelles faites pour raiſon de ce par le Lieutenant Criminel de ... à la requête de .... écroue d'empriſonnement volontaire de B.... en la Conciergerie le... Arrêt du ... ſur la préſentation & lecture deſdites Lettres en la Grand'Chambre, l'Audience tenant, en préſence de B .... lequel étant nue tête & à genoux, & après ſerment par lui fait de dire vérité, a affirmé qu'il a donné charge de les obtenir, qu'elles contiennent vérité, & qu'il s'en veut ſervir, par lequel Arrêt la Cour a ordonné que leſdites Lettres & Informations ſeront communiquées au Procureur Général du Roi, & copie d'icelles Lettres donnée à la partie civile, ſi aucune y a, pour fournir ſes moyens d'oppoſition dans le tems de l'Ordonnance, & que B....,

sera oui & interrogé par le Conseiller
Rapporteur du Procès, sur les faits résultans desdites Lettres & Informations.
Interrogatoire à lui fait par le Conseiller
commis, contenant ses réponses, confessions & dénégations, & sa déclaration
qu'il prend droit par lesdites informations, joint lesdites Lettres de rémission.
Conclusions du Procureur Général du
Roi, & oui & interrogé en la Chambre
B... sur les cas à lui imposés, & contenus auxdites Lettres, desquelles la teneur
ensuit. Louis par la grace de Dieu, &c. *Il*
faut transcrire les Lettres, & s'il y a partie
civile, insérer les qualités des parties, Dé-
fauts, Requêtes & incidens, comme dans
les Vûs d'Arrêts en matiere civile, qui sont
au Stile Universel Civil. Oui le rapport de
Maître... Conseiller, & tout considéré.

La Cour a entériné lesdites Lettres de
Rémission, pour jouir par ledit B... de
l'effet & contenu d'icelles selon leur forme & teneur.

Autre portant condamnation à aumôner, &
à faire prier Dieu pour le défunt.

LA Cour a entériné lesdites Lettres de
Rémission, pour jouir par ledit B....
de l'effet & contenu d'icelles selon leur
forme & teneur; & néanmoins le condamne à aumôner la somme de... pour

le pain des Prisonniers de la Conciergerie
du Palais, & celle de... pour faire prier
Dieu pour l'ame du défunt.

Autre qui condamne l'impétrant à servir à
l'Armée pendant un tems.

LA COUR a entériné lesdites Lettres,
pour jouir par B... de l'effet & contenu d'icelle, & néanmoins le condamne
de servir le Roi à ses dépens en l'une de
ses Armées pendant... Et sera tenu rapporter certificat au Procureur Général du
Roi en bonne & due forme, du service
qu'il aura rendu, signé du Général d'Armée, & du Capitaine sous lequel il aura
servi, trois mois après la campagne faite;
le condamne en outre à aumôner pour
le pain des Prisonniers de la Conciergerie
la somme de... & celle de... pour faire
prier Dieu pour l'ame du défunt, en l'E-
glise de....

Autre prononciotian lorsque la partie civile
est en cause, & qu'on lui adjuge des dé-
pens, dommages & intérêts.

LA COUR a entériné lesdites Lettres de
Rémission pour jouir par l'impétrant
de l'effet & contenu d'icelles, selon leur
forme & teneur; & néanmoins l'a condamné en... livres de réparation civile,
dommages & intérêts envers ledit C...

eu.... livres d'aumône pour faire prier Dieu pour l'ame du défunt, & aux dépens du Procès.

Si les Juges après avoir examiné le Procès & les Lettres, & interrogé l'accusé sur la Scellette, ne trouvent pas que les Lettres soient conformes aux charges & informations, ils ordonnent avant faire droit que les témoins seront recolés & confrontés, ce qui se fait en la forme exprimée au Chapitre X. de la seconde Partie.

Si les Lettres de rémission & pardon sont obtenues pour des cas qui ne sont pas rémissibles, ou si elles ne sont pas conformes aux charges, Sa Majesté veut que les impétrans en soient déboutés. *Art.* 27 *du Titre* XVI. *Déclaration du* 22 *Novembre* 1683.

SECTION VII.

Regles particulieres lorsque les Lettres ont été obtenues par des Gentilshommes.

LES Lettres obtenues par les Gentilshommes ne peuvent être adressées qu'aux Cours Supérieures, chacune suivant sa Jurisdiction, & la qualité de la matiere, ainsi qu'il est observé en la section premiere de ce Chapitre, qui pourront néanmoins, si la partie civile le requiert, & que les Cours le jugent à pro-

pos, renvoyer l'instruction sur les lieux.
Art. 12 *du Titre* XVI.

Le renvoi ne peut être fait que pour
l'instruction seulement, mais non pas pour
l'entérinement des Lettres dont l'adresse
ne peut être changée que par l'autorité
du Roi.

*Requête à fin de renvoi de l'instruction de
l'instance de Lettres sur les lieux où le
crime a été commis.*

A Nosseigneurs de Parlement.

SUPPLIE humblement C... fils & unique
héritier de défunt A.... Disant que
B... Ecuyer, ayant tué A... le Suppliant
en a fait informer pardevant le Lieutenant
Criminel en la Sénéchaussée de.... & a
obtenu decret de prise de corps contre B...
qui au lieu de se mettre en état dans les
prisons de ladite Sénéchaussée, a obtenu
des Lettres de rémission, dont il poursuit
l'entérinement en la Cour, dans la pensée d'y trouver plus facilement l'impunité,
faute de preuve, laquelle le Suppliant ne
peut faire que sur les lieux où le crime a
été commis. *Exprimer ainsi les raisons
que l'on a de demander le renvoi pardevant
le Juge des lieux.*

Ce considéré, NOSSEIGNEURS, il vous
plaise renvoyer les Parties pardevant le
Lieutenant Criminel de... pour être par

lui procédé à l'inftruction de l'inftance
d'entre les Parties jufqu'à Sentence définitive exclufivement, pour, ce fait & rapporté à la Cour, être ordonné ce qu'il
appartiendra fur la demande de l'accufé
à fin d'entérinement des Lettres de ré-
miffion par lui obtenues; & à cet effet
ordonner que B . . . fera transféré ès prifons de la Sénéchauffée de . . . & les charges & informations portées au Greffe
dudit Siege : Et vous ferez bien.

L'on met fur cette Requête, *Viennent*
les Parties ; il la faut faire fignifier avec
un avenir pour plaider, & lorfque la caufe
eft jugée, dreffer les qualités des Parties,
les faire fignifier, & les donner au Greffier pour expédier l'Arrêt.

Toutes ces procédures font dans le
Stile Univerfel Civil.

Arrêt de renvoi fur le lieu où le crime a été
commis.

Extrait des Regiftres de Parlement.

ENTRE C . . . Demandeur en Requête
du . . . . à ce qu'il plût à la Cour , &c.
tranfcrire les Conclufions de la Requête,
d'une part : Et B . . . Ecuyer, prifonnier ès
prifons de la Conciergerie , défendeur,
d'autre. Après que O . . . Avocat pour le
demandeur , & P . . . pour le défendeur ,
ont été ouïs, enfemble M . . . pour le Pro-

cureur Général du Roi : LA COUR a renvoyé & renvoie les Parties pardevant le Lieutenant Criminel de . :. & au Présidial du même lieu, pour être procédé à l'instruction de l'instance d'entre les Parties jusques à Sentence définitive exclusivement, pour ce fait & rapporté à la Cour être ordonné ce qu'il appartiendra ; & à cet effet seront les charges & informations & autres procédures portées au Greffe du même Siege, moyennant salaires raisonnables, à ce faire les Greffiers dépositaires d'icelles contraints par corps, & sera B . . . transféré sous bonne & sûre garde ès prisons dudit Présidial.

Les procédures faute de transférer les Prisonniers sont ci-après au Chapitre dix-huitiéme.

Arrêt lorsque l'impétrant n'est pas prisonnier.

Extrait des Registres de Parlement.

ENTRE, &c. La Cour a renvoyé & renvoie les Parties pardevant le Lieutenant Criminel en la Sénéchaussée de . . . pour être procédé à l'entérinement desdites Lettres de rémission, & à cet effet seront les charges & informations & autres procedures portées au Greffe du même Siege, moyennant salaires raisonnables, à ce faire les Greffiers & dépositaires

d'icelles contraints par corps, à la charge
par l'impétrant de se mettre en état ès
prisons dudit Siege, huit jours après que
les informations auront été mises au Greffe, de faire assigner ses Parties pour fournir leurs moyens d'opposition, & procéder ainsi qu'il appartiendra.

Si la Cour juge que le renvoi ne peut
pas être fait sans avoir plus grande connoissance de l'affaire, l'Arrêt pourra être
en la forme qui suit.

Arrêt de jonction de la Requête à fin de renvoi de l'Instance.

LA COUR a joint ladite Requête à
l'instance, pour en jugeant y être fait
droit ainsi que de raison.

Si la Cour renvoie seulement pour l'instruction, l'Arrêt sera en cette forme.

Arrêt de renvoi pour l'instruction de l'Instance seulement.

LA COUR a renvoyé & renvoie les
Parties pardevant le Lieutenant Criminel de ... pour être procédé à l'instruction de l'instance d'entre les Parties jusqu'à Sentence définitive exclusivement;
pour ce fait, & le tout rapporté à la
Cour dans ... & communiqué au Procureur Général, être ordonné ce que de rai-

son, & à cette fin seront les charges & informations, &c.

Ou bien si le demandeur en renvoi est mal fondé, l'Arrêt sera ainsi.

Arrêt qui déboute le Demandeur en renvoi.

L A Cour a débouté le demandeur des fins de sa Requête, & l'a condamné aux dépens.

CHAPITRE II.

Des Exoines.

1. S I l'accusé ne peut comparoir en Justice à cause de maladie, ou de blessures, il pourra faire présenter ses excuses par procuration spéciale passée pardevant Notaires, laquelle contiendra le nom de la Ville, Bourg ou Village, Paroisse, rue & maison où il sera détenu. *Art.* 1 *du Titre* XI. *de l'Ordon. du mois d'Août* 1670.

2. La procuration ne sera point reçue sans rapport d'un Médecin de Faculté approuvée qui déclarera la qualité & les accidens de la maladie, ou des blessures, & que l'accusé ne peut se mettre en chemin sans péril de sa vie. *Art.* 1 *du Titre* XI.

3. La vérité de ce rapport doit être attestée par serment du Médecin pardevant

le Juge du lieu, dont il sera dressé procès-
verbal. *Art. 2 du Titre* XI.

*Procès-verbal d'attestation de la vérité d'un
rapport de Médecin.*

L'AN... pardevant Nous M... Conseiller
du Roi, Prevôt de... est comparu D...
Docteur en Médecine de la Faculté de...
lequel, après serment par lui fait de dire
vérité, a affirmé que le rapport par lui
fait le... de l'état de la personne de B...
contient vérité, lequel il Nous a représenté, & à lui rendu, après avoir été paraphé par Nous & par D... Fait les jour
& an que dessus.

Le rapport du Médecin avec le procès-
verbal du serment seront joints à la procuration. *Art. 2 du Titre* XI.

L'Exoine sera montrée au Procureur du
Roi, ou à celui du Seigneur, & communiquée à la Partie civile, s'il y en a, qui
sera tenue sur un simple acte de se trouver
à l'Audience. *Art. 3 du Titre* XI.

Il faut faire signifier à la Partie civile
l'acte qui suit. *Art. 3 du Titre* XI.

*Sommation à la partie civile de se trouver
à l'Audience pour voir dire que l'Exoine
sera reçue.*

A LA requête de B....
Soit sommé & interpellé A... complaignant, de comparoir demain huit

heures du matin, en la Chambre & pardevant Monfieur le Lieutenant Criminel,
pour voir dire que l'excufe préfentée par
ledit B... fera reçue, & en conféquence
qu'il fera furfis à l'exécution du decret de
prife de corps contre lui décerné, & au
Jugement de la contumace, jufqu'à ce
qu'il fe puiffe mettre en état, à l'effet
de quoi fera donné copie avec le préfent
acte audit A ... du rapport de vifite faite
de la perfonne de B... par D ... Docteur en Médecine de la Faculté de ....
du Procès-verbal d'atteftation de D....
que ledit rapport eft véritable, & de la
procuration de B... contenant fes excu-
fes, dont acte.

L'exoine fera préfentée & reçue fur
cet acte, fans que le porteur des pieces
foit tenu de déclarer qu'il eft envoyé
exprès, & qu'il a vu l'accufé. *Art. 3 du
Titre* XI.

Si les accufés de l'exoine paroiffent
légitimes, les Juges ordonneront que
les Procureurs du Roi, ou ceux des Seigneurs, informeront refpectivement dans
un bref délai de la vérité de l'exoine &
du contraire. *Art. 4 du Titre* XI.

Le Jugement fera en la forme qui
fuit,

Jugement portant permiſſion d'informer de la vérité de l'Exoine.

Extrait des Regiſtres de . . . . .

ENTRE B . . . . demandeur aux fins de l'acte du.... & A.... défendeur d'autre. Après que Z . . . . fondé de procuration ſpéciale du demandeur, a préſenté ſon Exoine, & que Y . . . pour A . . . a été ouï, enſemble P . . . pour le Procureur du Roi, Nous avons permis au demandeur de faire preuve dans . . . . jours de la vérité de l'exoine par lui préſentée, & le défendeur & le Procureur du Roi au contraire, par-devant le Prevôt de . . . pour ce fait & rap-porté être ordonné ce qu'il appartiendra. Fait . . . .

Le délai pour informer étant expiré, il ſera fait droit ſur l'incident de l'Exoine ſur ce qui ſe trouvera produit. *Art.* 5 *du Titre* XI.

Si par l'information faire à la requête du Procureur du Roi, il ſe trouve que la cauſe de l'Exoine ſoit fauſſe, cette infor-mation ſera jointe à la contumace.

Mais s'il eſt juſtifié que l'accuſé ſoit in-diſpoſé, il faut attendre qu'il ſoit guéri pour exécuter le decret & juger la contu-mace.

Sentence

Sentence portant surséance au Jugement de la contumace.

Extrait des Regiſtres de ...

Vu ... Inférer dans le *Vu de ce Jugement les informations reſpectivement faites, & les pieces qui y auroient été jointes.* Nous avons ſurſis au Jugement de la contumace inſtruite contre B ... pendant ... jours, pendant lequel tems ſera l'accuſé en la maiſon où il eſt malade comme en une geole, & duquel le propriétaire, *ou autre perſonne,* demeurera chargé, & ſera ſes ſoumiſſions de le repréſenter.

Si l'accuſé eſt extrêmement mal, & que ſon interrogatoire puiſſe ſervir de preuve contre les autres accuſés, le Jugement ſera ainſi.

Sentence portant que le Lieutenant Criminel ſe tranſportera en la maiſon où l'accuſé eſt malade.

Extrait des Regiſtres de ...

Vu, &c. Nous, attendu l'indiſpoſition de l'accuſé, avons ordonné que Nous nous tranſporterons en la maiſon où il eſt, pour être par Nous dreſſé procès-verbal de l'état de ſa perſonne, en préſence de D ... Docteur en Médecine, &

Tome II. K

de N... Chirurgien, que Nous avons nommés d'office pour visiter l'accusé, même s'il y échet, être par Nous procédé à son interrogatoire sur les faits résultans des charges & informations contre lui faites, pour servir & valoir ce que de raison, cependant sursis à l'instruction & Jugement de la contumace.

Les saisies & annotations de biens faites en vertu du decret de prise de corps tiennent pendant le délai de l'Exoine, & jusqu'à ce que l'accusé ait subi l'interrogatoire.

Si l'accusé décéde de ses blessures, ou d'autre maladie, avant que de s'être mis en état, celui qui a fait ses soumissions de le représenter, doit se faire décharger, & à cette fin, présenter la Requête qui suit.

Requête à fin de faire visiter le corps de l'accusé.

A Monsieur le Lieutenant Criminel,

SUPPLIE humblement T... Disant que défunt B... à cause de ses blessures, a été arrêté en vertu de votre Sentence du... en la maison du Suppliant, où il a demeuré depuis le... jusqu'à ce jour qu'il est décédé.

Ce considéré, MONSIEUR, il vous plaise ordonner que le corps de B... sera

ouvert, vu & visité par tels Médecins &
Chirurgiens qu'il vous plaira nommer
d'office, tant en votre présence qu'en
celle du Chirurgien qui l'a pansé, lesquels en feront leur rapport, pour icelui
vu être le Suppliant déchargé purement
& simplement ; & vous ferez bien.

Il faut communiquer cette Requête au
Procureur du Roi, pour y donner ses
conclusions ; après quoi il la faut porter
au Lieutenant Criminel, qui peut rendre
son Ordonnance ainsi.

*Ordonnance portant que le cadavre sera vi-
sité par un Médecin & un Chirurgien.*

Vu la présente Requête, Conclusions
du Procureur du Roi.

Nous ordonnons que le corps mort de
B... sera ouvert, partie présente ou duement appellée, en notre présence, & du
Chirurgien qui l'a pansé, par N... Docteur en Médecine, & par O... Maître Chirurgien, que Nous avons nommés d'office, pour le rapport desdits N... & O...
fait & par Nous vu, être fait droit sur
ladite Requête, ainsi qu'il appartiendra.
Fait...

Les procès-verbaux & rapports qui seront faits en exécution de cette Ordonnance, doivent être communiqués au
Procureur du Roi, & après qu'il aura

donné ſes concluſions, le Gardien ſera déchargé, ſi l'affaire y eſt diſpoſée.

L'ouverture du corps peut auſſi être re-quiſe en la même maniere, par la partie civile, ou par le Procureur du Roi.

CHAPITRE III.

Des Sentences de proviſion.

IL eſt ſi naturel à ceux qui ont été bleſſés de demander du ſecours, & il y a tant d'équité à leur accorder une choſe ſi rai-ſonnable, que ceux qui ſont prévenus de leur avoir fait le mal, ne doivent pas trouver étrange ſi l'on veut les contraindre à payer la proviſion pour les alimens & medicamens des bleſſés. Les plaignans ſont ſouvent ſi miſerables, que le refus de ce foible ſecours leur ſeroit plus dangereux que leurs propres bleſſures; & quand mê-me ils ſeroient aſſez riches pour n'en avoir pas un preſſant beſoin, la peine qu'ils ſouffrent eſt aſſez grande ſans les obliger encore d'avancer des frais, que ſelon tou-tes apparences ils ne doivent pas ; les ac-cuſés peuvent même eſperer, que lorſqu'ils ſe ſeront juſtifiés, la proviſion leur ſera rendue par les mêmes voies qu'ils ſeront contraints de la payer.

SECTION PREMIERE.

Ce qu'il faut faire pour obtenir une provision.

LES Juges pourront, s'il y échet, adjuger à une partie quelques sommes de deniers pour pourvoir aux alimens & medicamens. *Art 1 du Titre XII de l'Ordonnance du mois d'Août 1670.*

Les mêmes Juges ne pourront accorder des provisions à l'une & l'autre des parties à peine de suspension de leurs Charges, & de tous depens, dommages & intérêts. *Art. 2 du Titre XII.*

Pour obtenir la provision, il faut 1. qu'il y ait decret de prise de corps sur l'information contre l'accusé. 2. Que par un rapport des Medecin & Chirurgien il paroisse que le plaignant a besoin d'alimens & de medicamens : ainsi après que l'information a été faite, & le decret de prise de corps decerné, le plaignant se fera visiter par un Medecin de Faculté approuvée & par un Chirurgien, lesquels feront un rapport de l'état de sa personne & de ses blessures, & diront dans combien de tems ils croient qu'il pourra guerir.

Les rapports des Medecins & Chirurgiens seront faits en la forme exprimée au cinquieme chapitre de la premiere Partie de ce Livre.

Le rapport de l'état des blessures du plaignant sera joint à une Requête pareille à celle qui suit.

Requête pour obtenir provision d'alimens.

A Monsieur le Lieutenant Criminel.

SUPPLIE humblement A... Disant que B... l'ayant dangereusement blessé à coups d'épée, il a fait informer de cet assassinat, obtenu decret de prise de corps contre B... & s'est fait visiter par N... Medecin, & O... Chirurgien, qui ont fait leur rapport de l'état de ses blessures: & comme il a besoin d'alimens, & de se faire medicamenter, il requiert lui être sur ce pourvu.

Ce considéré, MONSIEUR, il vous plaise adjuger au Suppliant la somme de... par provision, pour employer à ses alimens & medicamens, au payement de laquelle B... sera contraint par toutes voies dûes & raisonnables, même par emprisonnement de sa personne, ordonner que la Sentence qui interviendra sur la présente Requête sera exécutée nonobstant oppositions ou appellations, & sans préjudice d'icelles; & vous ferez bien.

Il est aussi nécessaire de joindre à cette Requête l'information faite contre l'accusé.

Les Juges adjugeront la provision sans conclusions du Procureur du Roi, ou de ceux des Seigneurs. *Art.* 1 *du Titre* XII.

Sentence de provision.

Extrait des Registres de...

Vu la Requête à Nous présentée par A... contenant, &c. (*Faut transcrire la Requête*)Rapport de visitation faite de la personne du Suppliant par N... Médecin, & G... Chirurgien, le... contenant l'état de ses blessures, & tout considéré.

Nous avons adjugé au Suppliant par provision la somme de... livres pour ses alimens & médicamens, au payement de laquelle B... sera contraint par toutes voies dûes & raisonnables, même par emprisonnement de sa personne ; ce qui sera exécuté nonobstant oppositions ou appellations, & sans préjudice d'icelles. Fait ce...

Les Juges ne pourront aussi donner qu'une seconde provision, si elle est jugée nécessaire, pourvu qu'il y ait quinzaine au moins entre la premiere & la seconde, sans qu'ils puissent recevoir aucuns émolumens de l'une ni de l'autre, ni de tous les incidens qui naîtront en conséquence. *Art.* 3 *du Titre* XII.

SECTION II.

De l'exécution des Sentences de provision.

1. LES Sentences de provision seront
exécutées nonobstant & sans préjudice de l'appel ; sçavoir 1. Celles rendues
par les Baillis & Sénéchaux & autres Juges ressortissant nuement aux Cours Supérieures , qui n'excéderont la somme de
quarante livres. 2. Celles des autres Juges
Royaux qui n'excéderont six-vingt livres.
3. Celles des Juges des Seigneurs qui n'excéderont cent livres. *Art. 7 du Titre* XII.

2. Elles ne pourront être sursises ni
jointes au procès par les Juges qui les auront données , à peine de suspension de
leurs Charges & de tous dépens, dommages & intérêts. *Art. 2 du Titre* XII.

3. Les Cours Supérieures ne pourront
surseoir ni défendre l'exécution des Sentences de provision , sans avoir vu les
charges & informations, & les rapports
des Médecins & Chirurgiens, & que le
tout n'ait été communiqué aux Procureurs
Généraux ; les défenses ou surséances
n'auront aucun effet à l'égard de la provision, si elles ne sont expressément or-
données par l'Arrêt , pour lequel ne seront prises aucunes épices. *Art. 8 du Titre*
XII.

La forme des procédures pour obtenir les Arrêts de défense est en la Section 2 du chap. 18 ci-après.

4. Les deniers adjugés par provision ne peuvent être saisis pour frais de Justice, ou pour quelqu'autre cause ou prétexte que ce soit, ni consignés au Greffe, ou ailleurs, à peine de nullité des consignations, d'interdiction contre les Greffiers & leurs Commis qui les auront reçus, & nonobstant les saisies, les parties condamnées pourront être contraintes à payer le contenu en la Sentence de provision. *Art. 5 du Titre* XII.

5. En vertu des Sentences de provision l'on peut faire saisir & arrêter entre les mains des débiteurs de la partie condamnée, exécuter ses meubles & les faire vendre, & l'emprisonner jusqu'à ce que la provision soit payée. *Art. 6 du Titre* XII.

La cause de ces Sentences est si favorable, qu'à la différence des Sentences de provision rendues dans les autres cas où il faut donner des cautions solvables pour les exécuter, celles-ci s'exécutent sans donner caution.

K v

❖❖❖❖❖❖❖❖❖❖❖❖

CHAPITRE IV.

De la capture des accusés.

SI l'accusé veut purger le decret de prise de corps, & éviter la violence qu'on lui pourroit faire pour le mener en prison, il peut y aller de lui-même, sans qu'il soit nécessaire d'un procès-verbal d'emprisonnement; l'acte de son écroue sera ainsi.

Ecroue de l'accusé qui se rend volontairement prisonnier, mis sur le Registre de la Géole.

Du . . . . jour de . . . .

B. . . . s'est rendu volontairement prisonnier ès prisons de céans, pour satisfaire au decret de prise de corps contre lui décerné par Monsieur le Lieutenant Criminel, sur les charges & informations faites à la requête de A . . . contre lequel il a protesté de ses dépens, dommages & intérêts, avec reparation d'honneur pour la calomnieuse accusation.

Si le decret est seulement d'ajournement personnel, l'accusé doit faire au Greffe l'acte qui suit.

Acte de comparution personnelle.

Extrait des Regiſtres de...

Aujourd'hui eſt comparu B ... aſſiſté de T ... ſon Procureur, & ce pour eſter à droit ſur les charges & informations contre lui faites par Monſieur le Lieutenant Criminel, à la requête de A... & a fait les ſoumiſſions en tel cas requiſes & accoutumées, & élu domicile en la maiſon dudit T...

Il faut faire ſignifier cet acte à la partie civile.

Si l'on peut prendre l'accuſé en vertu du decret de priſe de corps, le procès-verbal de capture ſera ainſi.

Procès-verbal de capture de l'accuſé.

L'an... en vertu du decret de priſe de corps décerné par Monſieur le Lieutenant Criminel, en date du... ſigné... & ſcellé, & à la requête de A... qui a élu ſon domicile à... j'ai D... Huiſſier Sergent à... demeurant rue... ſouſſigné, fait commandement à B... nommé audit decret, en parlant en ſa perſonne, trouvé rue.... auquel j'ai déclaré que je le faiſois priſonnier, lui enjoignant de me ſuivre ès priſons de... où je voulois le conſtituer priſonnier, & de fait j'ai conduit & mené

K vj

ledit B . . . ès prisons de . . . assisté des ci-
après nommés, où étant j'ai fait écroue
de sa personne sur le registre de la geole
desdites prisons, en présence de . . . Archers, & laissé copie tant de l'écroue que
du présent procès-verbal audit B . . . . dont
acte.

Ecroue mis sur le registre de la Géole.

Du . . . jour de . . .

B . . . a été amené prisonnier ès prisons
de céans, par moi D . . . Huissier Sergent à . . . demeurant rue . . . en vertu du
decret de prise de corps contre lui décerné
par Monsieur le Lieutenant Criminel en
date du . . . à la requête de A . . . qui a élu son
domicile en sa maison sise rue . . . Monsieur
le Procureur du Roi joint. Signé D . . .

Observations sur la capture des accusés,
& sur les devoirs des Greffiers & Géo-
liers des Prisons.

1. SA Majesté enjoint aux Prevôts des
Maréchaux d'arrêter les criminels
pris en flagrant délit, ou à la clameur
publique. *Art. 4 du Titre II. de l'Ordonn.*
du mois d'Août 1670.

2. Leurs Archers pourront écrouer les
prisonniers arrêtés en vertu de leurs decrets. *Art. 6 du Titre II.*

3. Seront tenus laisser aux prisonniers qu'ils auront arrêtés, copie du procès-verbal de capture & de l'écroue, à peine d'interdiction, de dépens, dommages & intérêts, & de trois cens livres d'amende, applicable moitié envers le Roi, & l'autre moitié envers la partie. *Art.* 1 & 7 *du Titre* II.

4. Les Prévôts des Maréchaux en arrêtant un accusé, sont tenus de faire inventaire de l'argent, hardes, chevaux & papiers dont il se trouvera saisi, en présence de deux habitans des plus proches du lieu de la capture, qui signeront l'inventaire, ou déclareront la cause de leur refus, dont il sera fait mention, pour être le tout remis dans trois jours au plus tard au Greffe du lieu de la capture, à peine d'interdiction contre le Prévôt pour deux ans, dépens, dommages & intérêts des Parties, & de cinq cens livres d'amende, applicable moitié envers le Roi & moitié envers la Partie. *Art.* 9 *du Titre* II.

5. Sa Majesté fait défenses à tous Officiers des Maréchaussées de retenir aucuns meubles, armes ou chevaux, saisis ou appartenans aux accusés, ni de s'en rendre adjudicataires sous leur nom, ou celui d'autres personnes, à peine de privation de leurs Offices, de cinq cens livres d'amende, & de restitution du quadruple. *Art.* 11 *du Titre* II.

6. A l'inſtant de la capture l'accuſé ſera conduit ès priſons du lieu, s'il y en a, ſinon aux plus proches , dans vingt-quatre heu-res au plus tard. Sa Majeſté fait défenſes aux Prevôts de faire chartre privée dans leurs maiſons ni ailleurs , à peine de pri-vation de leurs Charges. *Article* 10 *du Titre* II.

7. Défenſes ſont faites aux Greffiers & Géoliers des priſons, à peine des Galeres, de délivrer des écroues à des perſonnes qui ne ſeront point actuellement priſon-niers, ni faire des écroues ſur feuilles volantes, cahiers ni autrement, que ſur le regiſtre cotté & paraphé par le Juge. *Art.* 9 *du Titre* XIII.

8. Il leur eſt auſſi fait défenſes de pren-dre aucuns droits pour les empriſonne-mens , recommandations & décharges , mais ils peuvent ſeulement pour les ex-traits qu'ils en délivreront , recevoir ceux qui ſeront taxés par le Juge , & qui ne pourront excéder ; ſçavoir en toutes les Cours & Juriſdictions Royales , dix ſols, & la moitié en celles des Seigneurs , ſans néanmoins pouvoir augmenter ès lieux où l'uſage eſt de donner moins. *Art.* 10 *du Titre* XIII.

9. Les recommandations des priſonniers ſeront nulles , s'il ne leur eſt ſignifié co-pie parlant à leurs perſonnes, dont il doit être fait mention dans le procès-verbal

de l'Huiſſier qui fera la recommandation.
Art. 12 *du Titre* XIII.

10. Les écroues & recommandations ,
feront mention des Arrêts , Jugemens ,
& autres actes en vertu deſquels ils feront
faits , du nom , ſurnom & qualité du priſonnier , de ceux de la partie qui les fera
faire ; comme auſſi du domicile qui ſera
par lui élu , au lieu où la priſon eſt ſituée ,
ſous pareille peine de nullité , & ne pourra
être fait qu'un écroue , encore qu'il y eût
pluſieurs cauſes de l'empriſonnement.
Art. 13 *du Titre* XIII.

11. Le Géolier ou Greffier de la géole
ſera tenu de porter inceſſamment , & dans
les vingt-quatre heures pour le plus tard ,
aux Procureurs du Roi , ou à ceux des
Seigneurs , copies des écroues ou recommandations qui ſeront faites pour crimes.
Art. 15 *du Titre* XIII.

12. Les priſonniers pour crime ne pourront prétendre d'être nourris par la partie
civile , & leur ſera fourni par le Geolier
du pain , de l'eau & de la paille bien con-
ditionnés, ſuivant les Réglemens. *Art.* 25
du Titre XIII.

CHAPITRE V.

Du Jugement de la compétence.

SI le crime n'est pas de la compétence des Prevôts des Maréchaux, ils seront tenus d'en laisser la connoissance dans les vingt-quatre heures au Juge du lieu où le délit a été commis, après quoi ils ne pourront faire que par l'avis des Présidiaux. *Art.* 14 *du Titre* II *de l'Ordonn. du mois d'Août* 1670.

SECTION PREMIERE.

Ce que peut faire celui qui est accusé d'un cas Prevôtal.

LEs accusés contre lesquels le Prevôt des Maréchaux aura reçu plainte, informé & decreté, pourront se mettre dans les prisons du Présidial du lieu du délit, pour y faire juger la compétence, & à cet effet faire porter au Greffe les charges & informations en vertu du Jugement du Présidial. *Art.* 8 *du Titre* II.

*Requête à ce que les informations faites par
le Prevôt des Maréchaux, soient apportées au Greffe du Présidial.*

A Messieurs les Présidens & Conseillers
tenans le Présidial.

SUPPLIE humblement B... prisonnier en
vos prisons ; qu'il vous plaise ordonner commandement être fait au Greffier
de la Maréchaussée de... d'apporter en votre Greffe l'information faite contre le
Suppliant à la requête de A... par le sieur
Prevôt des Maréchaux de... à ce faire
ledit Greffier contraint, même par emprisonnement de sa personne, pour être
la compétence dudit sieur Prevôt jugée
par Vous, Messieurs, suivant l'Ordonnance ; & vous ferez bien.

*Jugement portant que les informations se-
ront apportées au Greffe du Présidial.*

LES Gens tenans le Siége Présidial de...
À tous ceux qui ces présentes Lettres
verront, Salut. Sçavoir faisons, que vu
la Requête à Nous présentée par B... prisonnier, à ce qu'il Nous plaise ordonner,
&c. *Inserer les conclusions de la Requête ;*
oui le rapport de Maître.... Conseiller,
& tout considéré.

NOUS par Jugement dernier, ordon-

nons que les charges, informations & autres procédures extraordinaires faites par
le Prevôt des Maréchaux de... contre le
Suppliant , seront apportées en notre
Greffe dans... à ce faire le Greffier de
la Maréchauffée contraint par corps ,
ce qui sera exécuté sans avoir égard à
l'appel.

Il n'est pas toujours nécessaire d'obtenir ce Jugement , parce que les Prevôts
sont tenus de faire inceffamment apporter les informations au Greffe du Présidial , pour y faire juger leur compétence ,
Art. 8 du Titre II.

SECTION II.

*De la recusation contre les Prevôts des
Marechaux & contre l'Affeffeur.*

LES regles pour propofer valablement
les récufations , font exprimées au
Titre vingt-quatre du Stile Univerfel fur
l'Ordonnance du mois d'Avril 1667 tome
1 , & au Titre 8 du Stile du Confeil du
Roi , tome 3 du même Stile Univerfel.
Art. 16 du Titre II.

Les récufations qui feront propofées
contre les Prévôts des Maréchaux, feront
jugées au Préfidial au rapport de l'Affeffeur en la Maréchauffée , ou d'un Confeiller du Siége , au choix de la partie qui les
préfentera , & celles contre l'Affeffeur

aussi par l'un des Officiers du Siége, & les récusations qui seront proposées depuis le Jugement de la compétence, seront réglées au Siége où le procès criminel devra être jugé.

2. Les accusés contre lesquels les Prévôts des Maréchaux auront reçu plainte, informé & decreté, ne peuvent se pourvoir auparavant le Jugement de la compétence, sous prétexte de prise à partie, ou autrement, contre les Prevôts, soit pour avoir instrumenté hors leur ressort, ou pour avoir détenu les accusés prisonniers en chartre privée, qu'au Présidial qui devra juger la compétence des Prevôts, auquel Présidial les accusés pourront proposer ces deux cas comme moyens de récusation, pour y être jugés conformément à l'Article seize du Titre second de l'Ordonnance de 1670. Et au cas que les Présidiaux en jugeant les récusations trouvent que les Prevôts ayent contrevenu à cet égard à l'Ordonnance, & que par la qualité des crimes ou celle de la personne, les accusés soient sujets au Jugement en dernier ressort, ils doivent renvoyer les accusés, & les charges & informations au Présidial dans le ressort duquel le délit a été commis, pour être le procès instruit & jugé par Jugement dernier, suivant les Ordonnances, sans que le Prevôt des Maréchaux ainsi recusé en puisse plus con-

noître. *Declaration du 23 Septembre*
1678.

SECTION III.

Regles pour le Jugement de la compétence
des Prevôts.

1. L ES Prevôts des Maréchaux qui veulent inftruire la contumace des accufés contre lefquels ils auront decreté pour quelque crime que ce foit, feront tenus avant que de commencer aucune procédure pour cet effet, de faire juger leur compétence au Siége Préfidial dans le reffort duquel les crimes auront été commis. *Declaration en forme d'Edit du mois de Decembre* 1680.

2. Mais fi les accufés font arrêtés , la compétence fera jugée au Préfidial dans le reffort duquel la capture aura été faite dans trois jours au plus tard , encore que les accufés n'ayent point propofé de déclinatoire. *Art.* 15 *du Titre* II. *de l'Ordonn. du mois d'Août* 1670.

3. L'accufé ne pourra être élargi pour quelque caufe que ce foit, avant le Jugement de la compétence, & ne pourra l'être après , que par Sentence du Préfidial ou Siége qui devra juger diffinitivement. *Art.* 17 *du Titre* II.

4. La compétence ne pourra être jugée que l'accufé n'ait été oui en la Chambre

en préfence de tous les Juges, dont il fera fait mention dans le Jugement, enfemble du motif de la compétence, à peine d'interdiction contre le Préfident, cinq cens livres d'amende envers le Roi, dommages & intérêts des parties, & de nullité de la procédure qui fera faite depuis le Jugement de la compétence. *Art.* 19 *du Tit.* II.

5. Les Jugemens de compétence ne pourront être rendus que par fept Juges au moins, & ceux qui y affifteront feront tenus d'en figner la minute : Sa Majefté enjoint à celui qui préfidera & au Prevôt d'y tenir la main, à peine contre chacun d'interdiction, de cinq cens livres d'amende envers Sa Majefté, & des dommages & intérêts des parties. *Art.* 18 *du Titre* II.

Si l'accufé ne doit pas être jugé en dernier reffort, le Jugement du Préfidial fera ainfi.

Jugement par lequel le Prevôt des Maréchaux eft déclaré incompétent.

LES Gens tenans le Siége Préfidial à... A tous ceux qui ces préfentes Lettres verront, Salut. Sçavoir faifons, que vu les charges & informations faites par le Prevôt des Maréchaux de... la Requête de A... demandeur & complaignant, coutre B... défendeur & accusé, le... Nous, après que B... a été ouï en la Chambre du Conseil, & attendu qu'il s'agit de... *Exprimer le motif de l'incompétence*, Avons par Jugement dernier déclaré ledit Prevôt des Maréchaux incompétent de connoître du fait dont B... est accusé, & en conséquence avons renvoyé & renvoyons ledit accusé & les charges & informations pardevant le Bailli de... pour être le procès fait & parfait audit B... suivant la rigueur de l'Ordonnance, jusques à Sentence définitive inclusivement, à la charge de l'appel, auquel Jugement ont assisté C... Président, D.. E.. F.. G.. H.. I. Conseillers. Fait ce...

Si par la qualité du crime ou celle de la personne, l'accusé est sujet au Jugement en dernier ressort, & que le Prevôt soit incompétent ou valablement recusé, le Jugement sera dressé comme celui qui suit.

Jugement qui renvoie l'accusé au Présidial dans le ressort duquel le délit a été commis.

LES Gens tenans le Siege Présidial, &c. Nous, après que B... a été ouï en la Chambre du Conseil, avons par Jugement dernier déclaré ledit Prevôt de... incompétent & valablement recusé, & attendu qu'il s'agit de... *Exprimer la qua-*

lité du crime ou celle de la personne ; avons renvoyé l'accusé & les charges & informations au Présidial de... dans le ressort duquel le délit a été commis, pour y être le procès instruit & jugé par Jugement dernier, & sans appel ; auquel Jugement ont assisté...

Lorsque le Prevôt est déclaré incompétent, l'accusé sera transféré ès prisons du Juge du lieu où le délit aura été commis, & les charges & informations, procès-verbal de capture, interrogatoire de l'accusé, & autres pieces & procédures seront remises à son Greffe, ce que Sa Majesté veut être exécuté dans les deux jours pour le plus tard, après le Jugement d'incompétence, à peine d'interdiction pour trois ans contre le Prevôt, de cinq cens livres d'amende envers Sa Majesté, & des dépens, dommages & intérêts des parties. *Art. 21 du Titre* II.

S'il est déclaré competent, le Jugement sera ainsi.

Jugement qui declare le Prevôt des Marechaux competent.

LES Gens tenans le Siege Presidial, &c. Nous, après que B... a été oui en la Chambre du Conseil, & attendu qu'il s'agit de vol fait avec effraction ; *exprimer ici le cas de la competence ;* Avons par

Jugement dernier declaré ledit Prevôt
des Marechaux competent, pour faire &
parfaire le procès audit B... & le juger en
dernier reſſort , & ſans appel; auquel
Jugement ont aſſiſté C...

Autre Jugement.

Nous par Jugement dernier, après que
B... a été oui en la Chambre du
Conſeil, & attendu qu'il s'agit de vols
faits ſur le grand chemin, avec port d'armes , ordonnons que ſon procès ſera fait
& parfait par le Prevôt de... par Jugement dernier, & ſans appel; auquel Jugement ont aſſiſté...

Le Jugement de competence ſera prononcé , ſignifié & copie donnée ſur le
champ à l'accuſé , à peine de nullité des
procedures, dépens, dommages & intérêts contre le Prevôt & le Greffier du
Siege où la competence aura été jugée.
Art. 20 *du Titre* II.

SECTION IV.

Du Jugement de la competence des Lieu-tenans Criminels.

Les premiers Juges ſeront tenus de
renvoyer les procès des accuſés
qui ne ſeront pas de leur competence ,
pardevant les Juges qui en doivent connoître

noître dans trois jours après qu'ils auront
été requis, à peine de nullité des procédures faites depuis la réquisition, d'interdiction de leurs Charges, & des dommages & intérêts des parties qui en auront demandé le renvoi. *Art.* 4 *du Tit.* I.

2. Les grosses des informations & autres pieces & procédures qui composent
le procès, ou qui auront été jointes, ensemble toutes les informations, pieces &
procédures faites pardevant tous autres
Juges concernant l'accusation, seront
portées au Greffe du Juge pardevant lequel l'accusé sera traduit, s'il est ainsi par
lui ordonné. *Art.* 5 *du Titre* I.

3. Les frais pour la translation du prisonnier, & le port des informations &
procédures, seront faits par les parties civiles, s'il y en a, sinon par le Receveur du
Domaine ou du Seigneur de la Jurisdiction qui en devra connoître, & pour cet
effet sera délivré exécutoire par le Juge
qui en aura ordonné le renvoi ou le port
des charges & informations. *Art.* 6 *du
Titre* I.

4. Le pouvoir attribué aux Juges Présidiaux par l'Art. 15 du Titre premier de
l'Ordonnance du mois d'Août 1670 de
connoître en dernier ressort des personnes & crimes énoncés en l'Art. 12 du même Titre, ainsi qu'il est exprimé au Chapitre premier de la premiere Partie de ce

Livre, n'a lieu que pour les crimes commis dans l'étendue des Bailliages & Sénéchauffées où les Sieges Préfidiaux font établis, fans qu'en aucun cas, même de prévention ou de concurrence avec les Prevôts des Maréchaux, Lieutenans Criminels de Robe-Courte, Vice-Baillis & Vice-Sénéchaux, les Juges Préfidiaux puiffent prendre connoiffance des crimes commis dans l'étendue des fimples Bailliages & Sénéchauffées qui reffortiffent par appel en leurs Sieges dans le cas de l'Edit des Préfidiaux; mais feulement connoître de la compétence des Prevôts des Maréchaux, conformément aux Ordonnances. *Déclaration portant réglement entre les Juges Préfidiaux & les Baillis & Sénéchaux, du 29 Mai 1702.*

5. Si les coupables de l'un des cas royaux ou prevôtaux, mentionnés aux Art. 11 & 12 du Titre premier de l'Ordonnance du mois d'Août 1670, font pris en flagrant délit, le Juge des lieux pourra informer & decréter contr'eux, & les interroger, à la charge d'en avertir inceffamment les Baillis & Sénéchaux ou leurs Lieutenans Criminels, par acte fignifié à leur Greffe, après quoi ils feront tenus d'envoyer querir le procès & les accufés, qui ne pourront leur être refufés, à peine d'interdiction, & de trois cens livres contre les Juges, Greffiers & Geo-

liers, applicables moitié au Roi, & l'autre moitié aux Pauvres & aux néceffités de l'Auditoire des Baillis & Sénéchaux, ainfi qu'il fera par eux ordonné. *Art. 16 du Titre* I.

6. Les Baillis & Sénéchaux connoiffent chacun dans fon Reffort, à la charge de l'appel ès Cours de Parlement, des cas énoncés en l'Art. 12 du Titre premier de l'Ordonnance du mois d'Août 1670, concurremment avec les Prevôts des Maréchaux, les Lieutenans Criminels de Robe-Courte, les Vice-Baillis & Vice-Sénéchaux, & préférablement à eux s'ils ont decrété avant eux ou le même jour. *Art. 72 de l'Ordonnance d'Orléans. Déclaration du 29 Mai 1702.*

7. Et à l'égard des crimes qui ne font du nombre des cas royaux ou prevôtaux, mais qui auront été commis par des perfonnes de la qualité exprimée dans le même Article 12; les Prevôts, Châtelains & autres Juges Royaux ordinaires des lieux, même ceux des Hauts-Jufticiers, chacun dans l'étendue de fa Juftice, pourront en prendre connoiffance à la charge de l'appel ès Cours de Parlement, concurremment & par prévention avec les Prevôts des Maréchaux, Lieutenans Criminels de Robe Courte, Vice-Baillis & Vice-Sénéchaux, fans être tenus d'en faire le renvoi, en cas qu'ils ayent informé &

decrété avant eux ou le même jour. *Art.*
116 *de l'Ordonnance d'Orléans. Art.* 306
de l'Ordonnance de Blois. Déclaration du
29 *Mai* 1702.

8. Sa Majesté a déclaré qu'Elle n'entendoit déroger à la Jurisdiction attribuée
en dernier ressort aux Prevôts des Maréchaux, Lieutenans Criminels de Robe-
Courte, Vice-Baillis & Vice-Sénéchaux,
laquelle ils continueront d'exercer conformément aux Ordonnances, sans néanmoins que sous prétexte de la concurrence
établie entr'eux & les Juges ordinaires,
ils puissent prendre connoissance des crimes commis dans la Ville de leur résidence, ni pareillement entreprendre sur
la Jurisdiction des Baillis & Sénéchaux ou
leurs Lieutenans Criminels dans le cas de
l'Art. 16 du Titre premier de l'Ordonnance du mois d'Août 1670 ci-dessus exprimé, dans lequel la connoissance du
crime appartiendra aux Baillis & Sénéchaux dans le ressort desquels il aura été
commis, préférablement & privativement
aux Prevôts des Maréchaux, *Déclaration*
du 29 *Mai* 1702.

9. Les Lieutenans Criminels des Sieges
où il y a Présidial seront tenus, dans les
cas énoncés en l'Article 12 du Titre premier de l'Ordonnance du mois d'Août
1670, de faire juger leur compétence par
Jugement en dernier ressort, & pour cet

effet porter à la Chambre du Conseil du
Préſidial les charges & informations, &
y faire conduire les accuſés pour être ouis
en préſence de tous les Juges, dont il ſera
fait mention dans leurs Jugemens, enſemble des motifs ſur leſquels ils ſe feront fondés pour juger la compétence. *Art.* 17 *du*
Titre I. *de l'Ordonn. du mois d'Août* 1670.

10. La forme des Jugemens qui déclarent les Lieutenans Criminels compétens
ou incompétens, pourra être priſe ſur ceux
qui ſont donnés à l'égard des Prevôts,
Section III. de ce Chapitre.

11. Ces Jugemens ſeront prononcés
aux accuſés auſſi-tôt qu'ils auront été rendus, & leur en ſera donné copie. *Art.* 18
du Titre I.

12. L'interrogatoire qu'il faut faire enſuite eſt en la Section II. du Chap. VI.

SECTION V.

De l'exécution du Jugement de la
compétence.

1. LES récuſations qui ſeront propoſées
contre les Prevôts des Maréchaux
depuis la compétence, ſeront réglées au
Siege où le Procès criminel devra être
jugé. *Art.* 16 *du Titre* II.

2. L'accuſé ne pourra être élargi après
la compétence jugée, que par Sentence du
Préſidial ou Siege qui devra juger défini-

tivement le procès. *Art.* 17 *du Titre* II.

3. Le Prevôt qui aura été déclaré compétent est tenu de procéder incessamment à la confection du procès avec son Assesseur, sinon avec un Conseiller du Siege où il devra être jugé, suivant la distribution qui en sera faite par le Président. *Art* 22 *du Titre* II.

4. Si les accusés ont été arrêtés avant ou depuis le Jugement de contumace, ou s'ils se sont volontairement représentés pour purger la contumace, les Prevôts des Maréchaux doivent faire juger de nouveau leur compétence, après que les accusés auront été ouis en la Chambre du Conseil, en la forme exprimée en la Section III. de ce Chapitre. *Edit du mois de Décembre* 1680.

5. Si dans les Jugemens de compétence & dans les procédures & instructions faites en conséquence par les Prevôts ou Juges Présidiaux, il y avoit des contraventions aux Ordonnances, l'on peut se pourvoir au Grand Conseil, qui reçoit les Requêtes en cassation des Jugemens de compétence & des autres procédures faites depuis par les Prevôts des Maréchaux & Juges Présidiaux, à la charge, 1. Que les accusés qui présenteront les Requêtes, rapporteront les copies qui leur auront été signifiées des Jugemens de compétence. 2. Qu'ils seront effectivement prison-

niers & écroués dans les prisons des
Prevôts ou Présidiaux, ou autres Sieges
où le procès criminel sera pendant. 3.
Qu'ils rapporteront les écroues en bonne
forme, attestés par le Juge ordinaire du
lieu où ils seront détenus, & signifiés aux
Parties ou à leurs Procureurs, sur les
lieux, dont il sera fait mention dans la
commission qui sera délivrée, à peine de
nullité, & d'en répondre par le Greffier
du Grand Conseil. 4. Qu'il sera porté par
la commission, qu'elle ne pourra empêcher
que l'instruction ne soit continuée par le
Juge, de la procédure duquel on demande
la cassation, jusqu'à Jugement définitif
exclusivement. *Déclaration du* 23 *Septem-*
bre 1678.

6. Le demandeur en cassation est tenu,
en faisant signifier la commission, de faire
donner les assignations par un seul & même exploit; les délais desquelles assignations seront énoncés dans la commission,
& réglé suivant l'Ordonnance de 1667; &
faute de ce faire, les défenses de passer
outre au Jugement définitif seront levées
& ôtées par la même commission, sans
qu'il soit besoin d'autres Arrêts ni Lettres.
Déclaration du 23 *Septembre* 1678.

7. Le Grand Conseil ne peut en aucun
cas, & sous quelque prétexte que ce soit,
même d'avoir par les Prevôts des Maréchaux instrumenté hors leur détroit, ou

faire chartre privée des prisonniers, accorder des commissions en cassation des
procédures faites par les Prevôts des Maréchaux ou Présidiaux avant le Jugement
de la compétence, ni connoître aussi des
Jugemens définitifs qui seront donnés par
les Prevôts des Maréchaux ou Présidiaux,
si ce n'est que la connoissance lui en ait
été renvoyée par le Roi ou par le Conseil.
Déclaration du 23 Septembre 1678.

Observation concernant la résidence des Juges Présidiaux.

SA Majesté veut que depuis le premier
jour de Septembre jusques à Noël il
réside actuellement dans les Villes auxquelles les Présidiaux sont établis, le nombre de sept Juges d'entr'eux, sans en
pouvoir désemparer pour quelque cause
& occasion que ce puisse être, sur peine
de désobéissance; & afin que les Officiers
Présidiaux ayent le tems de vaquer à leurs
affaires particulieres, ils se doivent parta-
ger entr'eux de semaine en semaine, en sorte qu'après qu'un Officier aura servi sa semaine, il puisse aller chez lui. Le motif
de cette Déclaration a été que la punition
des crimes dans les cas Prevôtaux étoit
souvent retardée dans le tems des Vacations, parce que la plupart des Officiers
Présidiaux allant à la campagne, il ne

restoit pas nombre suffisant de Juges pour juger les compétences, soit des Prevôts des Maréchaux, ou des Lieutenans Criminels pour les cas qu'ils peuvent juger en dernier ressort. *Declaration du 13 Janvier 1682.*

CHAPITRE VI.

Des Interrogatoires.

LES prisonniers pour crimes seront interrogés incessamment, & les interrogatoires commencés au plus tard dans les vingt-quatre heures après leur emprisonnement, à peine de tous dépens, dommages & intérêts contre le Juge qui doit faire l'interrogatoire; & à faute par lui d'y satisfaire, Sa Majesté veut qu'il y soit procédé par un autre Officier suivant l'ordre du Tableau. *Art. 1 du Tit. XIV de l'Ordonnance du mois d'Août 1670.*

SECTION PREMIERE.

Regles pour faire les interrogatoires.

SA Majesté fait défenses aux Juges Royaux, même à ceux des Seigneurs, de prendre, recevoir ni se faire avancer aucune chose par les prisonniers pour les

L v

interrogatoires, ou pour aucuns autres
droits par eux prétendus, sauf à se faire
payer de leurs droits par la partie civile,
s'il y en a. *Art.* 16 *du Titre* XIV.

1. Les Procureurs du Roi, ou ceux des
Seigneurs, & les parties civiles pourront
donner des mémoires au Juge pour interroger l'accusé, tant sur les faits portés
par l'information, qu'autres, pour s'en
servir par le Juge ainsi qu'il avisera *Art.*
3 *du Titre* XIV.

2. Il sera procédé à l'interrogatoire au
lieu où se rend la Justice, dans la Chambre du Conseil ou de la Geole. Sa Majesté
fait défenses aux Juges de les faire dans
leurs maisons ; pourront néanmoins les
accusés en flagrant délit être interrogés
dans le premier lieu qui sera trouvé com-
mode. *Art.* 4 & 5 *du Titre* XIV.

3. Le Juge sera tenu de vaquer en personne à l'interrogatoire, qui ne pourra
en aucun cas être fait par le Greffier, à
peine de nullité & d'interdiction contre
le Juge & le Greffier, & de cinq cens liv.
d'amende envers le Roi contre chacun
d'eux, dont ils ne pourront être déchargés. *Art.* 2 *du Titre* XIV.

4. Encore qu'il y ait plusieurs accusés, ils
seront interrogés séparément, sans assistance d'autre personne que du Juge & du
Greffier *Art.* 6 *du Titre* XIV.

5. L'accusé prêtera le serment avant que

d'être interrogé , & en sera fait mention , à peine de nullité. *Art.* 7 *du Titre*
XIV.

6. Les accusés, de quelque qualité qu'ils
soient , doivent répondre par leur bouche , sans ministere de Conseil , qui ne
leur pourra être donné , même après la
confrontation , si ce n'est ès cas mentionnés en la Section X de ce Chapitre. *Art.*
8 *du Titre* XIV.

7. Les hardes, meubles & pieces servans
à la preuve , seront représentés à l'accusé
lors de son interrogatoire, & les papiers
& écritures paraphés par le Juge & par
l'accusé , sinon sera fait mention de la
cause & de son refus ; & sera l'interrogatoire continué sur les faits & inductions
résultantes des charges, hardes, meubles
& pieces , & l'accusé tenu d'y répondre
sur le champ, sans lui en donner autre
communication , que dans les cas mentionnés en la Section X de ce Chapitre ,
après néanmoins que l'interrogatoire aura
été achevé. *Art.* 10 *du Titre* XIV.

8. Il ne sera fait aucune rature ni interligne dans la minute des interrogatoires ,
& si l'accusé y fait quelque changement ,
il en sera fait mention dans la suite de
l'interrogatoire. *Art.* 12 *du Titre* XIV.

9. L'interrogatoire sera lu à l'accusé à
la fin de chacune séance, coté & paraphé
en toutes ses pages , & signé par le Juge

& par l'accufé, s'il fçait ou veut figner,
finon fera fait mention de fon refus, le
tout à peine de nullité & de tous dépens,
dommages & intérêts contre le Juge. *Art.*
13 *du Titre* XIV.

Interrogatoire.

L'AN... Nous M... Confeiller du Roi,
Lieutenant Criminel à ... Nous étant
tranfportés en la Chambre du Geolier des
prifons de ce Siége, avons fait amener en
icelle B... prifonnier efdites prifons, arrêté
en vertu du decret de prife de corps par
Nous décerné contre lui à la requête de
A... demandeur & complaignant, le Procureur du Roi joint, lequel B... après ferment par lui prêté de dire vérité, a été
par Nous interrogé, ainfi qu'il fuit.

Interrogé de fon nom, âge, qualité &
demeure

A dit...

Interrogé où il étoit le... jour de....

A dit...

Interrogé s'il ne fut pas ledit jour à....

A dit...

Interrogé s'il n'écrivit pas audit A...
qu'il l'attendît audit lieu à l'heure de... &
qu'il ne manqueroit pas de s'y trouver.

A dit...

Lui avons remontré qu'il ne dit pas la
vérité, puifque...

A dit...

Et à l'instant lui avons représenté un billet contenant quatre lignes d'écriture, où sont ces mots : *Les marques effectives que vous m'avez toujours données de votre amitié, m'en font encore espérer une preuve sensible, si vous voulez bien vous trouver à .... où je ne manquerai pas de me rendre.* Et à lui enjoint de reconnoître si ce billet n'est pas écrit de sa main.

A reconnu avoir écrit ledit billet, lequel a été paraphé par Nous & par l'accusé.

Interrogé quelles armes il avoit lorsqu'il fut audit lieu de...

A dit...

Lui avons représenté une baïonnette garnie de... la lame de laquelle est encore ensenglantée, & à lui enjoint de nous dire si ce n'est pas avec ladite baïonnette qu'il a frappé ledit A...

A dit... & a été ladite baïonnette enveloppée d'une bande de papier, & cachetée du cachet de nos armes, laquelle bande de papier a été paraphée par Nous & par ledit accusé.

Il faut ainsi interroger l'accusé sur les faits & inductions résultantes des hardes, meubles & pieces servans à la preuve.

Si l'accusé veut expliquer ou changer quelque chose à ce qu'il a dit, il ne faut point faire de ratures, ainsi qu'il a été ci-dessus remarqué ; mais il peut faire les changemens ou explications en la forme qui suit.

Maniere d'exprimer les explications ou changemens que l'accusé veut faire à son interrogatoire.

ET en expliquant, *ou*, changeant par l'accusé, ce qu'il a reconnu par sa réponse au troisieme article du présent interrogatoire.

A dit...

Si ce changement donne quelque lumiere au Juge pour continuer l'interrogatoire sur d'autres faits que sur ceux des charges & informations, il doit encore interroger l'accusé de la même maniere que ci-dessus.

L'accusé de crime auquel il n'écherra peine afflictive pourra prendre droit par les charges après avoir subi l'interrogatoire. *Art.* 19 *du Titre* XIV.

Et en ce cas, après l'interrogatoire des faits résultans du procès, le Juge ajoute l'article qui suit.

Interrogé s'il veut prendre droit par les charges & informations contre lui faites, & s'en rapporter aux témoins qui ont déposé en icelles.

A dit...

Lecture à lui faite du présent interrogatoire, a dit que ses réponses contiennent vérité, y a persisté, & a signé, *ou*, déclaré ne sçavoir écrire ni signer, de ce enquis suivant l'Ordonnance, & a été l'accusé remis ès mains du Geolier pour le ramener en sa prison. Fait les jour & an que dessus.

Il n'est pas nécessaire de transcrire les pieces que l'on représente à l'accusé pour les reconnoître, il suffit d'en faire mention en substance ; mais lorsqu'elles contiennent peu d'écriture, il sera aussi facile de les transcrire, que d'en faire mention.

L'interrogatoire pourra être réitéré toutes les fois que le cas le requerera, & sera chacun interrogatoire mis en cahier séparé. *Art.* 15 *du Titre* XIV.

SECTION II.

De l'interrogatoire aux accusés qui doivent être jugés en dernier ressort ou prevôtalement.

IL faut prononcer aux accusés les Jugemens de compétence aussi-tôt qu'ils auront été rendus, leur en donner copie, & procéder ensuite à leur interrogatoire : au commencement duquel sera encore déclaré que le procès leur sera fait en dernier ressort. *Art.* 18 *du Titre* I.

Sa Majesté enjoint aux Prévôts des

Maréchaux de déclarer à l'accusé, aussi au
commencement du premier interrogatoire, & d'en faire mention, qu'ils entendent le juger prevôtalement, à peine
de nullité de la procédure, & de tous
dépens, dommages & intérêts. *Art.* 13
du Tit. II.

Interrogatoire à l'accusé pour être jugé en
dernier ressort ou prevôtalement.

L'AN... Nous M... Conseiller du Roi,
Lieutenant Criminel à... étant en la
Chambre du Conseil, y a été amené de
notre Ordonnance B... prisonnier en nos
prisons, en vertu du decret de prise de
corps par Nous décerné contre lui, à la
requête de A... auquel B... avons déclaré
que le procès lui sera par nous fait en dernier ressort, après quoi lui avons fait faire
serment de dire & répondre vérité sur les
faits dont il sera par Nous enquis, & avons
procédé à son interrogatoire, ainsi qu'il
ensuit.

Interrogé de son nom, &c. *comme au*
précédent interrogatoire.

Si l'interrogatoire est fait par un Prevôt
des Maréchaux, sa déclaration à l'accusé
sera ainsi.

Auquel B... avons déclaré que Nous
entendions le juger prevôtalement. Après
quoi, &c.

Sa Majesté a déclaré qu'elle n'entendoit rien innover à l'usage du Châtelet de Paris, dont les Juges peuvent déclarer aux accusés dans leur dernier interrogatoire sur la sellette, qu'ils seront jugés en dernier ressort, si par la suite des preuves survenues au procès, ou par la confession des accusés, il paroît qu'ils ayent été repris de Justice, ou soient vagabonds & gens sans aveu. *Art. 19 du Tit. I.*

SECTION III.

De l'interrogatoire aux accusés qui n'entendent pas la Langue Françoise.

Si l'accusé n'entend pas la Langue Françoise, l'Interprete ordinaire, ou, s'il n'y en a point, celui qui sera nommé d'office par le Juge, après avoir prêté serment, expliquera à l'accusé les interrogatoires qui lui seront faits par le Juge, & au Juge les réponses de l'accusé, & sera le tout écrit en Langue Françoise, signé par le Juge, l'Interprete & l'Accusé, sinon mention sera faite de son refus de signer. *Art. 11 du Titre XIV.*

Interrogatoire à celui qui n'entend pas la Langue Françoise.

L'AN .. Nous M ... Conseiller du Roi, Lieutenant Criminel à ... Nous étant transportés en la Chambre du Conseil de la Sénéchauffée de... avons fait venir en ladite Chambre F... accufé, prifonnier ès prifons de cette Cour, qui y a été amené par le Geolier defdites prifons, & ayant voulu interroger F... fur les faits réfultans des charges & informations contre lui faites à la requête de A.... avons reconnu que ledit accufé eft étranger, & qu'il n'entend pas la Langue Françoife.

Sur quoi Nous avons ordonné que les interrogatoires qui feront par Nous faits à l'accufé lui feront expliqués, & à Nous les réponfes de l'accufé, par D... Interprete des Langues étrangeres, que Nous avons nommé d'office, à l'effet de quoi D... fera affigné pour faire le ferment de bien, fidélement & en fa confcience expliquer lefdits interrogatoires & réponfes, & a été l'accufé remis ès mains du Geolier pour le ramener efdites prifons. Fait les jour & an que deffus.

Et le même jour deux heures de relevée, Nous étant tranfportés en la Chambre du Confeil, l'accufé y a été amené, en préfence duquel eft comparu D... Interprete par Nous nommé d'office, lequel a fait ferment de bien, fidélement & en fa confcience expliquer à l'accufé les interrogatoires qui lui feront par Nous faits, & à Nous les réponfes de l'accufé, & a figné.

Ce fait, avons en préfence de D...

interpellé l'accusé de lever la main, laquelle interpellation D... ayant expliquée à l'accusé en Langue... icelui accusé a levé la main.

Après quoi lui avons dit ces mots, *Vous promettez à Dieu de dire vérité* : ce que D.... ayant expliqué à l'accusé, il a répondu, & D... Nous a dit que l'accusé promettoit à Dieu de dire verité.

Et ayant fait baisser la main à l'accusé, l'avons interrogé de quel lieu il est natif, de son nom, âge, qualité & demeure.

Lequel interrogatoire D... a expliqué à l'accusé qui a dit, ainsi que Nous a expliqué ledit D... que l'accusé s'appelloit F... âgé de... natif de... Banquier, demeurant ordinairement à...

Interrogé l'accusé quel est le motif qui l'a obligé de venir en France...

Cet interrogatoire se fera en la forme de celui page 200, que l'Interprete expliquera, ainsi que le commencement ci-dessus.

SECTION IV.

De l'interrogatoire aux muets & sourds.

Si l'accusé est muet, ou tellement sourd qu'il ne puisse ouir, le Juge lui nommera d'office un Curateur qui sçaura lire & écrire. *Art.* 1 *du Titre* XVIII.

Le Curateur fera serment de bien &

fidélement défendre l'accusé dont il sera fait mention, à peine de nullité. *Art. 2 du Titre* XVIII.

Nomination d'un Curateur au muet & au sourd.

L'AN... Nous M... Conseiller du Roi, Lieutenant Criminel en la Sénéchauffée de... sur le réquisitoire de A... demandeur & plaignant, le Procureur du Roi joint, Nous sommes transportés en la Chambre du Conseil de ladite Sénéchauffée, où étant, y avons fait amener B... accusé, & voulant procéder à son interrogatoire, avons reconnu que ledit accusé est sourd *ou* muet.

Sur quoi avons nommé d'office L... pour Curateur à B... accusé, lequel sera assigné pour faire le serment de le bien & fidélement défendre, & a été ledit accusé ramené esdites prisons par le Geolier d'icelles. Fait les jour & an que dessus.

Et ledit jour, quatre heures de relevée, Nous nous sommes transportés en la Chambre du Conseil, où étant, est comparu L.... Curateur par Nous nommé d'office à B.... accusé, lequel a accepté ladite charge, & fait le serment de bien & fidélement défendre l'accusé, & a signé.

Le Curateur pourra s'instruire secrettement avec l'accusé par signes ou autrement. *Art. 3 du Titre* XVIII.

Si l'accusé est sourd ou muet , ou ensemble sourd & muet , il faut faire mention de l'assistance de son Curateur en
tous les actes de la procédure , à peine de
nullité , & des dépens , dommages & intérêts des parties contre les Juges. *Art.* 6
du Titre XVIII.

Si le sourd ou muet ne sçait, ou ne veut
écrire ou signer , le Curateur répondra
en sa présence , & sera reçu à faire tous
les actes que pourroit faire l'accusé. *Art.*
5 *du Titre* XVIII.

Interrogatoires au muet ou sourd.

ET à l'instant avons mandé B... accusé ,
qui ayant été amené par le Geolier des
prisons , avons procédé à son interrogatoire , l'accusé étant assisté de L... son Curateur , après que ledit L... a fait serment
de répondre vérité, ainsi qu'il ensuit.

Interrogé l'accusé de son nom , âge ,
qualité & demeure.

Ledit L. ... Curateur a dit. ..

Interrogé s'il sçait pourquoi il a été
emprisonné.

*Il faut ainsi interroger les muets ou sourds,
& faire écrire par le Greffier les réponses
du Curateur.*

SECTION V.

De l'Interrogatoire aux muets ou sourds
qui veulent écrire leurs réponses.

L E muet ou sourd qui sçaura écrire pourra écrire & signer toutes ses réponses,
qui seront aussi signées par le Curateur.
Art. 4 *du Titre* XVIII.

Interrogatoire au muet ou sourd qui veut
écrire ses réponses.

L 'AN... Nous M... Conseiller du Roi,
Lieutenant Criminel en la Sénéchauf-
sée de... sur le réquisitoire de A... demandeur & plaignant, le Procureur du
Roi joint, Nous nous sommes transportés
...& *le reste du procès verbal de nomination*
du Curateur ci-dessus, pages 252, 253.
La nomination du Curateur peut aussi
être faite par un acte séparé de l'interro-
gatoire.

Et à l'instant avons fait amener B....
accusé, en la Chambre du Conseil, où
étant en présence de L... son Curateur,
ledit L.... nous a dit que l'accusé veut
écrire & signer ses réponses à l'interrogatoire que Nous lui ferons, & à l'instant avons fait mettre une écritoire & du
papier devant l'accusé, qui a ensuite levé
la main suivant l'interpellation que Nous
lui en avons faite, & lui ayant dit ces
mots: *Vous promettez à Dieu de dire vérité,*

l'accusé s'est assis & a écrit sur une feuille séparée du présent interrogatoire, *Oui*.

Interrogé de son nom, âge, qualité & demeure.

A écrit, *mon nom est B... je suis âgé de... ans, Bourgeois de... je demeure rue...*

Interrogé s'il sçait pourquoi il a été emprisonné.

A écrit, *je n'en sçais rien.*

Interrogé s'il n'est pas vrai que...

A écrit...

Interrogé s'il en veut croire les témoins qui ont déposé en l'information.

A écrit, *je m'en rapporte à la vérité.*

Lecture faite à l'accusé du présent interrogatoire, a écrit, *les réponses que j'ai faites sont véritables.*

Ce fait, la feuille de papier sur laquelle l'accusé a écrit ses réponses a été paraphée par Nous, par l'accusé & par L... Curateur, & avons ordonné qu'icelle feuille demeurera jointe au présent interrogatoire. Fait les jour & an que dessus, & ont signé.

SECTION VI.

De l'interrogatoire à ceux qui refusent de répondre, que l'on appelle muets volontaires.

QUOIQUE les accusés aient un intérêt fort sensible de se défendre avec les plus vives raisons qu'ils puissent imaginer,

soit en répondant aux interrogatoires qui
leur font faits, soit en fournissant de reproches contre les témoins qui leur font
représentés, ou en faisant connoître que
leurs dépositions ne sont pas véritables :
il y a néanmoins des accusés, qui par foi-
b'esse, ou parce qu'ils croient que le Juge
qui les interroge est incompétent ou valablement récusé, ou par quelqu'autre considération, refusent de repondre aux interrogatoires, & de reprocher les témoins;
cependant le Juge doit continuer l'instruction du procès comme si les accusés
répondoient, sans qu'il soit besoin de
l'ordonner.

1. Le Juge fera sur le champ trois interpellations à l'accusé de répondre, à chacune desquelles il lui déclarera qu'autrement son procès lui fera fait comme à un
muet volontaire, & qu'après il ne fera plus
reçu à repondre sur ce qui aura été fait en
sa présence pendant son refus de répondre. *Art* 8 *du Titre* XVIII.

2. Il fera fait mention en chacun article
des interrogatoires & autres procédures
faites en la présence de l'accusé, qu'il n'a
voulu répondre, à peine de nullité des
actes où mention n'en aura pas été faite,
& des dépens, dommages & intérêts de
la partie contre le Juge. *Art.* 9 *du Titre*
XVIII.

Ces

Ces interrogatoires se feront en la forme qui suit.

Interrogatoire à celui qui refuse de répondre.

L'an... Nous M... Conseiller du Roi, Lieutenant Criminel en la Sénéchaussée de... étant en la Chambre du Conseil de ladite Sénéchaussée, avons mandé B.... prisonnier esdites prisons, pour procéder à son interrogatoire sur les charges & informations contre lui faites à la requête de A... lequel B... y ayant été amené par le Geolier, lui avons enjoint de lever la main, faire le serment de dire vérité, & Nous déclarer son nom, âge, qualité & demeure, à quoi il n'a voulu satisfaire.

L'avons interpellé de repondre, & à lui déclaré qu'autrement son procès lui sera par Nous fait comme à un muet volontaire, & qu'après il ne sera plus reçu à repondre sur ce qui aura été fait en sa présence, pendant son refus de repondre.

N'a voulu repondre.

Interpellé pour la seconde fois de répondre, & à lui declaré, &c. *comme à la première interpellation.*

N'a voulu repondre.

Interpellé pour la troisieme fois de repondre, & à lui declaré, *&c.*

N'a voulu repondre.

Interrogé de son nom, âge, qualité & demeure.

Tome II.   M

N'a voulu repondre.

Interrogé de quel lieu il eſt natif.

N'a voulu repondre.

Interrogé s'il connoît le ſieur A...

N'a voulu répondre.

Et ainſi de tous les articles de l'interro-gatoire.

Lecture à lui faite du préſent interro-gatoire, & interpellé de ſigner, n'a voulu répondre ni ſigner. Fait les jour & an que deſſus.

Le Juge pourra, s'il le trouve à propos, donner un délai à l'accuſé pour repondre, qui ne pourra être plus long que vingt-quatre heures. *Art. 8 du Titre XVIII.*

Ordonnance portant délai de vingt-quatre heures à l'accuſé pour répondre.

L'AN... Nous M... Conſeiller du Roi, Lieutenant Criminel en la Sénéchauſ-ſée de... Nous ſommes tranſportés en la Chambre du Conſeil, en laquelle avons fait amener par le Géolier des priſons de cette Cour B... priſonnier en icelles, à l'effet de procéder à ſon interrogatoire ſur les charges & informations contre lui faites à la requête de A... & lui avons en-joint de lever la main, faire le ſerment de dire vérité, & de dire ſon nom, âge, qua-lité & demeure, lequel B... n'a pas voulu lever la main ni répondre; ſur quoi Nous avons ordonné que dans les vingt-quatre heures pour tout délai l'accusé sera tenu de répondre, autrement son procès lui sera par Nous fait comme à un muet volontaire, suivant l'Ordonnance. Fait les jour & an que dessus.

Ce délai étant expiré, le Juge procédera à l'interrogatoire de l'accusé en la forme ci-dessus.

Si l'accusé persiste en son refus, le Juge continuera l'instruction de son procès, sans qu'il soit besoin de l'ordonner. *Art. 8 du Titre* XVIII.

Si dans la suite de la procédure l'accusé veut répondre, ce qui aura été fait jusques à ses réponses subsistera, même la confrontation des témoins contre lesquels il n'aura pas fourni de reproches. *Art.* 10 *du Titre* XVIII.

Si l'accusé a commencé de répondre, & cessé de le vouloir faire, la procédure sera continuée comme il est dit ci-dessus, Article 9. *Art.* 11 *du Titre* XVIII.

Observation.

1. PENDANT toute l'instruction du procès si l'accusé ne veut pas répondre, il ne faut qu'une seule fois lui faire les trois interpellations, c'est-à-dire, s'il refuse de répondre aux interrogatoires ou à quelque article de la confrontation ou au-

tres procédures faites en sa présence, les trois interpellations de répondre lui doivent être faites suivant l'Ordonnance.

2. Si après les trois interpellations il répond à quelques articles des interrogatoires ou de la confrontation, & qu'il cesse de repondre aux autres, le Juge peut continuer l'interrogatoire, faire le recolement des témoins & la confrontation à l'accusé, & achever le reste de l'instruction, sans qu'il soit nécessaire de réiterer les interpellations ; il faut seulement faire mention à chacun article des interrogatoires ou de la confrontation & autres procédures faites en présence de l'accusé, qu'il n'a voulu répondre.

SECTION VII.

De l'interrogatoire aux Communautés des Villes, Bourgs & Villages, Corps & Compagnies.

LE procès sera fait aux Communautés des Villes, Bourgs & Villages, Corps & Compagnies qui auront commis quelque rebellion, violence ou autre crime. *Art.* 1 *du Titre* XXI.

Elles seront tenues pour cet effet de nommer un Syndic ou Député, suivant qu'il sera ordonné par le Juge. *Art.* 2 *du Titre* XXI.

Ordonnance portant que les Communautés nommeront un Syndic ou Député.

Extrait des Regiſtres de . . .

Vu la Requête à Nous préſentée par A . . . à ce qu'il Nous plût ordonner que dans trois jours les habitans du Village de . . . . ſeront tenus de nommer un Syndic en la maniere accoutumée, pour ſubir l'interrogatoire ſur les faits réſultans des charges & informations contr'eux faites, ſuivant le decret d'ajournement perſonnel par Nous décerné, & être le Syndic employé en cette qualité dans les procédures du procès criminel qui ſera par Nous extraordinairement fait contre eux, ſinon qu'il nous plût nommer d'office un curateur à cet effet. Vu auſſi les charges & informations, & le decret par Nous décerné ſur icelles, portant que leſdits habitans ſeront ajournés en la perſonne de leur Syndic, & tout conſidéré : Nous ordonnons que les habitans de . . . ſeront tenus de s'aſſembler le premier jour de Dimanche ou de Fête d'après la ſignification de notre préſente Ordonnance, au ſon de la cloche, iſſue de la Meſſe Paroiſſiale ou de Vêpres, pour nommer un Syndic ou Député, à l'effet de ſubir l'interrogatoire, ſuivant le decret d'ajournement perſonnel par Nous décerné, ſubir

la confrontation des témoins, s'il y échet,
& être employé dans toutes les procédures du procès criminel qui sera par Nous
extraordinairement fait contr'eux, sinon
& à faute de ce faire dans ledit tems, &
icelui passé, il sera par Nous nommé
d'office un Curateur auxdits habitans.
Fait. . . .

Les significations aux Communautés
d'habitans doivent être faites un jour de
Dimanche ou de Fête, lorsqu'ils sortent
de la Messe Paroissiale ou de Vêpres.

Signification à une Communauté d'habitans.

L'AN. . . le Dimanche. . . jour de. . . dix
heures du matin, à la requête de A. . .
qui a élu son domicile à. . . je. . . Huissier
Sergent à. . . soussigné, me suis transporté
au Village de . . . & étant au devant de la
porte & principale entrée de l'Eglise paroissiale dudit lieu, j'ai signifié aux habitans d'icelui, sortant en grand nombre
de ladite Eglise, issue de la Messe Paroissiale, célébrée ledit jour, en parlant à
leurs personnes, l'Ordonnance de Monsieur le Lieutenant Criminel du. . . de laquelle ensemble du présent exploit, j'ai
laissé copie à P . . . l'un desdits habitans,
& attaché une autre copie de ladite Ordonnance à la porte de l'Eglise, à ce qu'ils
n'en ignorent.

Si les habitans ne nomment pas un Syndic ou Député suivant l'Ordonnance qui leur sera signifiée, le Juge nommera d'office un Curateur. *Art.* 2 *du Titre* XXI.

Sentence portant nomination d'un Curateur à une Communauté d'habitans.

Extrait des Registres de...

Vu la Requête à Nous présentée par A... tendante à ce que faute par les habitans du Village de... d'avoir nommé un Syndic ou Député pour subir l'interrogatoire sur les charges & informations contr'eux faites à la requête du Suppliant, & être employé dans toutes les procédures du procès, il Nous plût nommer d'office un Curateur auxdits habitans. Vu aussi notre Ordonnance du... Signification faite d'icelle aux habitans de .... sortant de la Messe paroissiale... Conclusions du Procureur du Roi, & tout considéré.

Nous à faute par les habitans de la Paroisse de... d'avoir nommé un Syndic ou Député à l'effet du procès criminel qui sera par Nous fait & instruit extraordinairement contr'eux, avons nommé d'office pour Curateur auxdits habitans la personne de C... qui sera assigné à... jours par-devant Nous pour accepter ladite charge, & faire le serment. Fait...

Il faut signifier cette Sentence aux habitans, de même que la précédente Ordonnance, & faire affigner le Curateur pour accepter la charge, & faire le ferment de bien défendre les habitans.

Acte d'acceptation & de ferment du Curateur à une Communauté.

L'AN... pardevant Nous M... Confeiller du Roi, Lieutenant Criminel en la Sénéchauffée de.... en notre Hôtel, eft comparu C... Curateur par Nous nommé d'office aux habitans du Village de... à l'effet du procès criminel qui fera par Nous extraordinairement fait contr'eux à la requête de A... lequel C... a accepté ladite charge de Curateur, & a fait le ferment de bien & fidelement défendre lefdits habitans, dont il Nous a requis acte à lui octroyé, les jour & an que deffus.

Le Syndic, Député ou Curateur, doit fubir les interrogatoires. *Art.* 1 *du Titre* XXI.

Interrogatoire à une Communauté d'habitans en la perfonne d'un Syndic, Député ou Curateur.

L'AN... pardevant Nous M... Confeiller du Roi, Lieutenant Criminel en la Sénéchauffée de.... en la Chambre du Confeil de ladite Sénéchauffée, eft comparu C... Syndic de la Communauté des

habitans du Village de.... lequel Nous a
dit qu'il eſt prêt & offre de ſubir l'interrogatoire ſur les faits reſultans des informations par Nous faites à la requête de
A... contre leſdits habitans, requerant
qu'il Nous plût lui donner acte de ſa comparution, & procéder à ſon interrogatoire, & a ſigné.

Sur quoi Nous avons donné acte audit
C.... audit nom, de ſa comparution &
requiſition ci-deſſus, & ordonné qu'il
ſera par Nous préſentement procédé à
l'interrogatoire dudit C...

Et à l'inſtant ledit C... a prêté le ſerment de répondre vérité ſur les faits ſur
leſquels il Nous plaira l'interroger.

Ce fait, l'avons interrogé de ſon nom,
âge, qualité & demeure.

A dit que ſon nom eſt C... qu'il eſt
Syndic & Député de la Communauté des
habitans de... y demeurant ordinairement,
de préſent en cette Ville de ... logé rue
de... âgé de... ans ou environ.

Interrogé s'il ſçait le ſujet pour lequel
leſdits habitans l'ont député pour comparoître devant Nous.

A dit...

Interrogé s'il ſçait pourquoi Nous avons
decreté ajournement perſonnel contre leſdits habitans.

A dit...

Interrogé ſi lui repondant n'étoit pas

M v

dans ledit Village le .... jour de .... ;

A dit...

Interrogé si lesdits habitans s'étant attroupés, ne furent pas devant la porte
de l'Hôtellerie de ... aucuns desquels
portoient du bois & de la paille pour
mettre le feu à la maison, pendant que
quatre ou cinq desdits habitans sonnoient
le tocsin.

A dit...

*Il faut rediger ainsi l'interrogatoire, &
ajouter enfin.*

Lecture à lui faite du présent interrogatoire, a dit que ses reponses contiennent vérité, y a persisté, & a signé.

SECTION VIII.

De l'interrogatoire au Curateur du cadavre ou au Curateur à la mémoire du défunt.

1. L e procès ne pourra être fait au cadavre ou à la mémoire d'un défunt, si
ce n'est pour crime de leze-Majesté divine
ou humaine, dans les cas où il écheoit de
faire le procès aux défunts, duel, homicide de soi-même, ou rebellion à Justice
avec force ouverte, dans la rencontre de
laquelle il aura été tué. *Art.* 1 *du Titre*
XXII.

2. Le Juge nommera d'office un Curateur au cadavre, s'il est encore extant,
sinon à sa mémoire. *Article* 2 *du Titre*
XXII.

3. La Sentence de nomination de Curateur au cadavre, ou à la mémoire d'un défunt, sera en la forme de celle de nomination d'un curateur aux habitans, ci-dessus, page 271.

4. Le parent du défunt, s'il s'en offre pour faire la fonction de Curateur, sera préféré. *Art. 2 du Titre* XXII.

5. Le Curateur doit sçavoir lire & écrire. *Art. 3 du Titre* XXII.

6. L'acte d'acceptation & de prestation de serment du curateur au cadavre, ou à la mémoire du défunt, & l'interrogatoire de ce Curateur, se feront comme ceux du Curateur à une Communauté d'habitans, ci-dessus page 272.

SECTION IX.

De l'interrogatoire à ceux qui doivent être jugés Prevôtalement.

LES accusés seront interrogés par le Prevôt des Maréchaux en présence de l'Assesseur dans les vingt-quatre heures de la capture, à peine de deux cens livres d'amende envers le Roi ; & néanmoins il pourra les interroger sans Assesseur au moment de la capture. *Art. 12 du Titre* II.

Sa Majesté enjoint aux Prevôts des Maréchaux de déclarer à l'accusé, au commencement du premier interrogatoire, & d'en faire mention, qu'ils entendent le

M vj

juger prevôtalement, à peine de nullité
de la procedure, & de tous dépens, dommages & intérêts. *Art.* 13 *du Titre* II.

Interrogatoire aux accusés de cas Prevôtaux.

L'AN... Nous D... Conseiller du Roi,
Prevôt de la Maréchauſſée de... Nous
ſommes tranſportés dans la Chambre du
Geolier des priſons de... en laquelle ayant
fait amener E... accuſé, priſonnier èſdites
priſons, lui avons déclaré que Nous entendions le juger prevôtalement & en
dernier reſſort, & ſuivant l'injonction que
Nous avons faite à l'accuſé, il a levé la
main, & prêté le ſerment de dire & repondre vérité ſur les faits dont il ſeroit
par Nous interrogé.

Interrogé de ſon nom, âge, qualité &
demeure.

A dit...

Interrogé quel eſt le lieu de ſa naiſſance.

A dit... &c. *comme les autres interro-*
gatoires.

SECTION X.

Regles ſur quelques incidens qui peuvent
ſurvenir après l'interrogatoire.

3. APRÉS l'interrogatoire, les Juges
pourront ordonner, ſi la matiere
le requiert, que les accuſés communique-

ront avec leur Confeil ou leurs Commis dans le cas 1. de crime de peculat. 2. Concuffion. 3. Banqueroute frauduleufe. 4. Vol de Commis ou Affociés en affaires de Finance ou de Banque. 5. Fauffeté de pieces. 6. Suppofition de part , & autres crimes où il s'agira de l'état des perfonnes. *Art.* 8 *du Titre* XIV.

2. Si le crime n'eft pas capital, les Juges pourront auffi après l'interrogatoire permettre aux accufés de conférer avec qui bon leur femble. *Article 9 du Titre* XIV.

3. Les accufés contre lefquels il n'y aura point eu originairement decret de prife de corps, feront élargis après l'interrogatoire, s'il ne furvient de nouvelles charges, ou par leur reconnoiffance, ou par la dépofition de nouveaux témoins. *Art.* 21 *du Titre* X.

4. Les interrogatoires feront inceffamment communiqués aux Procureurs du Roi, ou à ceux des Seigneurs, pour prendre droit par eux, ou requerir ce qu'ils aviferont. *Art* 17 *du Titre.* XIV.

5. En toutes fortes de crimes, il fera auffi donné communication des interrogatoires à la partie civile. *Art.* 18 *du Titre* XIV.

Si l'accufé s'évade des prifons depuis fon interrogatoire, il ne fera ni ajourné, ni proclamé à cri public ; mais le Juge ordonnera que les témoins feront ouis :

que ceux qui l'auront été, feront recolés en
leurs dépofitions ; & que le recolement
vaudra confrontation. *Art.* 24 *du Titre*
XVII.

La forme de ce Jugement, portant que
les témoins feront recolés, eft ci-deffus
page 161.

CHAPITRE VII.

*De la reconnoiffance & vérification des
écritures & fignatures.*

SI l'accufé a reconnu avoir écrit ou
figné les pieces, elles feront foi contre lui, & il n'en fera fait aucune vérification. *Art.* 2 *du Titre* VIII *de l'Ordonn.
du mois d'Août* 1670.

Les écritures & fignatures de main
étrangere qui feront reconnues par l'accufé, feront pareillement foi. *Art* 3 *du
Titre* VIII.

SECTION PREMIERE.

*De la reconnoiffance d'écritures &
fignatures.*

LEs écritures & fignatures privées, qui
pourront fervir à la preuve, feront
repréfentées aux accufés après le ferment

par eux prêté, & ils seront interpellés de reconnoître s'ils les ont écrites ou signées : après quoi elles seront paraphées par le Juge & par l'accusé, s'il veut & s'il peut les parapher, sinon il en sera fait mention, & les pieces demeureront jointes aux informations. *Art.* 1 *du Titre* VIII.

La reconnoissance des écritures & signatures pourra être faite par l'interrogatoire de l'accusé en la forme ci-dessus page 252 *& suiv.* ou par un procès-verbal ainsi.

Procès-verbal de reconnoissance d'écritures privées.

L'AN... Nous M... Conseiller du Roi, Lieutenant Criminel en la Sénéchauffée de... étant en la Chambre du Conseil, y avons fait amener B... prisonnier, auquel après serment par lui prêté de dire vérité, avons représenté un billet écrit sur la premiere page d'un feuillet de papier, commençant par ces mots : *Il me seroit difficile de vous dire, &c.* & finissant par ces mots, *personne au monde n'exécutera la chose avec plus de fidélité & d'exactitude que votre très-humble & très-obéissant serviteur* B... la seconde page en blanc, ledit billet étant sans date & sans souscription, & interpellé B.... de reconnoître s'il n'a pas écrit & signé ledit billet, lequel a été par Nous mis en ses mains pour le

voir & l'examiner à loifir , & après l'avoir
lu & examiné autant qu'il a voulu , il a
reconnu l'avoir écrit & figné , & Nous a
dit... *Si l'accufé en faifant la reconnoif-*
fance veut faire quelques déclarations , il
faut les inférer dans le procès-verbal. Et a
été ledit billet paraphé par Nous & par
B.... après quoi avons fait faire lecture
du préfent procès-verbal à B.... qui a
perfifté en fa reconnoiffance *ou* déclaration , & a figné. Fait les jour & an que
deffus.

SECTION II.

De la vérification des écritures & fignatures
privées.

Si l'accufé refufe de reconnoître les
pieces , ou déclare ne les avoir pas
écrites ou fignées , le Juge ordonnera
qu'elles feront vérifiées par Experts &
Maîtres Ecrivains qu'il nommera d'office , fur pieces de comparaifon ; ces pieces feront authentiques , ou reconnues
par l'accufé. *Articles 4, 5 & 9 du Titre*
VIII.

Procès-verbal fur le refus de reconnoître
les pieces.

L'AN... Nous M... Confeiller du Roi ,
Lieutenant Criminel en la Sénéchauffée de... étant en la Chambre du Confeil,

B... accusé, a été amené par le Geolier des prisons de cette Cour, auquel B.... avons fait prêter le serment de dire vérité. Après quoi lui avons représenté un mémoire commençant par ces mots, *Ordre qu'il faut tenir*, *&c.* & finissant par ces autres mots, *avec toute la précaution imaginable*. Et interpellé B.... de reconnoître s'il a écrit ledit mémoire, lequel lui avons mis entre les mains pour l'examiner, a refusé de le reconnoître, *ou a dit qu'il n'est pas écrit de sa main*, & a été ledit mémoire paraphé par Nous & par B...

Ce fait, avons fait faire lecture du présent procès-verbal à B.... qui a persisté en ce qu'il a dit, & a signé, *ou déclaré ne sçavoir écrire ni signer*, de ce enquis.

Si l'accusé refuse de parapher la piece, il faut mettre; & a été ledit mémoire paraphé par Nous en présence de B... qui a refusé de le parapher. Ce fait, avons fait faire lecture...

Sur quoi Nous avons ordonné qu'il sera procédé à la vérification dudit mémoire, sur pieces de comparaison authentiques ou reconnues par l'accusé, dont les parties conviendront, par J... & L... Maîtres Ecrivains, *Notaires*, *Greffiers ou autres*, Experts que Nous avons nommés d'office, lesquels seront assignés à la diligence de la partie civile, *ou*, du Procu-

reur du Roi, pour faire le ferment de
bien & fidelement procéder à ladite vérification , & dépofer en l'information qui
fera par Nous faite ; & a été l'accufé remis
ès mains du Geôlier , pour être ramené
dans les prifons. Fait les jour & an que
deffus.

Les Procureurs du Roi , ou ceux des
Seigneurs , & les parties civiles pourront
fournir de pieces de comparaifon. *Art. 6
du Titre* VIII.

Les pieces de comparaifon feront repréfentées par le Juge à l'accufé , pour en
convenir ou les contefter , fans qu'il lui
foit donné pour raifon de ce , aucun délai ,
ni confeil ; & s'il en convient , elles feront
paraphées par lui & par le Juge , qui en
ordonnera la reception. *Art. 7 du Titre*
VIII.

*Continuation du procès-verbal de vérifica-
tion , lorfque l'accufé convient de pieces
de comparaifon.*

ET le ... jour de ... Nous Lieutenant
Criminel fufdit , Nous fommes tranfportés en la Chambre du Confeil , & y
avons fait amener B ... accufé , prifonnier
en nos prifons ; auquel après ferment par
lui fait de dire vérité , avons repréfenté
la minute d'un contrat de ... paffé pardevant F... & N... Notaires le... figné B...F...

N...& un billet commençant par ces mots: *Il me seroit difficile de vous dire, &c.* re-connu par l'accusé, & par lui paraphé avec Nous, suivant notre procès-verbal du.... & interpellé l'accusé de convenir présentement desdites pieces pour servir de comparaison au mémoire par lui dénié, de la vérification duquel il s'agit, ou les contester si bon lui semble, lesquelles pie-ces ont été mises en nos mains par A... demandeur, lequel accusé, après avoir vu & examiné lesdites pieces, & convenu d'icelles pour servir à la vérification de celle par lui déniée.

Lecture à lui faite du présent procès-verbal, y a persisté, & a signé.

Sur quoi Nous avons ordonné que les-dits contrat du... & billet du... demeu-reront pour pieces de comparaison, & que sur icelles il sera procédé à la vérifi-cation dont il s'agit; & ont été lesdites deux pieces paraphées par Nous & par l'accusé. Fait les jour & an que dessus.

Il faut ensuite faire assigner les Experts pour faire le serment, & la partie pour y être présente.

Les pieces de comparaison, & celles qui doivent être verifiées, seront données separement à chacun Expert pour les voir & examiner à loisir. *Art.* 91 *du Titre* VIII.

Si les Experts ont vu les pieces qu'il faut verifier ailleurs, qu'entre les mains des

Juges devant lefquels ils font affignés,
ils doivent le déclarer, & ne peuvent dépofer fans une injonction particuliere.

L'accufé peut recufer les Experts nommés d'office, & fi les caufes de recufation
font admiffibles, le Juge nommera d'autres Experts auffi d'office.

Si ces Experts refufent de faire la vérification, ou s'ils ne comparoiffent pas, ils
ne peuvent être contraints comme les témoins pour dépofer ; il en fera nommé
d'autres par le Juge.

Continuation du procès-verbal lorfque les Experts procédent à la vérification.

ET à l'inftant eft comparu pardevant
Nous en ladite Chambre J... Maître
Ecrivain juré à Paris, Expert par Nous
nommé d'office, fuivant l'affignation à lui
donnée à la requête de A... en exécution
de notre précédente Ordonnance, lequel
en préfence de l'accufé a fait le ferment
de bien & fidelement proceder à la vérification dont il s'agit, ce fait l'accufé s'eft
retiré. Après quoi avons mis ès mains dudit J... un mémoire commençant par ces
mots : *Ordre qu'il faut obferver*, *&c.* qui
eft la piece de laquelle l'écriture a été déniée, dont ledit J... Nous a dit n'avoir eu
communication que par nos mains préfentement : comme auffi lui avons mis ès

mains deux pieces pour servir à la vérification dudit mémoire ; la premiere est la
minute d'un contrat signé B... F... N... passé
pardevant F... & N... Notaires, le... jour
de .... & un billet commençant par ces
mots : *Il me seroit difficile de vous dire ,*
&c. Et après avoir en notre présence examiné à loisir , tant ladite piece à vérifier,
que celles de comparaison , Nous a fait
son rapport dont la teneur ensuit: *Il faut*
transcrire en cet endroit le rapport de l'Ex-
pert.

Est aussi comparu L... Maître Ecrivain
juré, &c. *comme la précédente comparu-*
tion.

Si les Experts sont contraires en leurs
rapports , le Juge nommera d'office un
tiers Expert qui sera assisté des autres à la
vérification. *Art.* 13 *du Titre* XXI *de l'Or-*
donn. du mois d'Avril 1667. *Art.* 15 *du*
Titre IX *de l'Ordonnance du mois d'Août*
1670.

Ordonnance lorsque les Experts sont con-
traires en leurs rapports.

SUR quoi, attendu que lesdits J... & L...
sont contraires en leurs rapports, ordonnons qu'il sera procedé à nouvelle vérification de l'Ecriture du mémoire dont
il s'agit sur les mêmes pieces de comparaison par M... que Nous avons nommé

d'office, lequel N... fera affigné à comparoir demain huit heures du matin, pardevant Nous en la Chambre du Confeil,
pour faire le ferment de bien & fidèle-
ment proceder à ladite vérification, &
feront lefdits J... & L... affignés pour
affifter ledit M.... & être prefens à la
verification.

L'affignation à cet Expert pour faire le
ferment, & à la partie pour y être préfente, doit être donnée comme il eft dit
ci-deffus; il faut auffi affigner les autres
Experts pour affifter à la vérification.

Si tous les Experts conviennent, ils
donneront un feul avis, & par un même
rapport, finon donneront chacun leur avis.
Art. 13 *du Titre* XXI *de l'Ordon. du mois
d'Avril* 1667.

Après la nouvelle verification faite, les
Experts donneront leurs rapports au Lieutenant Criminel, pour être tranfcrits dans
fon procès-verbal comme ci-deffus.

Les Experts feront ouis, recolés &
confrontés féparement ainfi que les autres
témoins. *Art.* 12 *du Titre* VIII *de l'Ordon.
du mois d'Août* 1670.

La repetition des Experts fera faite féparement, & par forme d'information,
en ces termes.

Répétition par forme d'information.

INFORMATION & repetition faite par
Nous M... Conseiller du Roi, Lieutenant Criminel en la Senéchauffée de. ...
à la requête de A ... demandeur & complaignant, le Procureur du Roi joint,
contre B... accufé, à laquelle information
avons procédé ainfi qu'il enfuit.

Du... jour de...

J ... Maître Ecrivain à ... y demeurant
rue ... Paroiffe Saint ... âgé de ... lequel
après ferment par lui fait de dire vérité,
Nous a dit n'être parent, allié, ferviteur,
ni domeftique des Parties, & Nous a repréfenté l'Exploit d'affignation à lui donnée pour dépofer à la requête de A ... en
date du .... Après quoi lui avons mis ès
mains un mémoire commençant par ces
mots : *Ordre qu'il faut obferver, &c.* de
la vérification duquel il s'agit ; & pour fervir de pieces de comparaifon pour procé-
céder à ladite vérification, avons pareillement mis ès mains du dépofant la minute
d'un contrat paffé pardevant F ... & N...
Notaires à ... le ... jour de ... figné B....
F ... & N... & un billet commençant par
ces mots : *Il me feroit difficile de vous dire,*
&c. duquel mémoire de queftion, & defdites pieces de comparaifon, le dépofant

n'a eu communication & ne les a vues qu'en notre préſence; & après les avoir conſidérées à ſon loiſir, & autant de tems qu'il a ſouhaité, & que lecture lui a été faite de ſon rapport.

Dépoſe... *Il faut écrire la répétition que ſera l'Expert du contenu en ſon rapport, & ce qu'il voudra y augmenter ou y changer.*

Lecture à lui faite de ſa dépoſition, a dit icelle contenir vérité, y a perſiſté & a ſigné.

S'il y a charge, les Juges pourront decreter. *Art.* 16 *du Titre* IX.

Pourront être ouis comme témoins ceux qui auront vû écrire ou ſigner les pieces qui pourront ſervir à la conviction des accuſés, ou qui en auront connoiſſance en quelqu'autre maniere. *Art.* 14 *du Titre* VIII.

La forme des Decrets eſt au Chapitre VIII. de la premiere Partie.

SECTION III.

Si l'accuſé conteſte les pieces de comparaiſon, ou refuſe d'en convenir.

SI les pieces de comparaiſon ſont conteſtées par l'accuſé, ou s'il refuſe d'en convenir, le Juge en dreſſera ſon procès-verbal, pour y pourvoir après qu'il aura été communiqué au Procureur du Roi,

ou

ou à celui des Seigneurs, & à la partie civile. *Art. 8 du Titre* VIII.

Continuation du procès-verbal lorsque l'accusé conteste ou refuse de convenir des pieces de comparaison.

Et le ... jour de ... Nous Lieutenant Criminel susdit, Nous étant transporté en la Chambre du Conseil de ladite Sénéchaussée, avons ordonné au Geolier des prisons d'icelle d'y amener B ... prisonnier ; à quoi satisfaisant, ledit B ... y est comparu, auquel après serment par lui fait de dire vérité, avons représenté la minute d'un contrat de ... passé pardevant Notaires le ... signé B ... F ... & N ... & un billet commençant par ces mots : *Il me seroit difficile de vous dire, &c.* reconnu par l'accusé, & par lui paraphé avec Nous, suivant notre procès-verbal du ... & interpellé l'accusé de convenir présentement desdites pieces pour servir de comparaison à l'écriture d'un mémoire par lui dénié, de la vérification duquel il s'agit ou contester lesdites pieces mises en nos mains par A ... demandeur, lequel accusé après avoir eu communication desdites pieces, & les avoir vues & examinées à son loisir, a refusé d'en convenir, attendu que ... *Il faut inserer les causes du refus de l'accusé.* En conséquence de

quoi requiert que A ... foit tenu de rapporter d'autres pieces de comparaifon
dans tel délai qui fera par Nous prefcrit,
finon & à faute de ce faire dans ledit
tems, que le mémoire par lui dénié fera
rejetté du procès, & a figné.

Sur quoi Nous avons ordonné que notre préfent procès verbal fera communiqué au Procureur du Roi, & audit A ...
partie civile, pour ce fait être par Nous
pourvû aux parties, ainfi qu'il appartiendra. Et a été ledit B .... remis ès mains
du Geolier pour le remettre efdites prifons. Fait les jour & an que deffus.

Il faut communiquer le procès verbal
au Procureur du Roi, & à la partie civile,
& le remettre enfuite entre les mains du
Juge pour ftatuer.

Si les pieces de comparaifon font reçues, la Sentence qui interviendra fur le
procès verbal fera femblable à l'Ordonnance ci-deffus pages 285 & 286. En vertu
de laquelle Sentence il faut faire affigner
les Experts, & procéder à la vérification,
comme il a été obfervé.

Si le Juge ordonne le rejet des pieces
de comparaifon, les Procureurs du Roi,
ou ceux des Seigneurs, & les parties civiles, feront tenus d'en rapporter d'autres dans le délai qui fera prefcrit par le
Juge. *Art.* 10 *du Titre* VIII. le Jugement
fera ainfi.

Sentence portant que le Procureur du Roi,
ou les Procureurs des Seigneurs, ou la
partie civile, rapporteront d'autres pieces
de comparaison.

Extrait des Regiſtres de . . . . .

Vu notre procès verbal du . . . . fur le
refus fait par B . . . . accuſé, priſonnier en nos priſons, de convenir des pieces de comparaiſon miſes en nos mains
par A . . . demandeur, pour procéder à la
vérification d'un mémoire prétendu écrit
par l'accuſé, & par lui dénié; ſignification dudit procès verbal audit A . . . Concluſions du Procureur du Roi, auquel ledit
procès verbal a été communiqué, tout
conſidéré. Nous avons rejetté les pieces
repréſentées par A . . . pour ſervir de comparaiſon au mémoire dénié par l'accuſé,
& ordonné que dans . . . jours, A . . . enſemble le Procureur du Roi, ſeront tenus
d'en rapporter d'autres, pour être ſur
icelles procédé à la vérification dont il
s'agit, ſinon & à faute de ce faire dans
ledit tems, & icelui paſſé ſera fait droit.
Fait ce . . . .

Il faut faire ſignifier ce Jugement à la
partie civile, & communiquer le tout au
Procureur du Roi, ou à celui du Seigneur;
& ſi dans le délai preſcrit, l'on rapporte
d'autres pieces de comparaiſon que celles

qui ont été rejettées, elles feront communiquées à l'accufé pour en convenir, ou les contefter en la forme ci-deffus.

Si l'on ne rapporte point d'autres pieces de comparaifon, les pieces déniées par l'accufé, dont la vérification aura été ordonnée, feront rejettées du procès, & pour y parvenir l'accufé donnera la requête qui fuit.

Requête à ce que la piece dont la vérification a été ordonnée, foit rejettée du procès.

A Monfieur le Lieutenant Criminel,

SUPPLIE humblement B ... prifonnier, qu'il vous plaife à faute par A ... d'avoir rapporté des pieces de comparaifon dans le délai qui lui a été donné par votre Sentence du ... pour procéder à la vérification d'un mémoire prétendu écrit par le Suppliant, ordonner que ledit mémoire fera rejetté du procès d'entre les parties, & que fans y avoir égard il fera paffé outre au Jugement d'icelui : Et vous ferez bien.

Ordonnance.

VIENNENT les parties demain en la Chambre. Fait ce ....

Il faut faire fignifier cette requête à la partie avec un avenir pour plaider, & la communiquer à l'Avocat du Roi avec les pieces, avant que d'aller à l'Audience.

La Sentence sera conforme aux conclusions de la requête, qui est dressée suivant la regle prescrite par l'*Art.* 10 *du Tit.* VIII.

❁❁❁❁❁❁❁::❁::❁❁❁❁❁❁

CHAPITRE VIII.

Du Crime de faux, tant principal qu'incident.

LE crime de faux se commet, 1. Par de fausses énonciations & antidates de contrats & actes. 2. Altérant un acte ou un écrit sous signature privée par rature, coupure de papier, changement de date, &c. 3. Par imitation d'écritures ou signatures de personnes publiques ou privées. 4. Supposition de personnes. 5. Déposant faux en une information, &c.

Ce crime est qualifié faux principal, si pour en poursuivre la réparation la procédure a commencé extraordinairement par une plainte & information; & il est qualifié faux incident, lorsque la poursuite commence par une requête incidente à un autre procès, ainsi qu'il sera expliqué.

La forme prescrite pour la reconnoissance des écritures & signatures en matiere criminelle, sera observée dans l'instruction qui se fera par la déposition des

N iij

Experts pour la preuve du faux principal ou incident, ainsi qu'il est observé au Chapitre précédent. *Art. 4 du Titre IX de l'Ordonnance du mois d'Août* 1670.

SECTION PREMIERE.

Du faux principal.

LES plaintes, dénonciations & accusations du crime de faux, & les autres procédures se feront en la même forme & maniere que celles de tous les autres crimes, & les informations seront faites tant par témoins que par Experts qui seront nommés d'office par le Juge. *Art. 1 du Titre* IX.

Les plaintes du crime de faux par requête ou par un procès verbal, sont au Chapitre second de la premiere Partie.

Si le crime de faux a été commis en imitant une écriture ou signature véritable, que la véritable écriture ait été altérée, & qu'il soit nécessaire d'en faire la vérification par des Experts, le Juge en nommera d'office par le même Jugement qui permet d'informer.

Jugement portant permission d'informer d'un faux principal.

Extrait des Registres de . . . :

Vu la Requête à Nous présentée par A . . . à ce qu'il lui fût permis de faire informer de . . . . Nous avons permis au

Suppliant de faire informer pardevant ...
des faits contenus en ladite requête ,
circonstances & dépendances , même d'en
faire preuve aussi pardevant ... tant par
titres que par comparaison d'écritures &
signatures , par D ... M ... B ... Experts
que Nous avons nommés d'office. Ce
qui sera exécuté nonobstant & sans préjudice de l'appel.

Les témoins qui ont connoissance du
faux , seront assignés pour déposer. L'information se fera ainsi qu'il est dit au Chapitre six de la premiere Partie.

Les pieces prétendues avoir été falsifiées
seront représentées au Juge pour dresser
procès verbal de leur état en la forme exprimée en la cinquiéme Section de ce Chapitre. *Art.* 2 *du Titre* IX.

Elles seront aussi représentées aux témoins qui auront eu connoissance de la
falsification. *Art.* 3 *du Titre* IX.

SECTION. II.

Du faux incident.

Tous Juges à la réserve des Juges Con-
suls, & des bas & moyens Justiciers ,
pourront connoître des inscriptions de
faux , incidentes aux affaires pendantes
pardevant eux. *Art.* 20 *du Titre* I.

2. Le demandeur en inscription de faux ,
sera tenu de consigner ; sçavoir aux Cours

Supérieures, cent livres : aux Sieges qui y
reſſortiſſent immédiatement , ſoixante livres; & aux autres Sieges, vingt livres.
Art. 5 *du Titre* IX.

3. Le Receveur des amendes, s'il y en
a, ſinon les Greffiers des Juriſdictions, ſe
doivent charger des ſommes qui ſeront
conſignées comme dépoſitaires, ſans droits
ni frais, pour les délivrer à qui le Juge
ordonnera, ſans qu'ils puiſſent les employer en recette, ni s'en déſaiſir, qu'elles n'aient été diffinitivement adjugées,
pour être après l'inſcription de faux rendues ou délivrées, auſſi ſans frais, à qui il
appartiendra. *Art.* 5 *du Titre* IX.

4. L'acte de conſignation de ces ſommes ſera attaché à la Requête que le demandeur préſentera, afin d'avoir permiſſion de s'inſcrire en faux. *Article* 5 *du
Titre* IX.

5. Dans le faux incident, la requête du
demandeur ſera ſignée de lui, ou de ſon
Procureur, fondé de pouvoir ſpécial, auſſi
attaché à la requête, aux fins de faire déclarer par le défendeur, s'il veut ſe ſervir
de la piece maintenue fauſſe. *Art.* 6 *du
Titre* IX.

6. La Requête qui ſera donnée au Lieutenant Civil, ou au Lieutenant Criminel,
ſera en ces termes.

Requête à ce que le défendeur soit tenu de déclarer s'il veut se servir de la piece maintenue fausse.

A Monsieur le Lieutenant ....

SUPPLIE humblement A... Disant qu'au procés d'entre lui d'une part , & B... d'autre , pendant pardevant Vous , le Suppliant ayant pris communication par vos mains dudit procés, a trouvé que la cinquieme piece de la cote N... de la production dudit B ... est un procès-verbal fait par Monsieur... Conseiller, le... par lequel une Lettre prétendue écrite par le Suppliant , a été tenue pour reconnue , faute par lui d'être comparu à l'assignation qui lui avoit été donnée dont il n'a eu aucune connoissance , laquelle Lettre est fausse, aussi ledit B... ne l'a point produite , mais seulement une copie insérée au même procès-verbal.

Ce considéré, MONSIEUR , il vous plaise donner acte au Suppliant de ce qu'il s'inscrit en faux contre ladite Lettre , & en conséquence ordonner que B... sera tenu dans tel tems qu'il vous plaira , de déclarer s'il s'en veut servir, & de mettre icelle au Greffe , sinon & à faute de ce faire , ordonner qu'elle sera rejettée du procès, que sans y avoir égard il sera passé outre au jugement d'icelui, condamner B. aux dom-

N v

mages & intérêts du Suppliant ; & vous ferez bien.

Le Juge ordonnera au pied de cette Requête, que l'inscription sera faite au Greffe, & le défendeur tenu de déclarer dans un délai compétent, suivant la distance de son domicile, s'il veut se servir d la piece inscrite de faux. *Art. 7 du Tit. IX.*

Ordonnance portant que l'inscription en faux sera faite au Greffe.

Vu la présente Requête & l'Acte de consignation de ... d'amende du ... la procuration spéciale du Suppliant aux fins de la présente Requête du ... Nous ordonnons que l'inscription en faux sera faite au Greffe, & ledit B ... tenu de déclarer dans ... s'il veut se servir de la piece inscrite de faux. Fait ce ...

Il faut faire signifier cette Requête au défendeur avec la sommation qui suit.

Sommation au défendeur de déclarer s'il veut se servir de la piece inscrite de faux.

L'An ... à la requête de A .... qui a élu son domicile à ... j'ai ... Sergent à ... signifié & baillé copie à B... en parlant à... en son domicile, de la Requête & Ordonnance de Monsieur le Lieutenant Civil, *ou,* Criminel du... étant au bas d'icelle.

& lui ai fait sommation de déclarer s'il veut se servir de la piece inscrite de faux, & de mettre icelle au Greffe, & pour voir ordonner que faute de ce faire dans...jours ladite piece sera rejettée du procès, & B... condamné aux dommages & intérêts de A... j'ai audit B... donné assignation à comparoir d'hui en ... jours, pardevant Monsieur le Lieutenant de... & en outre procédé ainsi qu'il appartiendra, & à fin de dépens, & signifié que L... est Procureur de A... dont acte.

Si le défendeur ne veut point se servir de la copie inscrite de faux, il fera sa déclaration en ces termes.

Déclaration du défendeur qu'il ne veut point se servir de la piece inscrite de faux.

A LA requête de B... qui a élu son domicile à... soit signifié & déclaré à A... qu'il ne veut point se servir de la Lettre missive de A... produite cinquieme piece de la cote N... de la production de B... dont acte...

Si le défendeur déclare qu'il ne veut point se servir de la piece inscrite de faux, elle sera rejettée du procès, sauf à pourvoir aux dommages & intérêts de la partie, & à poursuivre le faux extraordinairement par le Procureur du Roi, & ceux des Seigneurs. *Article* 8 *du Titre* IX.

En matiere bénéficiale, la peine du défendeur en faux est d'être privé du béné-
fice contesté , s'il a fait ou fait faire la
piece fausse , ou connu sa fausseté, *Art.* 8
du Titre IX.

SECTION III.

*Des défauts à faute de mettre au Greffe la
piece inscrite de faux.*

Si le défendeur n'avoit point mis de Procureur dans l'instance principale, ni sur
l'assignation qui lui avoit été donnée pour
déclarer s'il veut se servir de la piece inscrite de faux , & que dans le délai à lui
accordé , il n'ait point fait la déclaration
ci-dessus, & mis la piece inscrite de faux
au Greffe, le demandeur prendra son défaut au Greffe & le fera juger en la forme
exprimée en la Section premiere du Titre
V du premier Tome du Stile Universel,
& pour le profit la piece inscrite de faux
sera rejettée , & sans y avoir égard ordonné qu'il sera passé outre au jugement
du procès , & en conséquence que la somme consignée par le demandeur lui sera
rendue, à ce faire le Receveur des amendes contraint par corps , & le défendeur
condamné aux dépens.

Si le défendeur avoit mis un Procureur,
le demandeur prendra le défaut à l'Au-

dience fans autre acte ni fommation préa-
fable , & le profit du défaut fera jugé
comme il eft dit ci-deffus. *Art 3 Titre V,
de l'Ordonn. du mois d'Avril 1667.*

Il n'y a que la voie d'appel contre ce
Jugement.

Si l'incident de faux eft pendant en une
Cour Supérieure, le demandeur prendra
le défaut au Greffe, foit que le défendeur
ait un Procureur ou qu'il n'en ait pas mis,
la procédure pour l'obtenir, & le faire
juger, fera en la forme qui fuit. *Voir les
Sections 2 & 3 du Titre V du premier Tome
du Stile Universel fur l'Ordonn. du mois
d'Avril 1667.*

*Défaut faute de mettre au Greffe une piece
inscrite de faux.*

Extrait des Regiftres de ...

Défaut à A... demandeur en faux fuivant fa Requête du... par Maître L...
fon Procureur, contre B... défendeur &
défaillant, faute de mettre au Greffe une
Lettre miffive prétendue écrite par le
demandeur, après que le délai porté par
l'Ordonnance eft expiré, & foit fignifié.
Fait. .

Ce défaut fera fignifié au Procureur du
défendeur, & huitaine après la fignification l'on pourra le donner à juger.

Il fera dreffé une demande qui contiendra les conclusions du demandeur en cette forme.

Demande en profit du défaut.

DEMANDE en profit de défaut que met & baille pardevant Vous Nosseigneurs de... A... demandeur en faux, suivant sa Requête du.....

Contre B..... défendeur & défaillant.

A ce que par l'Arrêt qui interviendra, il plaise à la Cour déclarer le défaut avoir été bien & duement obtenu, & pour le profit rejetter du procès d'entre les parties une Lettre missive prétendue écrite par le demandeur, contre laquelle il s'est inscrit en faux, ordonner que sans y avoir égard il sera passé outre au jugement du procès, condamner le défendeur aux dépens.

Cette demande avec la Requête sur laquelle il a été permis de s'inscrire en faux, la sommation faite au défendeur de déclarer s'il veut se servir de la piece, & le défaut signifié, seront produits au Greffe dans un sac, que le Greffier enregistre sur le dépôt commun, & après que la distribution en a été faite en la maniere ordinaire, le Procureur du demandeur fait prendre le sac à celui des Conseillers auquel il a été distribué, & à son rapport la Cour juge le défaut, que l'on expédie en la forme qui suit.

*Arrêt faute de mettre au Greffe une piece
inscrite de faux.*

Extrait des Regiſtres de...

Vu par la Cour le défaut obtenu aux
Préſentations d'icelle le... par A... demandeur en faux, ſuivant ſa Requête du...
comparant par L... ſon Procureur, contre
B... défendeur & défaillant, faute de mettre au Greffe une Lettre miſſive prétendue
écrite par le demandeur, après que le délai porté par l'Ordonnance eſt expiré. Vu
auſſi la demande, pieces & exploits ; oui
le rapport de M... Conſeiller, & tout conſidéré : la Cour a déclaré & déclare ledit
défaut bien & duement obtenu, & pour
le profit a rejetté du procès d'entre les
parties la Lettre dont il s'agit, & ſans
y avoir égard a ordonné & ordonne qu'il
ſera paſſé outre au Jugement d'icelui, &
en conſéquence que la ſomme de cent liv.
conſignée par le demandeur, lui ſera rendue, à ce faire le Receveur des amendes
contraint par corps comme dépoſitaire de
biens de Juſtice, ce faiſant déchargé,
dommages & intérêts reſervés, condamne le défendeur aux dépens dudit
défaut, & de tout ce qui s'en eſt enſuivi.
Fait...

Après que cet Arrêt aura été expédié,

il le faut faire fignifier, & le produire par
production nouvelle au procès.

La forme des Requétes de productions
nouvelles eft au Titre onze du premier
Tome du Stile Univerfel fur l'Ordonn.
du mois d'Avril 1667.

Le défendeur peut dans la huitaine, à
compter du jour de la fignification, s'op-
pofer à l'exécution de l'Arrêt fuivant les
Regles, qui font en la Section VI du
trente-cinquieme Titre du même premier
Tome.

SECTION IV.

*Procédures lorfque le défendeur veut fe
fervir de la piece infcrite de faux.*

Si le défendeur déclare qu'il veut fe fervir de la piece infcrite de faux, elle
fera mife au Greffe, & l'acte du... mis
fignifié au demandeur, pour former l'infcription dans les vingt-quatre heures. *Art.*
9 *du Titre* IX.

*Acte portant que la piece infcrite de faux
a été mife au Greffe.*

A LA requête de B... foit fignifié &
déclaré à A... que la Lettre écrite
audit B... par ledit A... & par lui foutenue
fauffe, a été cejourd'hui mife au Greffe
de la Cour, à ce qu'il ait à former fon

inscription dans le tems de l'Ordonnance;
dont acte.

Cet acte ayant été signifié au demandeur, il doit dans les vingt-quatre heures
former l'inscription en faux. *Article 9 du
Titre IX.*

Acte d'inscription en faux.

Extrait des Regiſtres de......

AUJOURD'HUI eſt comparu A... aſſiſté
de Maître L... ſon Procureur, lequel
a déclaré qu'il s'inſcrit en faux contre une
Lettre miſſive datée du... produite par B...
cinquieme piece de la cote N... de ſa production, offrant de donner ſes moyens de
faux dans le tems de l'Ordonnance, éli-
ſant ſon domicile en la perſonne dudit L
...dont il a requis acte. Fait ce...

Si l'inſcription de faux a été formée contre quelque obligation ou contrat dont il
y ait minute, & que l'on n'ait mis au Greffe
que la groſſe, le demandeur pourra donner ſa Requête ainſi.

Requête pour faire apporter la minute d'une piece inſcrite de faux.

A Monſieur le Lieutenant....

SUPPLIE humblement A...diſant qu'ayant
formé ſon inſcription de faux au Greffe,
contre la minute & groſſe d'un contrat de

conſtitution de mille livres de rente, prétendue faite par le Suppliant au profit de
B... pardevant Notaires le... il ne peut donner ſes moyens de faux, n'y ayant au Greffe
que la groſſe dudit contrat.

Ce conſidéré, MONSIEUR, il vous plaiſe
ordonner que B... ſera tenu de faire apporter la minute dudit contrat en votre Greffe
dans tel délai qu'il vous plaira, ſinon que
ladite groſſe ſera rejettée du procès; &
vous ferez bien.

Le délai pour faire apporter au Greffe
la minute maintenue fauſſe, ſera reglé
ſuivant la diſtance des lieux. *Article 9 du
Titre IX.*

*Ordonnance portant que la minute maintenue
fauſſe ſera apportée au Greffe.*

Vu la préſente Requête & l'acte d'inſcription de faux formée au Greffe de
cette Cour par le Suppliant.

Nous ordonnons que dans... jours B...
ſera tenu de faire apporter en notre Greffe
la minute du contrat du... ſinon ſera fait
droit. Fait ce...

Au lieu de cette Ordonnance que le Juge
met au bas de la Requête, il pourra donner un Jugement ſeparé à même fin.

Dans les Cours Supérieures, on donne
un Arrêt ſur pareille Requête, qui ſe
rapporte par celui des Conſeillers qui

est Rapporteur de l'inftance ; cet Arrêt s'expédie ainfi.

Arrêt pour faire apporter au Greffe une minute infcrite de faux.

Extrait des Regiftres de . . .

Vu par la Cour la Requête préfentée par A... à ce qu'il plût à la Cour ordonner que B... fera tenu de faire apporter au Greffe d'icelle, la minute d'un contrat de conftitution de dix mille livres de rente, paffé pardevant... Notaires le... contre lequel le Suppliant s'eft infcrit en faux, & ce dans... jours, finon que la groffe dudit contrat fera rejettée du procès ; oui le rapport de Maître M... Confeiller, Commiffaire à ce député : & tout confidéré.

La Cour a ordonné & ordonne que dans . . . jours, B... fera tenu de faire apporter au Greffe de la Cour la minute de... finon fera fait droit. Fait ce...

Si le défendeur ne fait pas apporter au Greffe la minute dans le délai qui fera réglé, fuivant la diftance des lieux, la piece fera rejettée du procès. *Art. 9 du Titre IX.*

Dans les Jurifdiĉtions inférieures, après le délai du Jugement ou Ordonnance, le défaut pour faire rejetter la piece fe demandera à l'Audience.

Si le défendeur a conftitué un Procu-

reur; & s'il n'en a point mis, le défaut
fera jugé comme il eſt dit en la Section
III de ce Chapitre, page 222 & ſuiv.

Si c'eſt en une Cour Supérieure, il faut
prendre le défaut au Greffe, & le faire
juger comme il eſt dit en la même Section III.

Si la piece inſcrite de faux eſt véritable,
le défendeur doit faire diligence pour
obliger le Notaire ou Greffier de l'apporter avant que le délai qui lui a été donné
ſoit expiré, la Requête que l'on préſentera
au Juge pour obtenir ſon Ordonnance à
cette fin, ſera dreſſée ainſi.

*Requête à ce qu'il ſoit fait commandement
d'apporter au Greffe la minute de la piece
inſcrite de faux.*

A Monſieur le Lieutenant...

SUPPLIE humblement B... diſant que A...
s'eſt inſcrit en faux contre la minute &
groſſe d'un contrat de conſtitution de mille
livres de rente par lui faite au profit du
Suppliant pardevant N... & ſon collégue,
Notaires, le ... laquelle groſſe qui étoit
produite au procès d'entre les parties, a
été miſe au Greffe, & pour en faire connoître la vérité, & ſatisfaire à l'Ordonnance,
il eſt néceſſaire d'y faire porter la minute.

Ce conſidéré, MONSIEUR, il vous plaiſe
ordonner commandement être fait audit

N... Notaire, d'apporter & mettre en votre Greffe la minute dudit contrat, & à son refus qu'il y sera contraint par corps, & condamné aux dépens, dommages & intérêts du Suppliant; & vous ferez bien.

Le Juge auquel cette Requête sera présentée, y met son Ordonnance ainsi.

Ordonnance.

SOIT fait commandement, & au refus assignation au premier jour. Fait ce...

Exploit de commandement au Notaire.

L'AN.... en vertu de l'Ordonnance de Monsieur le Lieutenant... du... étant au bas de la Requête à lui présentée, & à la requête de B... qui a élu son domicile en la maison & personne de L... son Procureur; j'ai M.... Huissier à... demeurant à... rue... fait commandement à... Notaire, en parlant à sa personne, *ou* à... en son domicile, d'apporter ou envoyer au Greffe de Monsieur le Lieutenant.... la minute, d'un contrat de dix mille livres de rente faite au profit de B... par A... pardevant ledit N... & son collègue, Notaires, le... & lui ai déclaré que ses salaires lui seront payés, lequel N... parlant comme dessus a été de ce faire refusant, au moyen duquel refus je lui ai donné assignation à comparoir au premier jour huit heures du matin en la Chambre & pardevant Monſieur le Lieutenant... pour s'y voir condamner , & par corps , & aux dépens , dommages & intérêts de B ... de laquelle Requête & Ordonnance , je lui ai laiſſé copie avec le préſent exploit.

Si le Notaire ou Greffier ne comparoît pas à l'aſſignation ou n'envoie pas la piece au Greffe, il y ſera condamné par une Sentence , comme celle qui ſuit.

Sentence par laquelle le Notaire eſt con-
damné par corps d'apporter au Greffe une
piece inſcrite de faux.

Extrait des Regiſtres de...

ENTRE... Nous condamnons le défendeur , & par corps , d'apporter ou envoyer en notre Greffe la minute dudit contrat , & aux dépens, dommages & intérêts du demandeur.

Si la piece inſcrite de faux étoit rejettée du procès faute d'être apportée par le Notaire, il faut faire liquider les dommages & intérêts ſuivant les regles preſcrites par le trente-deuxieme Titre de l'Ordonnance du mois d'Avril 1667, & obſerver la procédure qui eſt dans le premier Tome du Stile Univerſel ſur le même Titre trente-deuxieme.

Si le Notaire apporte ou envoie au Greffe la piece dont il s'agit , il pourra préfenter Requête au Juge, ou au Rapporteur du procès, pour faire taxer par une Ordonnance qui fera mife fur fa requête les frais de fon voyage, fur laquelle le Greffier expédie un exécutoire contre celui à la requête duquel le commandement a été fait au Notaire.

La forme de cette Requête, de l'Ordonnance & de l'Exécutoire, eft au Chapitre fixieme de la premiere Partie de ce Livre, pag. 128.

SECTION V.

Du Procès-verbal de l'état des pieces infcrites de faux.

Les pieces prétendues avoir été falfifiées, feront remifes au Juge pour dreffer procès-verbal de leur état, les repréfenter à la partie civile pour les parapher en fa préfence, fi la partie peut ou veut les parapher, finon il en fera fait mention; & après avoir été paraphées par le Juge, elles feront remifes au Greffe. *Art. 2 du Titre* IX.

Il faut demander l'Ordonnance du Juge ou du Rapporteur du procès, en la forme qui fuit.

Ordonnance à fin d'assigner la Partie
civile pour voir dresser Procès-verbal de
la piece inscrite de faux.

DE l'Ordonnance de Nous M... Conseiller du Roi, Lieutenant... à la
requête de A ... soit donné assignation à
B ... au domicile par lui élu en la personne de L... son Procureur, à comparoir demain huit heures du matin en notre Hôtel, pour voir par Nous dresser
procès-verbal de l'état de... *Exprimer la*
qualité de la piece inscrite de faux, contre
laquelle ledit A ... s'est inscrit en faux.
Fait ce...

Si le demandeur néglige de faire cette
procédure, elle pourra être faite à la diligence du défendeur, qui obtiendra pareille
Ordonnance, laquelle il fera signifier,
avec assignation.

Procès-verbal contenant l'état d'une piece
inscrite de faux.

L'AN... pardevant Nous M... Conseiller
du Roi, Lieutenant... en notre Hôtel,
est comparu J... Procureur de A... lequel
nous a dit qu'en exécution de notre Ordonnance du... jour de...il a fait assigner
B... pour voir par nous dresser procès-verbal de l'état de la minute d'un contrat de
constitution de mille livres de rente, faite

par

par A... au profit de B... pardevant N...
& son Collègue, Notaires, le... qui a été
apportée en notre Greffe, & contre laquelle A... s'est inscrit en faux.

Est aussi comparu L... Procureur de B...
ledit B... présent, lequel a requis que la
piece inscrite de faux soit par nous paraphée, & description faite de l'état d'i-
celle.

Sur quoi Nous avons donné acte auxdits
J... & L... esdits noms, de leurs comparu-
tions, dires & réquisitions, & ordonné
que description sera par Nous présentement faite de l'état de la piece dont il
s'agit, pour servir aux parties ainsi qu'il
appartiendra.

En exécution de laquelle Ordonnance
P... notre Greffier nous a représenté la
minute d'un contrat de constitution de
mille livres de rente faite par A... au profit
de B... pardevant N... & son Collègue,
Notaires, le... étant sur une feuille de
papier, commençant par ces mots; *furent*
présens en leurs personnes A... &c. & finissant sur le milieu de la page recto du second feuillet, par ces autres mots, *& ont*
lesdites parties signé A... B... N... & D...
avec chacun un paraphe, le reste de ladite
page & celle verso dudit second feuillet en
blanc : en marge de la page verso du premier feuillet est un renvoi contenant quatre lignes d'écriture, au bas desquelles

Tome II.   O

font quatre paraphes : entre les cinq &
fixieme ligne de ladite page , font ces
mots , *promet & s'oblige* , & au-deffous eft
un mot effacé. En la premiere ligne de la
page recto du fecond feuillet il y a un trait
de plume paffé fur ces mots (*moyennant
quoi*) laquelle minute a été paraphée par
Nous & par ledit A . . . en fin d'icelle , &
les blancs & marges par nous barrés de
traits de plume. Ce fait, icelle minute a été
par nous remife ès mains de notre Greffier. Fait les jour & an que deffus.

Il faut faire une defcription exacte de
l'état de la piece , des ratures, interlignes
& additions qui s'y trouvent.

Si la partie affignée pour voir dreffer
procès - verbal de l'état de la piece ne
comparoît pas à l'affignation , le Juge
donnera défaut , & pour le profit fera
defcription de la piece en la forme ci-
deffus.

SECTION VI.

*Du congé faute de fournir les moyens de
faux.*

Si le défendeur en faux ne fournit pas
fes moyens de faux, après que la piece
aura été mife au Greffe , le défendeur
pourra faire fignifier au demandeur un
acte pour venir plaider & requérir à l'Audience des Juges inférieurs congé , pour
le profit duquel le demandeur fera débou-

té, & condamné en cent livres d'amende aux Sieges qui ressortissent immédiatement aux Cours Supérieures, & aux autres soixante livres, applicable les deux tiers au Roi, ou aux Seigneurs à qui il appartiendra, & l'autre à la partie, sur lesquelles seront déduites les sommes consignées. *Art. 17 du Titre* IX.

Si l'incident de faux est en une Cour Supérieure, le demandeur sera débouté & condamné en trois cens livres, applicable les deux tiers au Roi, & l'autre tiers à la partie, le congé faute de fournir les moyens de faux sera expédié au Greffe en la forme de celui-ci. *Art. 17 du Tit.* IX.

Congé faute de fournir les moyens de faux.

Extrait des Registres de. . .

Congé à B . . . défendeur par J . . . son Procureur; contre A . . . demandeur, faute de fournir ses moyens de faux contre la lettre par lui écrite au défendeur le. . . & soit signifié. Fait. . .

Il faut faire signifier ce congé au Procureur du demandeur, & huitaine après le donner à juger; la demande en profit du congé pourra être ainsi.

Demande en profit de congé.

Demande en profit de congé que met pardevant vous, Nosseigneurs de. . . B. . . défendeur.

Contre A... demandeur en faux fuivant
fa Requête du...

A ce qu'il plaife à la Cour déclarer le
congé bien & duement obtenu, & pour
le profit débouter le demandeur de l'infcription de faux par lui formée contre
une Lettre qu'il a écrite au défendeur le...
& fans y avoir égard, ordonner qu'il fera
paffé outre au Jugement du procès, & le
condamner en trois cens livres d'amende,
applicable les deux tiers à Sa Majefté,
l'autre tiers au défendeur, & condamner
le demandeur aux dépens.

Il faut joindre à cette demande copie
de la Requête du demandeur, & copie de
l'acte d'infcription en faux, & le congé
fignifié, & produire le tout au Greffe pour
le faire diftribuer à l'un des Confeillers,
comme les défauts faute de mettre les pieces au Greffe.

Le demandeur en faux qui fuccom-
bera fera condamné en trois cens livres
d'amende, applicable les deux tiers au Roi,
& l'autre tiers à la partie. *Article* 17 *du*
Titre IX.

Les cent livres confignées par le demandeur feront déduites. *Art.* 17 *du Titre* IX.

L'Arrêt qui eft donné fur le congé s'expédie en cette forme.

Arrêt sur congé faute de fournir les moyens de faux.

Extrait des regiſtres de...

Vŭ par la Cour le congé obtenu aux Préſentations d'icelle par B... défendeur, comparant par J... ſon Procureur, contre A... demandeur en faux ſuivant ſa Requête du... & défaillant, faute de fournir de moyens de faux contre la lettre par lui écrite au défendeur le... après que le délai porté par l'Ordonnance eſt expiré. Vu auſſi la demande, pieces & exploits; ouï le rapport de Maître... Conſeiller, & tout conſidéré: LA COUR a déclaré & déclare ledit congé bien & duement obtenu, & pour le profit a débouté le demandeur de ſon inſcription en faux, & l'a condamné en trois cens livres d'amende, applicable les deux tiers au Roi, & l'autre tiers au défendeur, ſur laquelle déduction eſt faite de la ſomme de cent livres conſignée par le demandeur, qui ſera délivrée au défendeur, à ce faire le Receveur des amendes contraint comme dépoſitaire de biens de Juſtice, ce faiſant déchargé, condamne le demandeur aux dépens du congé, & de tout ce qui s'en eſt enſuivi.

Les Juges peuvent condamner en plus grande amende, s'il y écheoit. *Art.* 17 *du Titre* IX.

SECTION VII.

*Procédures lorsque le demandeur veut
donner ses moyens de faux.*

LE demandeur, ou son Conseil, prendra
communication de la piece inscrite de
faux par les mains du Greffier, sans déplacer. *Art.* 10 *du Titre* IX.

Les moyens de faux seront mis au Greffe
dans trois jours au plus tard. *Art.* 11 *du
Titre* IX. Ils peuvent être en la forme qui
suit.

Moyens de faux.

MOYENS de faux que donne pardevant
vous M..

A... demandeur.

Contre B... défendeur.

A ce que la lettre prétendue écrite par
le demandeur le... produite par le défendeur, cinquieme piece de la cote N. de la
production par lui faite au procès d'entre
les parties, soit déclarée fausse, & en conséquence rejettée du procès, ordonner que
la somme de... consignée par le demandeur, lui sera rendue, à ce faire le Receveur des amendes contraint par corps,
ce faisant déchargé ; le défendeur condamné aux dépens, dommages & intérêts
du demandeur, sauf à Monsieur le Procureur du Roi à prendre telles autres con-

clufions qu'il avifera pour l'intérêt du public.

Exprimer enfuite les moyens de faux.

1. Si le demandeur n'a pas écrit ni figné la piece.

2. Si l'écriture du corps de la piece a été enlevée, & qu'au lieu de l'ancienne écriture il en a été fait de nouvelle au-deffus de la véritable fignature du demandeur.

3. Si l'encre du corps de l'écriture de la piece & celui de la fignature eft diffemblable.

4. Si le demandeur a laiffé du blanc entre fa fignature & la véritable écriture, & que le papier écrit a été coupé, & que fur le blanc la piece dont il s'agit a été écrite ; ce qui paroît par l'écriture, dont les premieres lignes font preffées, & celles de la fin de la piece font plus éloignées les unes des autres.

5. Si le papier de la piece infcrite de faux a été fabriqué beaucoup après la date de la piece.

Obferver auffi les moyens de faux que l'on aura reconnus, foit aux chiffres, additions, écritures, encre, papier, dates, &c.

Il ne fera point donné copie ni communication des moyens de faux au défendeur. *Art.* 11 *du Titre* IX.

O iv

Après que les moyens de faux auront été mis au Greffe, & joints à la piece maintenue fausse, le Procureur du Roi s'en chargera sur le registre du dépôt pour y donner ses conclusions, & après avoir remis le tout, le Lieutenant Criminel, ou celui des Conseillers qui est Rapporteur du procès, s'en chargera sur le même registre pour en faire rapport à la Chambre.

Les Juges pourront joindre les moyens de faux selon leur qualité & l'état du procès. *Art. 12 du Titre IX.*

Sentence portant jonction des moyens de faux au procès.

Extrait des Registres de...

Vu la Requête à Nous présentée par A... tendante à ce qu'il lui fût permis de s'inscrire en faux contre une lettre par lui prétendue écrite à B... Ordonnance sur ladite Requête, portant permission de s'inscrire en faux, & que B... seroit tenu de déclarer dans... s'il vouloit se servir de ladite lettre. Signification faite au demandeur le... à la requête de B... contenant qu'il avoit mis au Greffe ladite lettre. Procès-verbal fait par M... Conseiller le.... contenant l'état de ladite lettre. Acte d'inscription de faux formée par le demandeur au Greffe de la Cour le... contre ladite piece. Moyens de faux fournis par le demandeur, mis au Greffe de cette Cour. La lettre maintenue fausse ; oui le rapport dudit Conseiller à ce commis ; conclusions du Procureur du Roi ; & tout considéré.

Nous avons joint lesdits moyens de faux au procès d'entre les parties, pour en jugeant y avoir tel égard que de raison. Fait ce . . .

Si les moyens de faux sont pertinens ou admissibles, la preuve en sera ordonnée par titres, par témoins & par comparaison d'écritures & signatures, par Experts qui seront nommés d'office par le même Jugement, sauf à les récuser. *Art.* 14 *du Titre* IX.

Le Jugement contiendra aussi les moyens & faits qui auront été déclarés admissibles, & n'en sera fait preuve d'aucun autre. *Art.* 14 *du Titre* IX.

Sentence par laquelle les moyens de faux sont déclarés admissibles.

Extrait des Registres de . . . .

Vu la Requête, &c. *Le vu des pieces pourra être dressé comme le précédent.* Conclusions du Procureur du Roi, & tout considéré. Nous avons les moyens de faux donnés par le demandeur contre la lettre en question, qui sont, que l'écriture du

O v

corps d'icelle a été enlevée , & qu'au lieu
de l'ancienne écriture il en a été fait de
nouvelle au-dessus de la véritable signature du demandeur , déclarés & les déclarons pertinens & admissibles , ordonnons
que la preuve sera faite d'iceux, par titres,
par témoins & par comparaison d'écritures & signatures sur les pieces de comparaison dont les parties conviendront , par
M... & N... Experts que nous avons nommés d'office , ce qui sera exécuté nonobstant & sans préjudice de l'appel.

Il faut demander au Juge l'Ordonnance
qui suit.

Ordonnance pour faire assigner les Experts,
　　pour faire le serment de procéder à la
　　vérification , & à la partie pour les voir
　　jurer & convenir de pieces de compa-
　　raison.

D E l'Ordonnance de nous... Conseiller du Roi, Lieutenant...à la requête
de A... demandeur en inscription de faux ;
Soit donné assignation à J... & N... Maîtres Ecrivains Experts nommés d'office
par notre Sentence du... à comparoir demain huit heures du matin en notre Hôtel
pour faire le serment de bien & fidelement
procéder à la vérification des pieces qui
leur seront représentées ; auquel jour ,
lieu & heure B... sera assigné pour voir

faire ledit serment, & convenir de pieces de comparaison. Fait ce...

Observer le reste de la procédure de la vérification des écritures & signatures privées, ci-dessus pag. 280 & suiv. jusques à la 293.

S'il y a charge, les Juges pourront decreter, & ordonner que les Experts seront répétés separément en leur rapport, récolés & confrontés, ainsi que les autres témoins. *Art.* 13 *du Titre* IX.

Si le demandeur succombe, il sera condamné en trois cens livres d'amende aux Cours Supérieures, cent vingt livres aux Siéges qui y ressortissent immédiatement, & aux autres soixante livres, applicable les deux tiers au Roi ou aux Seigneurs à qui il appartiendra, & l'autre à la partie, sur lesquelles seront déduites les sommes consignées; & pourront les Juges condamner en plus grande amende, s'il y échoit.

La forme de la prononciation est pareille à celle du congé faute de fournir les moyens de faux, ci-dessus page 315.

〄〄〄〄〄〄〄〄〄〄〄〄

CHAPITRE IX.

De la réception en procès ordinaire.

APRÉS la confrontation des témoins, l'accusé ne pourra plus être reçu en procès ordinaire ; mais sera prononcé définitivement sur son absolution ou sa condamnation. *Art.* 4 *du Tit.* XX *de l'Ordon. du mois d'Août* 1670.

SECTION PREMIERE.

Regles pour recevoir les parties en procès ordinaire.

S'IL paroît avant la confrontation des témoins que l'affaire ne doit pas être poursuivie criminellement, les Juges recevront les parties en procès ordinaire ; & pour cet effet ordonneront que les informations seront converties en enquêtes, & permis à l'accusé d'en faire preuve de sa part. *Art.* 3 *du Titre* XX.

Le Jugement par lequel les parties sont reçues en procès ordinaire sera ainsi.

Jugement qui reçoit les parties en procès ordinaire.

Extrait des Regiftres de . . . .

Vu les charges & informations par nous faites à la requête de A. . demandeur & complaignant, le Procureur du Roi joint, contre B . . . défendeur & accufé; decret de prife de corps décerné fur les informations contre B . . . Interrogatoire par lui fubi fur les informations; conclufions du Procureur du Roi; & tout confidéré.

Nous avons reçu les parties en procès ordinaire; ce faifant, l'information faite à la requête du demandeur convertie en enquête, & en conféquence permis au défendeur d'en faire de fa part dans . . . jours, & fera tenu le demandeur de donner au défendeur un extrait des noms, furnoms, âges, qualités & demeures des témoins ouis en l'information, pour fournir de reproches contre iceux, fi bon lui femble, fauf à reprendre l'extraordinaire s'il y écheoit. Fait...

SECTION II.

Des Enquêtes lorsque les parties ont été reçues en procès ordinaire, & ce qui se doit faire en conséquence.

1. LES Enquêtes seront faites dans les formes prescrites pour les Enquêtes. *Art. 3 du Titre XX.*

2. La forme des Enquêtes, aussi bien que toute la procédure civile qui pourra être faite, est exprimée dans le premier Tome du Stile Universel sur l'Ordon. du mois d'Avril 1667, Titre XXII.

3. Quoique les parties aient été reçues en procès ordinaire, la voie extraordinaire sera reprise si la matiere y est disposée. *Art. 5 du Titre XX.*

4. S'il paroît par les Enquêtes, & par les pieces produites par les parties, qu'il peut y avoir lieu à quelque peine corporelle, le Juge ordonnera que les témoins seront recolés en leurs dépositions, & confrontés à l'accusé, selon ce qui est dit au Chapitre suivant.

5. Les Juges, en instruisant les procès ordinaires, pourront, s'il y écheoit, décerner decret de prise de corps ou d'ajournement personnel, suivant la qualité de la preuve, & ordonner l'instruction à l'extraordinaire. *Art. 2 du Titre XX.*

Toutes les especes de decrets sont en la premiere partie, Chapitre VIII.

CHAPITRE X.

Des récolemens & confrontations des témoins.

Si l'accusation mérite d'être instruite, le Juge ordonnera que les témoins ouis ès informations, & autres qui pourront être ouis de nouveau, seront recolés en leurs dépositions, & si besoin est, confrontés à l'accusé. *Art.* 1 *du Titre* XV *de l'Ordon. du mois d'Août* 1670.

Après que les procès-verbaux, informations, & l'interrogatoire de l'accusé, auront été communiqués au Procureur du Roi, & qu'il aura donné ses conclusions, le Jugement sera en la forme qui suit.

Jugement portant que les témoins seront récolés & confrontés.

Extrait des Registres de . . . .

Vu les charges & informations par Nous faites à la requête de A... demandeur & complaignant ; le Procureur du Roi joint ; contre B... défendeur & accusé. Interrogatoire par lui subi sur les informations. Requête de B... à ce que les témoins fussent recolés & confrontés. Conclusions du Procureur du Roi : & tout considéré Nous ordonnons que les témoins ouis ès informations, & autres qui pourront être ouïs de nouveau, seront recolés en leurs dépositions, & si besoin est, confrontés à l'accusé, pour, ce fait & communiqué au Procureur du Roi, être fait droit ainsi qu'il appartiendra. Fait...

SECTION PREMIERE.

Du récolement des témoins en leurs dépositions.

Les regles pour faire le récolement des témoins qui seront confrontés aux accusés présens, sont les mêmes que celles qu'il faut observer pour le recolement qui se fait pour valoir confrontation aux accusés absens ; ces regles, ainsi que les procédures contre les témoins défaillans, sont en la Section III. du Chapitre X. de la premiere Partie.

Si l'accusé est prisonnier, l'assignation pour le recolement & confrontation se peut donner aux témoins pour comparoître le même jour ; & s'il n'est pas prisonnier, il faut que l'assignation soit donnée d'un jour à autre, même les jours de Dimanches & Fêtes.

Le recolement ne sera pas réitéré, quoiqu'il ait été fait pendant l'absence de l'accusé, & que le procès ait été instruit en différens tems, ou qu'il y ait plusieurs accusés. *Art. 6 du Titre* XV.

En procédant au recolement des Experts, les pieces de comparaison, & celles qui doivent être vérifiées, leur seront représentées. *Art.* 13 *du Titre* VIII.

Les témoins qui depuis le recolement rétracteront leurs dépositions, ou les changeront dans les circonstances essentielles, seront poursuivis & punis comme faux témoins. *Art.* 11 *du Tit.* XV.

SECTION II.

De la confrontation des témoins aux accusés.

1. LES accusés contre lesquels il y aura originairement decret de prise de corps, seront en prison pendant le tems de la confrontation, dont il sera fait mention dans la procédure, si ce n'est que par les Cours Supérieures, en jugeant les appellations, il en ait été autrement ordonné. *Art.* 12 *du Titre* XV.

2. Pour procéder à la confrontation du témoin, l'accusé sera mandé par le Juge, lequel fera prêter le serment par le témoin & par l'accusé, en présence l'un de l'autre, & les interpellera de déclarer s'ils se connoissent. *Art.* 14 *du Titre* XV.

3. Sera fait ensuite lecture des premiers articles de la déposition du témoin, contenant son nom, âge, qualité & demeure, la connoissance qu'il aura dit avoir des parties, & s'il est leur parent ou allié, serviteur ou domestique. *Art. 5 du Titre VI. Art. 15 du Titre XV.*

Cette connoissance n'est point ce qui fait partie du corps de la déposition qui doit être toute secrette jusqu'à ce que l'accusé ait fourni de reproches contre le témoin ; mais la connoissance dont il est parlé par l'Ordonnance, & dont il faut seulement faire lecture, & des premiers articles de la déposition du témoin, contenant son nom, âge, qualité & demeure, & s'il est parent ou allié, serviteur ou domestique des parties.

4. Le Juge interpellera ensuite l'accusé de fournir sur le champ ses reproches, si aucuns il y a, contre le témoin, & l'avertira qu'il n'y sera plus reçu après avoir entendu la lecture de sa déposition, dont il sera fait mention. *Art. 16 du Titre XV.*

5. Si l'accusé propose quelques reproches contre le témoin, le témoin sera enquis de la vérité des reproches ; & ce que le témoin & l'accusé diront sera écrit. *Art. 17 du Titre XV.*

6. Après que l'accusé aura fourni ses reproches ou déclaré qu'il n'en veut pas fournir, lecture lui sera faite de la déposi-

tion & du recolement du témoin , & le
Juge l'interpellera de déclarer s'ils sont
véritables , & si l'accusé est celui dont il
a entendu parler dans sa déposition &
recolement , & ce qui sera dit par le témoin & par l'accusé sera rédigé par écrit.
Art. 18 *du Titre* XV.

* 7. L'accusé ne sera plus reçu à fournir
de reproches contre le témoin, ni demander son renvoi , après qu'il aura entendu
la lecture de sa déposition.

* *Art.* 3 *du Tit.* I. *Art.* 19 *du Tit.* XV.

8. L'accusé pourra néanmoins en tout
état de cause proposer des reproches ,
s'ils sont justifiés par écrit. *Article* 20 *du
Titre* XV.

9. Les confrontations seront écrites dans
un cahier séparé, & chacune en particulier paraphée & signée du Juge dans
toutes les pages , par l'accusé & par le
témoin , s'ils sçavent ou veulent signer ,
sinon sera fait mention de la cause de leur
refus. *Art.* 13 *du Titre* XV.

La confrontation , selon les regles ci-
dessus , sera en la forme qui suit.

Confrontation.

CONFRONTATION faite par Nous M...
Conseiller du Roi, Lieutenant Criminel en la Sénéchaussée de... à la requête
de A... demandeur & complaignant, le
Procureur du Roi joint , contre B... pri-

fonnier ès prifons de cette Cour, des témoins ouis en l'information par Nous
faite le ... & ce en exécution de notre
Sentence du ... à laquelle confrontation
avons procédé, ainfi qu'il enfuit.

Du... jour de...

A été amené devant Nous par le Geolier
des prifons B... accufé, auquel avons confronté D ... troifieme témoin de l'information, & après ferment par eux fait de
dire vérité, & interpellés de dire s'ils fe
connoiffent, ont dit qu'ils fe connoiffent,
ou l'accufé a dit ne connoître le témoin,
& le témoin a dit qu'il connoît bien l'accufé, *ou*, l'accufé & le témoin ont dit
qu'ils ne fe connoiffent pas.

Après quoi nous avons fait faire lecture
par notre Greffier des premiers articles
de la dépofition du témoin, contenant fon
nom, âge, qualité & demeure, & fa déclaration, qu'il n'eft parent, allié, ferviteur ni domeftique des parties; & interpellé l'accufé de fournir préfentement de
reproches contre le temoin, finon & à
faute de ce faire, qu'il n'y fera plus reçu,
après que lecture lui aura été faite de fa
dépofition & recolement, fuivant l'Ordonnance que lui avons donné à entendre.

L'accufé a dit qu'il n'a aucuns reproches
à fournir contre le témoin, *ou*, l'accufé
a dit pour reproches que le témoin a été

banni hors du Royaume par Arrêt du...
Exprimer ainsi les reproches, suivant les re-
gles qui se voient dans le premier tome du
Stile Universel sur l'Ordonnance du mois
d'Avril 1667, Titre 23.

Le témoin a dit que les reproches sont
véritables, *ou*, qu'ils ne sont pas véritables.

Ce fait, avons fait faire lecture de la
déposition & recolement du témoin en
présence de l'accusé, lequel témoin a dit
que sa déposition est véritable, & l'a ainsi
soutenu à l'accusé; & que c'est de l'accusé
présent qu'il a entendu parler par sa déposition & recolement, & y a persisté.

Et l'accusé a dit... *Il faut en cet endroit*
écrire ce que l'accusé dira contre la dépo-
sition du témoin, & ce que le témoin vou-
dra répliquer.

Lecture faite à l'accusé & au témoin de
la présente confrontation, ils y ont persisté chacun à leur égard, & ont signé,
ou, déclaré ne sçavoir écrire ni signer, de
ce enquis.

SECTION III.

Des interpellations que l'accusé peut faire
au témoin lors de la confrontation.

Sɪ l'accusé remarque dans la déposition
du témoin quelque contrariété ou quelque circonstance qui puisse éclaircir le fait

& justifier son innocence, il pourra requérir le Juge d'interpeller le témoin de
les reconnoître, sans pouvoir lui-même
faire l'interpellation au témoin, & seront
les interpellations, reconnoissances & réponses, aussi rédigées par écrit. *Art. 22 du
Titre XV.* La réquisition de l'accusé, &
l'interpellation du Juge au témoin, pourront être ainsi.

Réquisition de l'accusé au Juge, & l'inter-pellation du Juge au témoin.

Ce fait, avons fait faire lecture de la déposition & recolement du témoin en présence de l'accusé, lequel, après l'avoir
oui, a dit... & nous a supplié d'interpeller le témoin de déclarer s'il n'est pas vrai
que...

Suivant lequel réquisitoire avons interpellé le témoin de dire...

Et par le témoin a été dit qu'il reconnoît
de bonne foi que...

Et par l'accusé a été dit...

Lecture faite à l'accusé & au témoin
de la présente confrontation, y ont persisté, &c.

SECTION IV.
De la confrontation littérale.

Si le témoin qui a été recolé est décédé
ou mort civilement pendant la contumace, sa déposition subsistera, & il en sera

fait confrontation littérale à l'accusé dans les formes prescrites pour la confrontation des témoins, & n'auront en ce cas les Juges aucun égard aux reproches, s'ils ne sont justifiés par pieces. *Article* 22 *du Titre* XVII.

Le même aura lieu à l'égard des témoins qui ne pourront être confrontés à cause d'une longue absence, d'une condamnation aux Galeres ou bannissement à tems, ou quelqu'autre empêchement légitime, pendant le tems de la contumace. *Art.* 23 *du Titre* XV.

Le Jugement qui ordonne la confrontation littérale sera en ces termes.

Jugement portant qu'il sera fait confrontation littérale à l'accusé.

Extrait des Registres de . . . .

Vu l'information, &c... Nous ordonnons que les dépositions de... témoins ouis en l'information & qui sont décédés, feront lues & publiées à l'accusé, & avant la publication d'icelles sera tenu de proposer & justifier par pieces les reproches, si aucuns il a contre lesdits témoins, autrement il n'y sera plus reçu suivant l'Ordonnance; pour ce fait & communiqué au Procureur du Roi, & par Nous vu, être fait droit ainsi qu'il appartiendra.

Confrontation littérale.

CONFRONTATION faite par Nous M....
Conseiller du Roi, Lieutenant Criminel, &c.

Du .... jour de ....

A été amené devant Nous par le Geolier des prisons B ... accusé, lequel, après serment par lui fait de dire vérité, avons interpellé de déclarer s'il connoissoit défunt C ....

L'accusé a dit qu'il connoissoit ledit défunt C ... *ou*, qu'il ne le connoissoit pas.

Après quoi avons fait faire lecture par notre Greffier des premiers articles de la déposition de défunt C ... en l'information par Nous faite à la requête de A ... le ... contenant son nom, âge, qualité & demeure, & sa déclaration qu'il n'est parent, allié, serviteur ni domestique des parties, & qu'il connoissoit l'accusé, *ou au contraire*; & interpellé l'accusé de fournir présentement de reproches contre le défunt C ... lesquels l'accusé sera tenu de justifier par pieces; sinon & à faute de ce faire, qu'il n'y sera plus reçu, après que lecture lui aura été faite de sa déposition & recolement, suivant l'Ordonnance que lui avons donné à entendre.

L'accusé a dit pour reproches que le témoin

témoin a été condamné aux galeres par Sentence du . . . confirmée par Arrêt du ... ce qui a été exécuté, & ledit C . . . ayant été mis à la chaîne est décédé dans le service le . . . ainsi que l'accusé offre de justifier par la Sentence & l'Arrêt ci-dessus datés, & par le certificat du sieur Z . . . . Capitaine des galeres, du . . .

Ce fait, avons fait faire lecture de la déposition & recolement de défunt C . . . en présence de l'accusé, lequel, après l'avoir ouïe, a dit.

Lecture faite à l'accusé de la présente confrontation, y a persisté & a signé, *ou*, déclaré ne sçavoir écrire ne signer de ce enquis.

SECTION V.

De la confrontation aux accusés sur leurs Interrogatoires.

LES confrontations des accusés les uns aux autres seront faites de la même maniere que celles des témoins aux accusés. *Art.* 23 *du Titre XV.*

Jugement portant que les accusés seront recolés en leurs interrogatoires, & confrontés les uns aux autres.

Extrait des Registres de . . . . .

VU les charges & informations, &c. Nous ordonnons que lesdits B.. & F.. accusés, seront recolés en leurs interrogatoires & confrontés l'un à l'autre, pour, ce fait & communiqué au Procureur du Roi, être ordonné ce qu'il appartiendra.

Il faut faire lecture aux accusés séparément de leurs interrogatoires, comme aux témoins de leurs dépositions, dont le Juge dressera Procès-verbal en la forme du recolement ci-dessus, page 328, après quoi la confrontation des accusés se fera ainsi.

Confrontation des accusés les uns aux autres.

CONFRONTATION faite par Nous, &c.

Du .... jour de ....

Ont été amenés devant Nous par le Geolier des prisons B ... & F ..., accusés, auquel B ... avons confronté ledit F ... & après serment par eux fait de dire vérité, ont dit qu'ils se connoissent, *ou*, qu'ils ne se connoissent pas.

Après quoi avons fait faire lecture par notre Greffier, du nom & surnom, âge, qualité & demeure de F ... insérés en l'interrogatoire qu'il a subi pardevant Nous sur les charges & informations contre lui faites à la requête de A, ..., & interpellé B ....de fournir présentement de reproches contre F ... sinon & à faute de ce faire l'avons averti qu'il n'y sera plus reçu après que lecture lui aura été faite de son interrogatoire & recolement, suivant l'Ordonnance que lui avons donné à entendre.

B... a dit, *&c. comme à la confrontation des témoins aux accusés, ci-deſſus, p. 329.*

Il faut faire lecture de l'interrogatoire & recolement de l'accuſé, de même que l'on fait des dépoſitions des témoins, & de leur recolement.

Avons confronté audit F... ledit B... & après serment par eux fait de dire vérité, ont dit, &c.

Après quoi avons fait faire lecture par notre Greffier du nom & surnom, âge, qualité & demeure dudit B... &c. *comme ci-deſſus.*

SECTION VI.

De la confrontation des Experts qui ont dépoſé ſur une inſcription de faux.

EN procédant à la confrontation, les pieces de comparaiſon, & celles qui devront être vérifiées, ſeront repréſentées aux Experts & aux accuſés. *Art. 13 du Titre VIII.*

Confrontation des Experts aux accuſés.

CONFRONTATION faite par Nous, &c.

P. ij

Du . . . , jour de . . . .

A été amené devant Nous par le Geolier des prisons ledit B . . . accusé, auquel avons confronté I . . . , Maître Ecrivain, premier témoin de ladite confrontation, & après serment par eux fait de dire vérité, & interpellés de déclarer s'ils se connoissoient, ont dit... *comme à la confrontation ci-dessus, pages* 329, 330 *jusqu'à ces mots.*

Ce fait, avons fait faire lecture de la déposition & recolement du témoin en présence de l'accusé, & avons représenté au témoin un mémoire commençant par ces mots, *Ordre qu'il faut observer, &c.* de la vérification duquel il s'agit; comme aussi lui avons représenté la minute d'un contrat passé pardevant F . . . & N . . . Notaires à . . . le . . . jour de . . . signé B . . . F . . . N . . . , & un billet commençant par ces mots, *Il me seroit impossible de vous dire, &c.* qui sont les pieces de comparaison, pour servir à la vérification dudit mémoire, lequel témoin, après avoir vu & tenu le mémoire à vérifier, & lesdites pieces de comparaison, a dit que c'est de ce même mémoire & des pieces représentées dont il a entendu parler par sa déposition, qu'il a soutenu véritable, & y a persisté.

Après quoi avons représenté à l'accusé le mémoire & les pieces de comparaison, lequel, après les avoir vues & considérées autant qu'il a voulu, a dit . . . .

Et par le témoin a été dit que sa déposition est véritable, & l'a ainsi soutenu à l'accusé.

Lecture faite à l'accusé & au témoin de la présente confrontation, &c. *comme ci-dessus, page* 331.

SECTION VII.

De la confrontation aux muets ou sourds.

S I le sourd ou muet ne sçait ou ne veut écrire ou signer, le Curateur qui lui aura été nommé d'office par le Juge, répondra en sa présence, & fournira de reproches contre les témoins. *Article* 5 *du Titre* VIII.

Voir l'interrogatoire d'un muet & sourd qui contient nomination du Curateur.

Le muet ou sourd qui sçaura écrire, pourra écrire & signer toutes ses réponses, dires & reproches contre les témoins, qui seront encore signés du Curateur, comme à l'interrogatoire du muet ou sourd, ci-dessus, page 262. *Article* 4 *du Titre* XVIII.

La forme de la confrontation des témoins aux muets & sourds est pareille à celle qui se fait aux autres accusés ci-dessus, excepté qu'il y doit être fait mention de l'assistance de son Curateur, à peine

de nullité, & des dépens, dommages &
intérêts des parties contre le Juge. *Art.* 6
du Titre XVIII.

Confrontation au muet ou sourd.

CONFRONTATION faite par Nous, &c.

Du .... jour de ....

A été amené devant Nous par le Geolier des prisons B ... accusé, assisté de L....
son Curateur, auquel avons confronté
D... premier témoin de ladite information,
& après serment fait par L. ... Curateur,
& par D ... témoin, de dire vérité, & interpellés de déclarer s'ils se connoissent,
ledit L ... a dit ... comme aux autres confrontations.

SECTION VIII.

De la confrontation à ceux qui refusent de
répondre.

SI l'accusé a subi l'interrogatoire, &
qu'il refuse de répondre à la confrontation ou autres procédures faites en sa
présence, il faut lors de la confrontation,
ou de ces autres procédures, lui faire les
trois interpellations, si elles n'ont pas été
faites en la forme exprimée ci-dessus,
page 333.

Si l'accusé persiste en son refus de ré-

pondre, le Juge doit continuer l'instruction du procès, sans qu'il soit nécessaire
de l'ordonner, & sera fait mention dans
toutes les procédures faites en la présence
de l'accusé, qu'il n'a voulu répondre, à
peine de nullité des actes où mention n'en
aura été faite, & des dépens, dommages
& intérêts de la partie contre le Juge
Art. 9 du Titre XVIII.

Confrontation à celui qui refuse de répondre.

CONFRONTATION faite par Nous, &c.

Du .... jour de ....

A été amené devant Nous ledit B ....
accusé, auquel avons confronté D ....
troisième témoin de ladite information,
& interpellé l'accusé de faire le serment
de dire vérité, & de déclarer s'il connoît
le témoin.

L'accusé n'a voulu faire le serment ni
répondre.

Avons reçu le serment fait par le témoin de dire vérité, ce fait, a dit qu'il
connoît l'accusé ; après quoi avons fait
faire lecture par notre Greffier des premiers articles de la déposition du témoin,
contenant son nom, âge, qualité & demeure, & sa déclaration, qu'il n'est parent,
allié, serviteur ni domestique des parties,
& avons interpellé l'accusé de fournir

préfentement de reproches contre le témoin, finon & à faute de ce faire l'avons
averti qu'il n'y fera plus reçu, après que lecture lui aura été faite de fa dépofition &
recolement, fuivant l'Ordonnance que lui
avons donné à entendre.

L'accufé n'a voulu parler.

Ce fait avons fait faire lecture de la dépofition & recolement du témoin en préfence de l'accufé, lequel témoin a foutenu
fa dépofition véritable, & que c'eft de
l'accufé préfent dont il a entendu parler
par icelle.

L'accufé n'a rien dit.

Lecture faite à l'accufé & au témoin de
la préfente confrontation, l'accufé n'a rien
dit, & l'accufé n'a voulu figner, de ce
interpellé fuivant l'Ordonnance.

SECTION IX.

De la confrontation aux Syndics & Dé-
putés ou Curateurs des Communautés,
des Villes, Bourgs & Villages, Corps
& Compagnies.

LE Syndic, Député, ou Curateur des
Communautés, des Villes, Bourgs &
Villages, Corps & Compagnies, fubira
la confrontation des témoins, & fera employé dans toutes les procédures en la
même qualité, & non dans le difpofitif
du Jugement qui fera rendu feulement

contre les Communautés, Corps & Compagnies, *Art. 1 du Titre XXI.*

Les confrontations se feront de même qu'aux autres accusés.

SECTION X.

De la confrontation aux Curateurs nommés aux cadavres, ou à la mémoire des défunts.

LA confrontation des témoins aux Curateurs nommés aux cadavres, ou à la mémoire des défunts, se fera en la même maniere que celles ci-dessus, & les noms de ces Curateurs seront compris dans toutes les procédures ; mais la condamnation sera rendue contre le cadavre ou la mémoire seulement. *Article 3 du Titre* XXII.

Voir l'interrogatoire à ces Curateurs, page 275.

SECTION XI.

De la confrontation aux Etrangers qui n'entendent pas la Langue Françoise.

LA confrontation des témoins à l'Etranger qui n'entend pas la Langue Françoise, se fera en présence de l'Interprete, qui expliquera à l'accusé les interpellations du Juge, & au Juge les réponses de l'accufé, comme à l'interrogatoire de l'Etranger ci-deſſus, page 257.

SECTION XII.

Supplément aux confrontations.

Sɪ lors de la confrontation l'on avoit omis de repréſenter à l'accuſé quelques habits ou armes apportées au Greffe ſervans à conviction, dont les témoins ayent parlé par leurs dépoſitions, la repréſentation de ces armes, habits ou autres choſes, pourra être faite aux accuſés en la maniere ſuivante, qui eſt auſſi une eſpece de confrontation.

Procès-verbal de repréſentation aux accuſés des armes, habits, ou autres choſes ſervans à conviction.

L'AN... Nous M... Conſeiller du Roi, Lieutenant Criminel en la Sénéchauſſée de.... Nous ſommes tranſportés en la Conciergerie de ce Siege, & étant en la chambre du Geolier ſituée entre les deux guichets, y avons fait amener par le Geolier, B... accuſé, priſonnier; auquel lieu eſt comparu D... premier témoin oui en l'information par Nous faite à la requête de A... contre B... accuſé, leſquels D... & B... étant en préſence l'un de l'autre, ont fait le ſerment de dire vérité. Ce fait, leur avons repréfenté une baïonnette garnie d'ivoire, marquée... lequel D.... l'ayant confidérée, a dit que c'eft de cette baïonnette dont il a parlé par fa dépofition, que l'accufé préfent a achetée du nommé... & l'a ainfi foutenu à l'accufé, & l'accufé après avoir auffi vu & confidéré la baïonnette, a dit... & ont lefdits D.... & B... figné; après quoi la baïonnette a été par Nous remife entre les mains de notre Greffier, & l'accufé a été ramené dans la prifon par le Geolier. Fait les jour & an que deffus.

Si la forme de cet Acte paroît extraordinaire, l'on peut ordonner qu'il fera fait une nouvelle confrontation, lors de laquelle la piece fera repréfentée au témoin & à l'accufé; ce qui eft également bon.

CHAPITRE XI.

Des Requêtes qui peuvent être données par les parties civiles & par les accufés.

LES parties civiles & les accufés peuvent donner des Requêtes felon les befoins qu'elles en ont: les motifs les plus ordinaires de ces fortes de Requêtes font, 1. Si l'accufateur differe de produire les témoins pour être recolés & confrontés à l'accusé, l'accusé pourra demander à être déchargé de l'accusation avec dépens, dommages & intérêts. 2. Si l'accusateur ne met pas le procès en état d'être jugé après le recolement & la confrontation, l'accusé demandera aussi sa décharge, ou qu'il lui soit permis d'avancer les frais nécessaires, dont il lui sera délivré exécutoire contre la partie civile. 3. Pour l'intérêt civil de l'accusateur, à l'effet d'établir les raisons & les preuves qu'il aura pour justifier ses dommages & intérêts. 4. De l'accusé pour se défendre.

SECTION PREMIERE.

Si la partie civile diffère de produire les témoins pour être recolés & confrontés.

Si la partie civile ne fait pas recoler & confronter les témoins, l'accusé pourra présenter la Requête qui suit.

Requête de l'accusé à fin d'être relaxé.

A Monsieur le Lieutenant Criminel.

SUPPLIE humblement B.... disant qu'ayant été emprisonné en vertu du decret par Vous décerné sur les charges & informations contre lui faites à la requête de A... le Suppliant a subi l'interrogatoire depuis... jours, & comme il est injustement accusé, ledit A... ne veut point lui faire confronter les témoins qui ont déposé, de peur de faire connoître son innocence.

Ce considéré, MONSIEUR, il vous plaise, faute par A ... d'avoir fait recoler & confronter les témoins au Suppliant, ordonner qu'il sera déchargé & envoyé absous de la calomnieuse accusation de A ... que l'écroue de son emprisonnement sera rayé & biffé, avec réparation, dépens, dommages & intérêts, & en conséquence qu'il sera relaxé & mis hors des prisons, à ce faire le Geolier contraint par corps, ce faisant déchargé; & vous ferez bien.

Il sera mis sur cette Requête, *soit montré au Procureur du Roi.*

Sur les Conclusions du Procureur du Roi, le Jugement sera ainsi.

Jugement portant délai à la partie civile de faire recoler & confronter les témoins.

Extrait des Registres de ....

Vu l'information faite à la requête de A ... contre B ... Requête de B ... à ce que .... Conclusions du Procureur du Roi, & tout considéré, Nous ordonnons que dans ... jours A ... sera tenu de faire recoler & confronter à B ... les témoins ouis en l'information, sinon sera fait droit sur ladite Requête.

Si la partie civile par intelligence avec l'accusé, ou pour lui faire souffrir long-tems la prison, differe d'affigner les témoins pour être recolés & confrontés, le Procureur du Roi peut requerir que dans un tems la partie civile fera tenue de faire venir les témoins, finon qu'ils feront affignés à la Requête du Procureur du Roi, & fur fes Conclufions, le Jugement pourra être ainfi.

Jugement portant que la partie civile fera tenue de faire venir les témoins pour être recolés & confrontés.

Nous ordonnons que dans . . . . ledit A . . . . fera tenu de faire recoler & confronter à B... les témoins ouis en l'information ; finon & à faute de ce faire dans ledit tems, & icelui paffé, lefdits témoins feront affignés à cet effet à la Requête & diligence du Procureur du Roi , aux frais de A . . . .

Si la partie civile ne fatisfait pas dans le tems prefcrit par le Jugement, le Juge ordonnera que la partie civile confignera au Greffe une fomme convenable pour faire venir les témoins , eu égard au nombre des témoins , & à la diftance des lieux de leur demeure.

S'il n'y a pas lieu de retenir l'accufé pendant l'inftruction du procès, le Jugement qui fuit pourra être donné.

*Jugement portant que l'accusé sera relaxé à
sa caution juratoire de se représenter.*

Nous ordonnons que B... sera relaxé
& mis hors des prisons à sa caution
juratoire de se représenter à toutes assignations, quand il sera par Justice ordonné.

Autre Jugement.

Nous ordonnons que B... aura provision de sa personne dans la Ville &
Fauxbourgs de... lui faisons défenses d'en
désemparer, à peine d'être déclaré duement atteint & convaincu des cas à lui
imposés, & à la charge de se représenter
à toutes assignations qui lui seront données,
& d'élire domicile à cet effet.

SECTION II.

*Procédures pour contraindre la partie civile
à mettre le procès en état de juger lorsque
la confrontation est faite.*

Si la partie civile ne met pas le procès
en état de juger, après la confrontation faite, l'accusé peut donner la Requête
qui suit.

Requête de l'accusé contre la partie civile.

A Monsieur le Lieutenant Criminel.

SUPPLIE humblement B.... difant que depuis ... jours il a fubi la confrontation aux témoins de l'information coutre lui faite, à la requête de A ... lequel néglige de mettre le procès en état ; cependant le Suppliant eft toujours détenu prifonnier.

Ce confidéré, MONSIEUR, il vous plaife, faute par A... de mettre le procès en état d'être jugé, permettre au Suppliant de lever les grofles d'interrogatoire, recolement & confrontation, & d'avancer les frais qu'il conviendra , dont il lui fera délivré exécutoire contre A .... & vous ferez bien.

L'Ordonnance fur cette Requête doit être mife ainfi.

Ordonnance.

VIENNENT les parties. Fait ce....

Il faut faire fignifier cette Requête au Procureur de ... à la partie civile, avec un acte pour venir plaider ; & après que la caufe aura été plaidée, faire fignifier les qualités, & les donner au Greffier pour expédier la Sentence, le tout en la forme exprimée au Stile Univerfel Civil.

Sentence portant que la partie civile mettra
le procès en état de juger.

Extrait des Regiſtres de . . . .

Entre B... demandeur en Requête du...
d'une part, & A... défendeur d'autre,
après que T... Procureur du demandeur ,
& Y... pour le défendeur ; enſemble O...
pour le Procureur du Roi, ont été ouis :
Nous ordonnons que dans . . . pour tout
délai , à compter du jour de la ſignification
de la préſente Sentence à perſonne ou domicile de A . . . il ſera tenu de mettre le
procès en état de juger ; autrement, & à
faute de ce faire dans ledit tems, & icelui
paſſé, ſans qu'il ſoit beſoin d'autre que la
préſente Sentence, avons permis audit B...
de lever les groſſes d'interrogatoire, recolement & confrontation, à ſes frais,
dont il lui ſera délivré exécutoire contre
A . . . .

L'accuſé peut auſſi demander à être relaxé , faute de mettre le procès en état,
ou de le juger.

SECTION III.

Des Requêtes reſpectives des Parties.

Sa Majeſté a abrogé les appointemens
à ouir droit, & de produire , donner
des défenſes par atténuation, cauſes &

moyens de nullité, réponses, fournir de moyens d'obreption, & d'en informer, & tous autres appointemens, & l'usage de fournir des conclusions civiles, défenses, avertissemens, inventaires, contredits, causes & moyens de nullité, d'appel, griefs & réponses, commandemens & forclusions de produire & contredire. *Art.* 12 *du Titre* XXIII.

Les parties civiles peuvent néanmoins présenter leur Requête, & y attacher les pieces que bon leur semblera. *Art.* 3 *du Titre* XXIII.

La Requête de la partie civile se donne au lieu des Conclusions civiles abrogées par l'Ordonnance; la partie civile ne peut conclure à aucune peine afflictive, mais peut seulement demander des dommages & intérêts contre l'accusé.

Requête de la partie civile.

'A Monsieur le Lieutenant Criminel.

SUPPLIE humblement A... disant que pour raison de l'assassinat commis en sa personne par B... vous avez informé du contenu en la plainte du Suppliant, & décrété prise de corps contre B... lequel ayant été interrogé, & les témoins recolés & confrontés, le Suppliant estime que les preuves du crime dont il s'agit sont suffisamment établies. *Il faut exprimer les*

moyens & les raisons que l'on a de deman-
der les dommages & intérêts contre l'accusé.

Ce confidéré, Monsieur, il vous
plaife déclarer B... duement atteint &
convaincu d'avoir affaffiné le Suppliant,
& autres cas mentionnés au procès, pour
réparation defquels le condamner en ...
livres d'intérêts civils envers le Suppliant,
& aux dépens du procès, fauf à Monfieur
le Procureur du Roi à prendre telles autres conclufions qu'il avifera pour l'intérêt
de Sa Majefté & du public ; donner acte au
Suppliant de ce que pour juftifier les faits
contenus en la préfente Requête, il produit & emploie.... pieces. La premiere
eft... *Il faut inventorier fommairement les*
pieces que l'on produit.

Le Juge met au bas de cette Requête
l'Ordonnance qui fuit.

Ordonnance.

Acte de l'emploi, foient la préfente Requête & pieces communiquées, &
d'icelles donné copies pour en jugeant y
être fait droit, & foit fignifié fans retar-
dation. Fait ce....

Il faut donner à l'accufé copie de cette
Requête, & des pieces qui y feront jointes : autrement la Requête & les pieces
feront rejettées. *Art. 3 du Titre* XXIII.

L'accufé pourra y répondre par Requête.

Requête contenant les défenses de l'accusé.

À Monsieur le Lieutenant Criminel.

SUPPLIE humblement B ... prisonnier, difant qu'encore qu'il foit innocent du crime dont il eſt accuſé par A ... le procès lui a été extraordinairement fait & parfait par interrogatoire, recolement & confrontation de témoins, pendant lequel procès il a toujours été détenu ... *L'accuſé peut exprimer.* 1. *Les moyens qu'il a pour faire connoître ſon innocence.* 2. *Tirer les inductions de pieces qu'il joindra à ſa Requête.* 3. *Répondre à celles que la partie civile a tirées par la ſienne.* 4. *Contredire la perſonne des témoins qui ont été récuſés lors de la confrontation pour le fait qui a été ſpécifié, l'accuſé en peut répondre & expliquer les moyens pour affoiblir leur témoignage.* 5. *Contredire la dépoſition des témoins en faiſant voir qu'ils ſe contrediſent dans leurs dépoſitions, & qu'il n'y avoit ni poſſibilité ni convenance dans les faits ſur leſquels ils ont dépoſé.* 6. *Amoindrir le crime par des circonſtances qui ſeront expliquées, ce qui ſervira à diminuer la peine, &c.*

Ce conſidéré, MONSIEUR, il Vous plaiſe décharger le Suppliant de la calomnieuſe accuſation de A ... le condamner envers le Suppliant en telle réparation d'honneur qu'il appartiendra avec dépens, dommages & intérêts ; & en conſéquence ordonner qu'il sera relaxé & mis hors des prisons ; à ce faire, le Geolier contraint par corps, ce faisant déchargé ; que l'écroue de sa personne étant sur le Registre de la Geole, sera rayé & biffé, à côté duquel il sera fait mention de la Sentence qui interviendra, & pour la justification du contenu en la présente Requête, produit & employé .... *comme à la Requête de la partie civile.*

Il faut aussi signifier & donner copie à la partie civile de cette Requête, & des pieces qui y seront attachées. *Art. 3 du Titre* XXIII.

Le Jugement du procès ne pourra être retardé, faute par la partie civile & par l'accusé de faire signifier leurs Requêtes & pieces, ce qui aura pareillement lieu en cause d'appel, qui sera jugé sur ce qui aura été produit devant le Juge des lieux, *Art. 3 du Titre* XXIII.

❧❧❧❧❧❧❧❧❧❧❧❧❧❧❧❧❧❧❧

CHAPITRE XII.

Des Conclusions définitives des Procureurs du Roi, ou de ceux des Justices Seigneuriales.

APRÉS que le recolement & la confrontation auront été parachevés, les Procureurs du Roi ou ceux des Seigneurs prendront communication du procès, pour y donner leurs conclusions définitives, ce qu'ils seront tenus de faire incessamment. *Art. 3 du Titre* XXIV. *de l'Ordonnance du mois d'Août* 1670.

Il faut joindre au procès les Requêtes & pieces des parties civiles, & celles qui auront été données par les accusés.

Les conclusions seront données par écrit & cachetées, & ne contiendront les raisons sur lesquelles elles seront fondées. *Art. 3 du Titre* XXIV.

Lorsque les conclusions sont à la décharge de l'accusé, le Procureur du Roi les commence ainsi.

Je n'empêche pour le Roi, &c.

Et si les conclusions sont à ce que l'accusé soit condamné, elles seront en ces termes.

Je requiers pour le Roi, &c.

Cette différence se voit par la forme des conclusions qui suivent.

Conclusions définitives à fin de décharge de l'accusation.

Vu les charges & confrontations faites à la requête de A ... demandeur & accusateur, contre B... prisonnier, défendeur & accusé le... Decret de prise de corps décerné contre l'accusé sur les informations le.... Interrogatoire de l'accusé du...

contenant ses reconnoissances, confessions
& dénégations, recolement des témoins
en leurs dépositions, & confrontation d'i-
ceux faite à l'accusé les ... Requête de A...
à ce que l'accusé fût déclaré duement atteint & convaincu, &c. Requête de l'accusé à ce qu'il fût déchargé , &c. *Il faut*
ainsi faire mention de toutes les pieces du
procès.

Je n'empêche pour le Roi que B.... soit
déchargé & renvoyé absous de l'accusation , que A ... soit condamné à ... & en
conséquence ordonné que l'accusé sera
relaxé & mis hors des prisons, l'écroue
de son emprisonnement rayé & biffé , à
côté duquel sera fait mention de la Sentence qui interviendra.

Autres Conclusions.

V u les charges & informations, &c.

Je n'empêche pour le Roi qu'il soit par
vous fait droit aux parties , ainsi qu'il appartiendra par raison.

Conclusions à ce que l'accusé soit reçu en
ses faits justificatifs.

V u les charges & informations , &c.

Je n'empêche pour le Roi que l'accusé soit reçu à nommer témoins pour la

preuve des faits justificatifs, & de reproches par lui allégués au procès, pour iceux,
si aucuns sont par lui nommés, être ouis
d'office à ma requête.

Conclusions à mort.

V u les charges & informations, &c.

Je requiers pour le Roi l'accusé être déclaré duement atteint & convaincu de...
pour réparation de quoi, qu'il soit condamné à être pendu & étranglé jusqu'à ce
que mort s'ensuive à une potence qui pour
cet effet sera plantée en la place publique
de ... ordonné que son corps mort y demeurera vingt-quatre heures, & sera ensuite porté aux fourches patibulaires. Que
tous & chacuns ses biens soient déclarés
acquis & confisqués à qui il appartiendra,
& que sur iceux il soit pris la somme de...
livres d'amende envers le Roi, en cas que
confiscation n'ait lieu au profit de Sa Majesté; l'accusé préalablement appliqué à la
question ordinaire & extraordinaire.

L'on peut voir par les regles ci-dessus,
& par les prononciations des Sentences
qui sont au Chapitre quinziéme, de quelle
maniere toutes les autres conclusions
pourront être formées.

CHAPITRE

CHAPITRE XIII.

De la Visite des Procès.

1. IL faut, avant la visite du Procès, examiner s'il n'y a point de nullité dans la procédure, & si toutes les regles prescrites par l'Ordonnance y ont été observées.

2. On juge les reproches avant que d'opiner : l'un des Conseillers tient les informations ; & lorsqu'il a lû le nom des témoins, un autre des Conseillers qui a en main le recolement, lit ce que le témoin a ajouté ou changé en sa déposition, & ensuite l'on prend la confrontation, & on lit les reproches de l'accusé contre le témoin. Après que les reproches ont été lus, le Président qui écrit les noms des témoins & le sommaire des reproches, avant que de faire lire la déposition, fait opiner ceux qui assistent au rapport l'un après l'autre, si les reproches sont valables ou non ; s'ils sont jugés pertinens, il n'est point nécessaire de voir la déposition du témoin, ni entrer en considération de ce qu'il peut avoir ajouté par son recolement ; que si les reproches sont jugés impertinens, on procede à la lecture de la déposition & recolement ; & de cette maniere l'on juge

tous les reproches avant que d'opiner
pour voir combien il demeure de témoins
non valablement reprochés, sur la déposition desquels on puisse asseoir jugement
de décharge ou de condamnation de l'accusé.

3. Les Ecclésiastiques, les Gentilshommes & les Secrétaires du Roi pourront
demander en tout état de cause d'être jugés, toute la Grand'Chambre du Parlement, où le Procès sera pendant, assemblée, pourvû toutefois que les opinions
ne soient pas commencées: s'ils ont requis
d'être jugés à la Grand'Chambre, ils n'y
pourront demander d'être renvoyés à la
Tournelle, ce qui aura lieu à l'égard des
Officiers de Justice, dont les Procès Criminels ont accoutumé d'être jugés aux
Grandes Chambres des Parlemens. *Art.* 2
du Titre I. *de l'Ord. du mois d'Août* 1670.

4. Le Greffier écrira toutes les opinions qui doivent être tenues secrettes.

5. Les avis des Officiers titulaires, ho-
noraires ou vétérans, qui se trouvent parens ou alliés aux dégrés de pere & fils,
oncle & neveu, de beau-pere, gendre &
beau-frere, ne seront comptés que pour
un, quand ils se trouveront uniformes, à
peine de nullité des Jugemens & Arrêts.
Edit du mois de Janvier 1681.

6. Les Procureurs du Roi, & ceux des
Justices Seigneuriales, ne peuvent assister

à la visite ou au Jugement des Procès, ni y donner des Conclusions de vive voix, dont Sa Majesté a abrogé l'usage. *Art.* 2 *du Titre* XXIV.

7. S'il est ordonné que les témoins seront recolés & confrontés, la déposition de ceux qui n'auront été confrontés ne fera point de preuve, s'ils ne font décédés pendant la contumace. *Art.* 8 *du Titre* XV.

8. Dans les crimes esquels il écheoit peine afflictive, les Juges pourront ordonner le recolement de la confrontation des témoins qui n'aura été faite, si leurs dépositions font charge considérable. *Art.* 9 *du Titre* XV.

9. Dans la visitation du Procès, il fera fait lecture de la déposition des témoins qui vont à la décharge de l'accusé, quoiqu'ils n'aient été recolés ni confrontés, pour y avoir égard par les Juges. *Art.* 10 *du Titre* XV.

10. La déposition des témoins décédés avant le recolement fera rejettée, & ne fera point lue lors de la visite du Procès, si ce n'est qu'elle aille à la décharge, auquel cas leur déposition fera lue. *Art.* 21 *du Titre* XVII.

11. Sa Majesté fait défenses aux Juges d'avoir égard aux déclarations faites par les témoins depuis l'information; lesquelles Sa Majesté a déclaré nulles, & veut

qu'elles soient rejettées du Procès, &
néanmoins que le témoin qui l'aura faite,
& la partie qui l'aura produite, soient
condamnés chacun en quatre cens livres
d'amende envers Sa Majesté, & autre plus
grande peine, s'il y écheoit. *Art.* 21 *du
Titre* XV.

12. S'il est ordonné que les témoins
seront ouis une seconde fois, ou le Procès
fait de nouveau à cause de quelque nullité
dans la procédure, le Juge qui l'aura com-
mise sera condamné d'en faire les frais,
& payer les vacations de celui qui y procédera, & encore les dépens, dommages
& intérêts de toutes les parties. *Art.* 24
du Titre XV.

13. Les Juges n'auront aucun égard aux
reproches contre les témoins qui ont été
recolés, ou qui sont décédés ou morts civilement pendant la contumace, ou qui
ne pourront être confrontés à cause d'une
longue absence, condamnation aux galeres, ou bannissement à tems, ou quelqu'autre empêchement légitime pendant
le tems de la contumace, si ces reproches
ne sont justifiés par pieces. *Art.* 22, 23
du Titre XVIII.

CHAPITRE XIV.

Des Faits justificatifs.

LES faits justificatifs les plus pertinens sont, 1. L'aggreffion de la partie civile. 2. Un *alibi*, si la distance des lieux est telle, qu'au même tems l'accusé n'ait pû aller au lieu du délit, ni en revenir. 3. La réconciliation, &c.

1. Sa Majesté fait défenses à tous Juges, même aux Cours, d'ordonner la preuve d'aucuns faits justificatifs, ni d'entendre aucuns témoins pour y parvenir, qu'après la visite du Procès. *Art.* 1 *du Tit.* XXVIII, *de l'Ordonnance du mois d'Août* 1670.

2. L'accusé ne sera point reçu à faire preuve d'aucuns faits justificatifs, que de ceux qui auront été choisis par les Juges du nombre de ceux que l'accusé aura articulés dans les interrogatoires & confrontations. *Art.* 2 *du Titre* XXVIII.

3. Les faits seront insérés dans le même Jugement qui en ordonnera la preuve. *Art.* 3 *du Titre* XXVIII.

4. Le Jugement qui reçoit l'accusé à faire preuve de ses faits justificatifs ou de reproches contre les témoins, sera en la forme qui suit.

Jugement par lequel l'accusé est reçu à faire preuve de ses faits justificatifs.

Extrait des Regiſtres de ...

Vu le Procès criminel par Nous extraordinairement fait & inſtruit à la
requête de A .... demandeur & complaignant , le Procureur du Roi joint, contre
B... priſonnier ès priſons de... défendeur
& accuſé. La plainte du demandeur du ...
Information par Nous faite le ... Decret
de priſe de corps décerné contre l'accuſé
le ... Interrogatoire par lui ſubi , contenant ſes reconnoiſſances , confeſſions &
dénégations, du.. Recolement des témoins
en leurs dépoſitions. Confrontations d'i-
ceux à l'accuſé des... Conclusions du Procureur du Roi ; & tout conſidéré.

Nous avons reçu l'accuſé à faire preuve
des faits juſtificatifs & de reproches par
lui allégués au Procès ; ſçavoir, par ſon
interrogatoire du ... que le jour de l'aſſaſſinat commis en la perſonne de B ... en la
Ville de ... l'accuſé étoit en celle de ....
éloignée de plus de ... lieues : & par la
confrontation qui lui a été faite le ... des
témoins ouis en l'information, que D ...
troiſiéme témoin eſt ... *Exprimer ainſi les
faits que le Juge aura choiſis ;* & ſera tenu
l'accuſé, après la prononciation faite de
la préſente Sentence, de nommer ſur le

champ des témoins, par lefquels il entend
juftifier lefdits faits, autrement il n'y fera
pas reçu, lefquels témoins feront ouis
d'Office, à la requête du Procureur du
Roi. Ce fait, fera l'enquête communiquée
au Procureur du Roi & à la partie civile
& jointe au Procès, pour en jugeant y
avoir tel égard que de raifon, à l'effet de
quoi l'accufé confignera telle fomme qu'il
conviendra pour fournir aux frais de la
preuve defdits faits; tous dommages, intérêts & dépens réfervés.

Le Jugement qui ordonnera la preuve
des faits juftificatifs, fera prononcé inceffamment à l'accufé par le Juge & au plus
tard dans vingt-quatre heures, & fera interpellé de nommer les témoins par lefquels il entend les juftifier; ce qu'il fera
tenu de faire fur le champ, autrement il
ne fera pas reçu. *Art.* 4 *du Tit.* XXVIII.

Procès-verbal de prononciation à l'accufé,
du jugement qui le reçoit à faire preuve
de fes faits juftificatifs.

L'AN... Nous M... Confeiller du Roi,
Lieutenant Criminel en la Sénéchauffée de... étant en la Chambre du Confeil
de ladite Sénéchauffée, y avons fait amener
B... accufé, prifonnier en nos prifons,
auquel a été prononcé le Jugement par
nous rendu le... par lequel il a été reçu à

faire preuve des faits juſtificatifs, & de
reproches y mentionnés, par lui allégués
au Procès extraordinaire contre lui inſtruit à la requête de A... & l'avons ſommé & interpellé de nommer les témoins
par leſquels il entend les juſtifier; ſinon,
& à faute de ce faire préſentement, lui
avons déclaré qu'il n'y ſera pas reçu; lequel accuſé après ſerment par lui fait de
dire vérité, & après avoir ouï le Jugement, & ſuivant l'interpellation que nous
lui avons faite, a dit qu'il nomme C...
Marchand, demeurant rue... I... Avocat, demeurant rue....S.... &c. pour
témoins, qui peuvent dépoſer de la vérité
de ſes faits juſtificatifs, & de reproches
inſérés audit Jugement. Lecture à lui faite
du préſent procès verbal, a perſiſté en la
nomination deſdits témoins, & a ſigné,
ou déclaré ne ſçavoir ſigner, de ce enquis;
& a été l'accuſé remis ès mains du Geolier
pour être remené en priſon. Fait les jour
& an que deſſus.

Après que l'accuſé aura une fois nommé
les témoins, il ne pourra plus en nommer
d'autres. *Art.* 5 *du Titre* XXVIII.

Pendant l'inſtruction de la preuve des
faits juſtificatifs, l'accuſé ne ſera point relaxé. *Art.* 5 *du Titre* XXVIII.

L'accuſé ſera tenu de conſigner au Greffe
la ſomme qui ſera ordonnée par le Juge
pour fournir aux frais de la preuve des

faits juſtificatifs. *Art. 7 du Titre* XXVIII.

Quelqu'un a cru que le Jugement qui admettoit l'accuſé à la preuve de ſes faits juſtificatifs, devoit auſſi fixer la ſomme que l'accuſé eſt tenu de conſigner pour en faire la preuve ; mais ſelon l'eſprit de l'Ordonnance cette conſignation ſera plus réguliere, après que l'accuſé aura nommé les témoins par le procès-verbal ci-deſſus, qui ſervira au Juge pour connoître le nombre & la qualité des témoins, la proximité ou l'éloignement de leurs domiciles, & à régler la ſomme néceſſaire pour faire les frais de l'enquête. Cette Ordonnance pourra être dreſſée ainſi.

Ordonnance portant que l'aceuſé conſignera
*   pour les frais de la preuve des faits*
*   juſtificatifs.*

Extrait des Regiſtres de . . . .

Vu notre Jugement du . . . par lequel B... accuſé a été reçu à faire preuve des faits juſtificatifs & de reproches par lui allégués au Procès extraordinaire contre lui fait à la requête de A...Procès verbal de prononciation dudit Jugement à l'accuſé, par lequel procès verbal il a nommé les témoins par leſquels il entend faire la preuve de ſes faits juſtificatifs, & tout conſidéré : Nous ordonnons que pour fournir aux frais de la preuve desdits faits justificatifs, l'accusé sera tenu de consigner en notre Greffe la somme de .... à ce faire contraint par toutes voies dues & raisonnables. Fait ce....

Si l'accusé ne peut pas consigner les frais, ils seront avancés par la partie civile, s'il y en a, sinon par le Roi, ou par les Engagistes des Domaines de Sa Majesté, ou par les Seigneurs Hauts-Justiciers, chacun à son égard. *Art. 7 du Tit.* XXVIII.

Les témoins seront assignés à la requête des Procureurs du Roi, ou de ceux des Seigneurs, & ouis d'office par le Juge. *Art. 6 du Titre* XXVIII.

L'Enquête étant achevée, elle sera communiquée aux Procureurs du Roi, ou à ceux des Seigneurs, pour donner leurs Conclusions, & à la partie civile, s'il y en a, & sera jointe au Procès. *Art. 8 du Titre* XXVIII.

Les Parties pourront donner leurs Requêtes, auxquelles elles ajouteront les pieces qu'elles aviseront, sur le fait de l'enquête, lesquelles requêtes & pieces seront signifiées respectivement, & copies données, sans que pour raison de ce il soit besoin de prendre aucun réglement, ni de faire une plus ample instruction. *Art. 9 du Titre* XXVIII.

La forme de ces Requêtes pourra être

prise de celles qui font au Chapitre onziéme ci-deſſus.

✿✿✿✿✿✿✿✿✿✿✿✿

CHAPITRE XV.

Des Interrogatoires à l'accuſé ſur la Sellette.

SI pardevant les premiers Juges les
Concluſions des Procureurs du Roi,
ou de ceux des Seigneurs; & ès Cours
Supérieures les Sentences dont eſt appel,
où les Concluſions des Procureurs Généraux portent condamnation de peine afflictive, les accuſés feront interrogés ſur
la ſellette. *Art.* 21 *du Titre* XIV *de l'Ord.
du mois d'Août* 1670.

Aux termes de cet article, l'accuſé ſera
amené en la Chambre du Conſeil; & étant
aſſis ſur la ſellette, le Lieutenant Criminel l'interrogera ſur les faits réſultans
des charges & informations.

Ce dernier interrogatoire pourra être
fait en cette forme.

Interrogatoire fait à l'accuſé ſur la Sellette.

L'AN... Nous M... Conſeiller du Roi,
Lieutenant Criminel en la Sénéchauſſée de... étant en la Chambre du Conſeil,

Q vj

où étoient auffi Meffieurs... Confeillers,
après avoir procédé à la vifite du procès
criminel extraordinairement fait & inftruit à la requête de A... le Procureur
du Roi joint, contre B... accufé, prifonnier en nos prifons, avons mandé ledit
B.... qui a été amené par le Geolier d'ï-
celles prifons, lequel accufé étant affis fur
la fellette a fait ferment de dire & répondre vérité fur les faits dont il feroit par
Nous enquis, après quoi l'avons interrogé, ainfi qu'il enfuit.

Interrogé de fon nom, âge, qualité &
demeure, a dit....

Interrogé quel eft le lieu de fa naiffan-
ce, a dit....

*Et ainfi continuer l'interrogatoire, &
ajouter.*

Lecture à lui faite du préfent interrogatoire, a dit que fes réponfes contiennent
vérité, y a perfifté & a figné, *ou* a déclaré
ne fçavoir écrire ne figner, de ce enquis.
Et a été B... remis entre les mains du Geolier pour être remené en fa prifon. Fait
les jour & an que deffus.

Les Curateurs & les Interpretes feront
interrogés derriere le Barreau, debout &
nue tête, en préfence des Juges, quelque
Conclufion ou Sentence qu'il y ait contre
l'accufé, encore que les Conclufions &
la Sentence portent peine afflictive contre
l'accufé. *Art.* 23 *du Titre* XIV, & *Art.* 5
du Titre XXVIII.

Le Curateur créé au cadavre, ou à la mémoire du défunt, sera pareillement debout, & non sur la sellette, lors du dernier interrogatoire. *Art. 3 du Titre* XXII.

Dans les Cours Supérieures les accusés seront interrogés sur la sellette ou derriere le Barreau lors du Jugement du procès. *Art. 15 du Titre* XXVI.

❁❁❁❁❁❁::❁::❁❁❁❁❁❁

CHAPITRE XVI.

Des Jugemens & Procès verbaux de question & torture.

LE genre de la torture est différent en diverses Provinces , & dépend de l'Ordonnance du Juge, selon la grandeur du crime , & la qualité ou disposition de l'accusé ; à Paris on donne la question ordinaire & extraordinaire avec de l'eau , après que l'accusé a été étendu sur un banc, & attaché par les bras & jambes à des boucles ou anneaux de fer avec des cordes, & que son corps étant tiré ne porte plus que sur les cordes auxquelles les pieds & les mains sont attachés. On appelle question ordinaire passer un treteau sous les cordes qui attachent les pieds de l'accusé ; ce qui fait une plus grande extension du corps ; & en cet état lui faire boire quatre potées d'eau.

Et la question extraordinaire est de passer un treteau plus haut sous les mêmes cordes, & faire boire à l'accusé quatre autres potées d'eau.

Dans le tems de l'hiver l'on se sert d'une autre espece de torture, comme des brodequins, &c.

SECTION PREMIERE.

En quels cas les Juges peuvent ordonner que l'accusé sera appliqué à la question.

Tous les Juges pourront ordonner que l'accusé sera appliqué à la question, en observant :

1. Que le crime dont on se plaint soit constant.

2. Qu'il y ait preuve considerable.

3. Que la preuve ne soit pas suffisante.

4. Que le crime mérite la peine de mort. *Art.* 1 *du Titre* XIX *de l'Ordon. du mois d'Août* 1670.

Sentence portant que l'accusé sera appliqué à la question.

Extrait des Registres de...

Vu le procès criminel par Nous extraordinairement fait & instruit, à la requête de A... demandeur & accusateur, le Procureur du Roi joint, contre

B... défendeur & accusé, prisonnier ès prisons de cette Cour. Information faite contre l'accusé & complices le ... Decret de prise de corps par Nous décerné contre l'accusé le... Interrogatoire de l'accusé contenant ses reconnoissances, confessions & dénégations, du... Recolement fait des témoins en leurs dépositions le.... Confrontation des témoins à l'accusé, du ... Conclusions du Procureur du Roi. Interrogatoire subi par l'accusé assis sur la sellette en la Chambre du Conseil. Oui le rapport de Maître... Conseiller, & tout considéré: Nous, avant que de procéder au Jugement définitif du procès, ordonnons que l'accusé sera appliqué à la question ordinaire & extraordinaire, & interrogé sur les faits résultans du procès en présence du Rapporteur d'icelui, assisté de l'un des autres Juges, pour son interrogatoire fait & rapporté être ordonné ce que de raison. Fait ce ....

L'on ne sépare point l'ordinaire de l'extraordinaire que par un *Retentum* secret, pour des considérations particulieres, comme si l'accusé étoit foible ou estropié, &c. Ce qui se fait en ces termes au bas du Jugement.

Retentum.

ARRÉTÉ que l'accusé sera seulement appliqué à la question ordinaire.

On ne fait point de *Retentum* en Cour

Supérieure dans ce cas, parce que les Cours Supérieures peuvent condamner à la question ordinaire quand il leur plaît.

Au Parlement de Paris, il ne s'expédie point d'Arrêt de condamnation à la question; l'arrêté s'écrit seulement sur le Registre du Conseil.

Les Juges pourront aussi arrêter que nonobstant la condamnation à la question, les preuves subsisteront en leur entier. *Art.* 2 *du Titre* XIX.

Cet arrêté pourra être pareillement mis au bas du Jugement, ou bien par la même prononciation, ainsi.

Sentence portant que l'accusé sera appliqué à la question, & que les preuves subsisteront en leur entier.

Extrait des Registres de.....

Vu le procès criminel, &c.

Nous avons ordonné que l'accusé sera appliqué à la question ordinaire & extraordinaire, pour apprendre par sa bouche la vérité d'aucuns faits résultans du procès, en présence du Rapporteur d'icelui, qui sera assisté de l'un des autres Juges, les preuves subsistant en leur entier. Fait ce...

La condamnation à la question se devroit toujours prononcer avec réserve des preuves : car par cette réserve les Juges ont la liberté de condamner l'accusé à toutes sortes de peines pécuniaires ou afflictives, excepté toutefois celle de mort, à laquelle l'accusé qui aura souffert la question sans rien avouer ne pourra être condamné, si ce n'est qu'il survienne de nouvelles preuves depuis la question.

Si l'accusation est capitale, on ordonne souvent qu'il en sera plus amplement informé dans un tems, & cependant que l'accusé tiendra prison.

Lorsque la Sentence qui condamne l'accusé à la question est sans réserve des preuves, si l'accusé souffre la question sans rien avouer, il doit être renvoyé absous, avec dépens, dommages & intérêts.

Le Jugement de condamnation à la question sera dressé & signé sur le champ; & le Rapporteur, assisté de l'un des autres Juges, se transportera sans divertir en la Chambre de la question, pour le faire prononcer à l'accusé. *Article 6 du Titre XIX.*

Les Sentences de condamnation à la question ne pourront être exécutées, qu'elles n'ayent été confirmées par Arrêts des Cours Supérieures. *Article 7 du Titre XIX.*

SECTION II.

De l'exécution du Jugement qui condamne à la question.

1. A VANT que l'accusé soit appliqué à la question, il sera interrogé, après avoir prêté serment de dire vérité, & signera son interrogatoire ; sinon faire mention de son refus. *Art.* 8 *du Tit.* XIX.

2. La question sera donnée en présence des Commissaires qui chargeront leur procés verbal de l'état de la question, & des réponses, confessions, dénégations & variations de l'accusé à chacun article de l'interrogatoire. *Art.* 9 *du Titre* XIX.

3. Les Commissaires peuvent faire modérer & relâcher une partie des rigueurs de la question, si l'accusé confesse ; & s'il varie, le faire mettre dans les mêmes rigueurs ; mais s'il a été délié, & entierement ôté de la question, il ne pourra plus y être remis. *Art.* 10 *du Titre* XIX.

4. Après que l'accusé aura été tiré de la question, il sera sur le champ & de rechef interrogé sur ses déclarations, & sur les faits par lui confessés ou déniés, & l'interrogatoire par lui signé, sinon sera fait mention de son refus. *Article* 11 *du Titre* XIX.

5. Si l'accusé d'un cas prevôtal est appliqué à la question, le procès verbal de

torture se fera par le Rapporteur en préfence d'un Conseiller du Siege & du
Prevôt. *Art. 26 du Titre* II.

Procès verbal de la question ordinaire &
extraordinaire.

L'AN... le jour de ... huit heures du
matin, Nous M... Conseiller du Roi,
Lieutenant Criminel à ... & P .... aussi
Conseiller du Roi en la Sénéchauffée &
Siege Présidial de ... Nous étant tranfportés en la Chambre de la question,
avons fait venir des prisons & amener
en ladite Chambre B... accusé, lequel
accusé s'étant assis sur la sellette, & après
serment par lui fait de dire vérité, avons
procédé à son interrogatoire, ainsi qu'il
ensuit.

Interrogé de son nom, âge, qualité &
demeure.

A dit, *&c.*

Il faut interroger l'accusé sur les faits
résultans du procès, & non d'autres.

Lecture à lui faite du présent interrogatoire, a dit que ses réponses contiennent
vérité, y a persisté, & a signé, *ou* a déclaré
ne sçavoir écrire ne signer, de ce enquis.

Après quoi l'accusé s'étant mis à genoux tête nue, lui a été prononcée par notre Greffier la Sentence rendue sur le

procès criminel extraordinairement fait
à la requête de A . . . contre l'accusé, par
laquelle avant que de procéder au Jugement définitif du procès, il a été ordonné que l'accusé seroit appliqué à la question
ordinaire & extraordinaire, & interrogé
sur les faits résultans du procès.

Ce fait l'accusé a été déshabillé & mis
sur le siege de la question par le Questionnaire, & après avoir été attaché par les
bras & jambes en la maniere accoutumée,
& ayant été étendu, & le premier treteau
passé sous les cordes attachées aux jambes
de l'accusé, a dit . . . *Il faut écrire tout ce
que l'accusé voudra dire.*

Le questionnaire a fait boire un pot
d'eau à l'accusé qui a dit . . .

Au deuxieme pot,
a dit . . .

Au troisiéme pot,
a dit . . .

Au quatriéme pot,
a dit . . .

Après quoi le grand treteau de l'extraordinaire ayant été passé sous les mêmes cordes, l'accusé a dit . . . .

Au premier pot de l'extraordinaire,
a dit . . .

Au deuxiéme pot de l'extraordinaire,
a dit . . .

Au troisiéme pot de l'extraordinaire,
a dit . . .

Au quatriéme pot de l'extraordinaire, a dit ...

Et ensuite l'accusé a été détaché & mis devant le feu sur un matelas, où étant :

L'avons interrogé s'il n'est pas vrai que ... a dit ....

Interrogé si ...,

Lecture faite à l'accusé du présent interrogatoire, a dit que ses réponses contiennent vérité, y a persisté & a signé, *ou a déclaré ne sçavoir écrire ne signer*, de ce enquis; ce fait, l'accusé a été mis ès mains du Geolier desdites prisons pour le ramener en icelles. Fait les jour & an que dessus.

L'accusé ne pourra être appliqué deux fois à la question, pour un même fait, quelque nouvelle preuve qui survienne. *Art.* 12 *du Titre.* XIX.

SECTION III.

Procédures, si une femme condamnée à la question paroît ou déclare être enceinte.

S I quelque femme, devant ou après avoir été condamnée à mort, paroît ou déclare être enceinte, les Juges ordonneront qu'elle sera visitée par Matrones qui seront nommées d'office, qui feront leur rapport dans la forme prescrite au Titre 21 du premier Tome du Stile Uni-

verfel fur l'Ordonnance du mois d'Avril
1667 ; & fi elle fe trouve enceinte, l'exécution fera différée jufques après fon accouchement. *Art.* 23 *du Titre* XXV.

Procès verbal fi la femme condamnée à la
queftion paroît ou déclare être enceinte.

L'AN... Nous M... Confeiller du Roi,
Lieutenant Criminel à... & P... Confeiller du Roi au même Siege; Nous étant
tranfportés en la Chambre de la queftion,
y avons fait amener par le Geolier des
prifons C ... femme de B .... accufée,
laquelle s'étant affife fur la fellette, &
après ferment par elle fait de dire vérité,
avons procédé à fon interrogatoire, ainfi
qu'il enfuit.

Interrogée de fon nom, âge, qualité
& demeure, a dit....

Il faut interroger l'accufée fur les faits
du procès & non d'autres, ainfi qu'il eft
ci-deffus obfervé.

Lecture faite à l'accufée du préfent interrogatoire, a dit que fes réponfes font
véritables, y a perfifté & a figné, *ou dé-*
claré ne fçavoir écrire ne figner, de ce
enquife.

Après quoi l'accufée s'étant mife à genoux, lui a été prononcé par notre Greffier la Sentence contre elle rendue fur le
procès criminel extraordinairement fait à

la requête de A . . . par laquelle avant que de procéder au Jugement définitif du procès, il a été ordonné que l'accusée seroit appliquée à la question ordinaire & extraordinaire, & interrogée sur les faits résultans du procès.

Et ayant fait mettre ladite C... ès mains du Questionnaire, elle nous a dit que pour la décharge de sa conscience, elle est obligée de nous déclarer qu'elle croit être enceinte, & nous a supplié de la faire visiter, avant que d'être appliquée à la question, & a signé, *ou* a déclaré ne sçavoir signer, de ce enquise.

Sur quoi nous avons ordonné que ladite C . . . accusée sera visitée par P . . . Jurée Matrône, & par I . . . Médecin, & T . . . Chirurgien, pour leur rapport à nous fait être ordonné ce que de raison.

En exécution de laquelle Ordonnance avons mandé ladite P . . . Matrône, & lesdits I . . . Médecin, & T . . . Chirurgien, auxquels avons fait faire le serment de fidélement & en leur conscience procéder à la visitation de ladite accusée présente, après quoi lesdits I . . . Médecin, T . . . . Chirurgien, & P.... Matrône sont entrés avec l'accusée dans une Chambre qui est à côté de celle où se donne la torture, de laquelle étant sortis après y avoir demeuré une heure ou environ, lesdits Médecin, Chirurgien & Matrône nous ont dit avoir

visité l'accusée, & qu'ils lui ont trouvé
toutes les marques & signes de grossesse,
& par la connoissance qu'ils ont, croyent
qu'elle est grosse & enceinte d'enfant,
dont ils nous ont délivré leur rapport par
eux signé pour être joint à notre présent
procès verbal, & duquel rapport la teneur
ensuit. *Il faut transcrire le rapport en cet
endroit.*

Sur quoi Nous, en conséquence dudit
rapport, avons sursis l'exécution de ladite
Sentence jusqu'après l'accouchement de
C.... laquelle a été remenée en prison.
Fait les jour & an que dessus.

S'il ne se trouve pas que la femme soit
enceinte, le rapport des Experts pourra
être ainsi.

Rapport d'Experts lorsque la femme n'est pas enceinte.

LESQUELS I... Médecin, T... Chirurgien, & P... Matrône, après avoir
été environ une heure avec l'accusée en
ladite Chambre, en sont sortis & nous
ont dit qu'ils ont visité l'accusée, & ne lui
ont trouvé aucunes marques, ni signes de
grossesse, & ne croyent pas qu'elle soit
grosse ni enceinte d'enfant, dont ils nous
ont délivré leur rapport, &c.

Sur quoi Nous avons ordonné qu'il sera
passé outre à l'exécution de ladite Sentence,

tence, ce faifant & conformément à icelle
que ladite C... fera préfentement appliquée à la queftion ordinaire & extraordinaire.

Et à l'inftant ladite C... a été mife ès
mains du Queftionnaire, déshabillée, &
affife fur le fiege de la queftion, & attachée par les bras & jambes en la maniere
accoutumée, & lui avons fait réitérer le
ferment de dire vérité : *Et le refte du pro-*
cès verbal de queftion ci-deffus, qui doit être
donnée en la même forme que celle que l'on
donne aux hommes.

SECTION IV.

De la préfentation à la queftion.

S A Majefté fait défenfes à tous Juges,
à l'exception des Cours feulement,
d'ordonner que l'accufé fera préfenté à
la queftion fans y être appliqué. *Art.* 5
du Titre XIX.

Aux Cours Supérieures il y a préfentation à la queftion fans extenfion, & préfentation avec l'extenfion, ce qui peut arriver. 1. Pour découvrir la vérité par la
terreur de la peine, lorfque les indices ne
font pas fuffifans pour appliquer l'accufé
à la queftion. 2. Si l'accufé eft impubere,
ou d'un âge décrépit, malade, valétudi-
naire, à qui la queftion ne peut être donnée fans danger de la vie.

Tome II.   R

Il faut que le Greffier en prononçant le Jugement, life le mot *exhibé* ou *préfenté* tout bas, enforte que l'accufé ne puiffe l'entendre, afin qu'il ne fe tienne pas plus ferme à ne rien confeffer; il faut même y apporter tout l'appareil qu'on a accoutumé de faire quand on applique à la queftion, & qu'il ne refte plus rien qu'à le tirer, & lorfque l'accufé eft en cet état, on procede à fon interrogatoire.

Procès verbal de préfentation à la queftion.

L'AN.... Nous R... & O... Confeillers du Roi en la Cour de... & Commiffaires en cette partie, Nous étant tranfportés en la Chambre de la queftion, y avons fait amener B... accufé, prifonnier en la Conciergerie, auquel étant tête nue, & à genoux, a été prononcé l'Arrêt de la Cour rendu fur le procès criminel contre lui extraordinairement fait à la requête de A... le... par lequel il eft ordonné que l'accufé fera préfenté à la queftion ordinaire & extraordinaire, & interrogé fur les faits réfultans du procès, lequel accufé s'étant affis fur la fellette, avons procédé à fon interrogatoire, après ferment par lui fait de dire vérité, ainfi qu'il enfuit.

Interrogé de fon nom, âge, qualité & demeure,

dit...

Interrogé depuis quel tems il est arrivé de . . . .

a dit . . .

Interrogé . . . *Il faut continuer l'interrogatoire , ainsi qu'il est observé aux précédens procès verbaux.*

Ce fait, l'accusé a été déshabillé par le Questionnaire, & mis sur le siege de la question, & attaché par les bras & jambes en la maniere accoutumée , & lui avons fait réitérer le serment de dire vérité.

Interrogé, &c. *comme aux précédens interrogatoires.*

Après quoi l'avons fait délier & remettre ès mains du Geolier desdites prisons. Fait les jour & an que dessus.

CHAPITRE XVII.

Des Sentences , Jugemens & Arrêts.

S A Majesté enjoint à tous les Juges , même aux Cours, de travailler à l'expédition des affaires criminelles par préférence à toutes autres. *Art. 1 du Titre XXV de l'Ordonnance du mois d'Août* 1670.

SECTION PREMIERE.

Regles pour le Jugement des procès criminels.

1. **I**L sera procédé à l'instruction & au Jugement des procès criminels non-obstant toutes appellations, même comme de Juge incompetent, & récusé ; & si les accusés refusent de répondre sous prétexte d'appellations , le procès leur sera fait comme à des muets volontaires , jusqu'à Sentence définitive. *Art.* 2 *du Tit.* XXV.

2. Les procès criminels pourront être instruits & jugés encore qu'il n'y ait point d'information, & si d'ailleurs il y a preuve suffisante par les interrogatoires & par pieces authentiques, ou reconnues par l'accusé, & par les autres présomptions & circonstances du procès. *Art.* 5 *du Tit.* XXV.

3. Aucun procès ne pourra être jugé de relevée , si les Procureurs du Roi ou ceux des Seigneurs y ont pris des conclusions à mort, ou s'il y écheoit une peine de mort naturelle ou civile , des galeres ou bannissement à tems. *Art.* 9 *du Tit.* XXV.

4. Sa Majesté a déclaré qu'elle n'entendoit rien innover à cet égard à l'usage observé par les Cours Supérieures. *Art.* 9 *du Titre* XXV.

5. Aux procès qui seront jugés à la

charge de l'appel par les Juges Royaux, ou ceux des Seigneurs, esquels il y aura des conclusions à peine afflictive, assiste-ront trois Juges qui seront Officiers, si ce nombre se trouve dans le Siege, ou Gra-dués, & se transporteront au lieu où s'exerce la Justice, si l'accusé est prison-nier, & seront présens au dernier interro-gatoire. *Art.* 10 *du Titre* XXV.

6. Les Jugemens en dernier ressort se donneront par sept Juges au moins; & si ce nombre ne se rencontre dans le Siege, ou si quelques-uns des Officiers sont ab-sens, récusés, ou s'abstiennent pour cause jugée légitime par le Siege, il sera pris des Gradués. *Art.* 1 *du Titre* XXV.

7. Il pourra être ordonné par le Juge-ment de mort, que l'accusé sera préalable-ment appliqué à la question pour avoir ré-vélation de ses complices. *Article* 3 *du Titre* XIX.

8. Les Prevôts des Maréchaux, Vice-Baillifs & Vice-Sénéchaux ne pourront juger en aucun cas, à la charge de l'appel. *Art.* 14 *du Titre* I.

9. Aucune Sentence Prevôtale prépa-ratoire, interlocutoire ou définitive, ne pourra être rendue qu'au nombre de sept au moins, Officiers ou Gradués, en cas qu'il ne se trouve au Siege nombre suffisant de Juges; & seront tenus ceux qui y au-ront assisté de signer la minute, à peine

de nullité, & le Greffier de les interpeller, à peine de cinq cens livres d'amende
contre lui & contre chacun des refusans.
Art. 24 *du Titre* II.

10. Si celui qui aura été condamné à
mort par Jugement Prevôtal, & en dernier reffort, préalablement appliqué à la
queftion, révele aucuns de fes complices
qui foient arrêtés fur le champ, la confrontation pourra être faite, encore que
le Prevôt n'ait été déclaré compétent pour
connoître des complices; fera tenu néanmoins de faire après juger fa compétence.
Art. 4 *du Titre* XIX.

11. Il fera dreffé deux minutes des Jugemens Prevôtaux, qui feront fignées par
les Juges, dont l'une demeurera au Greffe
du Siege où le procès aura été jugé, &
l'autre au Greffe de la Maréchauffée, à
peine d'interdiction pour trois ans contre
le Prevôt, & de cinq cens livres d'amende. *Art.* 25 *du Titre* II.

12. Sa Majefté fait défenfes fous pareilles peines aux deux Greffiers de prendre
aucuns droits pour l'enregiftrement &
réception des deux minutes. *Art.* 25 *du
Titre* II.

13. Les accufateurs & dénonciateurs qui
fe trouveront mal fondés feront condamnés aux dépens, dommages & intérêts des
accufés, & à plus grande peine, s'il y
écheoit, ce qui aura auffi lieu à l'égard de

ceux qui ne se seront rendus parties, ou
qui s'étant rendus parties se seront désistés, si leurs plaintes sont jugées calomnieuses. *Art. 7 du Titre* III.

14. Dans le dispositif du Jugement diffinitif contre l'accusé qui sera sourd ou
muet, ou ensemble sourd & muet, il ne
sera fait mention que de l'accusé, & non
de son Curateur. *Art. 6 du Tit.* XVIII.

15. Cette regle sera aussi observée à
l'égard des Communautés, Corps & Com-
pagnies, contre lesquelles seulement le
Jugement sera rendu, & non contre leur
Syndic, Député ou Curateur. *Art. 3 du
Titre* XXI.

16. Les condamnations contre les Communautés des Villes, Bourgs & Villages,
Corps & Compagnies, qui auront commis quelque rebellion, violence ou autre
crime, ne pourront être que de réparation
civile, dommages & intérêts envers les
Parties, & d'amende envers le Roi, pri-
vation de leurs privileges, & de quelqu'autre punition qui marque publiquement la peine qu'elles auront encourue par
leur crime. *Art. 4 du Titre* XXI.

17. La condamnation sera rendue contre
le cadavre, ou la mémoire du défunt seulement, & non contre le Curateur. *Art.
3 du Titre* XXI.

18. Les Jugemens, soit définitifs ou
d'instruction passeront à l'avis le plus doux,

R iv

si le plus sévère ne prévaut d'une voix, dans les procès qui se jugeront à la charge de l'appel, & de deux dans ceux qui se jugeront en dernier ressort. *Article* 12 *du Titre* XXV.

19. La condamnation à mort, aux galeres à perpétuité, ou au bannissement perpétuel, emporte confiscation de biens. Il faut que le bannissement à perpétuité soit du Royaume pour emporter confiscation: il n'y a que les Cours Supérieures qui puissent prononcer cette peine, les Juges Royaux & ceux des Seigneurs ne peuvent bannir que hors leurs Jurisdictions.

20. Pour les peines de fouet, la flétrissure, le bannissement à tems, l'amende honorable, le blâme & autres peines afflictives ou infamantes, l'accusé doit être seulement condamné à l'amende.

21. La flétrissure ne se donne point sans le fouet & le bannissement.

22. Lorsqu'il y a condamnation d'aumône, on ne condamne point en l'amende.

23. La condamnation aux galeres à perpétuité ou à tems, n'emporte point condamnation d'amende, parce que l'accusé paye de son corps.

24. Si l'amende honorable est jointe à la peine de mort, elle doit être faite par l'accusé devant l'Eglise; un accusé condamné à mort ne doit plus paroître devant les Juges.

25. Tous Jugemens, soit qu'ils soient rendus à la charge de l'appel ou en dernier ressort, seront signés de tous les Juges qui y auront assisté, à peine d'interdiction, des dépens, dommages & intérêts des Parties, & de cinq cens livres d'amende. Sa Majesté a déclaré qu'elle n'entendoit rien innover à l'usage des Cours, dont les Arrêts seront signés par le Rapporteur & par le Président. *Art.* 14 *du Tit.* XXV.

SECTION II.

Ordre de peines.

1. LA mort naturelle.
2. La question avec la réserve des preuves en leur entier.
3. Les galeres perpétuelles.
4. Le bannissement perpétuel.
5. La question sans réserve des preuves.
6. Les galeres à tems.
7. Le fouet.
8. L'amende honorable.
9. Le bannissement à tems.

On doit toujours insérer dans le dispositif des Sentences les cas dont les accusés font convaincus, pour faire connoître aux Juges Supérieurs quels ont été les motifs du Jugement. *Art.* 13 *du Titre* XXV.

Condamnation à avoir le poing coupé, &
être brûlé vif.

Extrait des Regiſtres de . . . .

Vu le procès criminel, &c. *Comme le*
vû du Jugement de la queſtion ordi-
naire & extraordinaire ci-deſſus page 379.
Nous avons ledit B . . déclaré duement
atteint & convaincu d'avoir, *faire mention*
du crime dont l'accuſé eſt convaincu, pour
réparation de quoi le condamnons à faire
amende honorable, nud en chemiſe, la
corde au col, tenant en ſes mains une
torche de cire ardente du poids de deux
livres, au-devant de la principale porte &
entrée de l'Egliſe de . . . où il ſera mené
& conduit par l'Exécuteur de la Haute
Juſtice dans un tombereau ſervant à enlever les immondices de la Ville, ayant écriteaux devant & derriere, avec ce mot,
Sacrilege; & là étant nue tête & à genoux,
déclarer que méchamment il a . . . dont il
ſe repent & en demande pardon à Dieu,
au Roi & à la Juſtice. Ce fait, aura le poing
coupé ſur un poteau qui ſera planté au-
devant de ladite Egliſe ; après quoi ſera
mené par ledit Exécuteur dans le même
tombereau en la place publique de . . . .
pour y être attaché à un poteau avec une
chaîne de fer, brûlé vif, ſon corps réduit

en cendres , & icelles jettées au vent ;
déclarons tous ses biens situés en Pays de
confiscation acquis & confisqués au Roi
ou à qui il appartiendra , sur iceux , ou
autres non sujets à confiscation, préalablement pris la somme de . . . pour être em-
ployée à la fondation & entretien perpétuel d'une lampe ardente qui sera mise au-
devant de l'Autel où ledit sacrilege a été
commis : le condamnons en . . . livres d'a-
mende envers le Roi, en cas que confiscation n'ait lieu au profit de Sa Majesté , &
aux dépens du procès ; & sera la présente
Sentence gravée sur une table d'airain qui
sera attachée au prochain pilier du même
Autel.

La Langue coupée, & être pendu & brûlé.

NOus avons ledit B... déclaré duement
atteint & convaincu d'avoir proféré
des blasphêmes contre Dieu, la Sainte
Vierge & les Saints ; pour réparation de
quoi le condamnons à faire amende honorable, nud en chemise, la corde au col,
tenant en ses mains une torche de cire
ardente du poids de deux livres , au-devant de la principale porte & entrée de
l'Eglise de . . . où il sera conduit par l'Exécuteur de la haute Justice, dans un tombereau servant à enlever les immondices
de la Ville ; dira que méchamment il a

proféré des blasphêmes contre Dieu, la
Sainte Vierge & les Saints, dont il se repent, & en demande pardon à Dieu, au
Roi & à Justice. Ce fait, aura la langue
coupée par ledit Exécuteur au-devant d'i-
celle Eglise, & ensuite mené dans le même tombereau en la place de . . . où il sera
pendu & étranglé, jusqu'à ce que mort
s'ensuive, à une potence qui sera dressée
en la même place, son corps mort jetté
au feu, avec son procès, & réduits en
cendres qui seront jettées au vent; déclarons ses biens situés en pays de confiscation acquis & confisqués au Roi ou à
qui il appartiendra, sur iceux ou autres
non sujets à confiscation, préalablement
pris la somme de . . . livres d'amende, en
cas que confiscation n'ait pas lieu au profit
de Sa Majesté, & le condamnons aux dépens du procès.

R mpu vif.

Nous avons ledit B... déclaré duement
atteint & convaincu de vols, meur-
tres & assassinats par lui commis aux pas-
sants sur les grands chemins avec armes;
pour réparation de quoi le condamnons
d'avoir les bras, jambes, cuisses & reins
rompus vif sur un échafaut, qui pour
cet effet sera dressé en la place de . . . &
mis ensuite sur une roue la face tournée

vers le Ciel, pour y finir ses jours ; ce fait son corps mort porté par l'Exécuteur de la haute Justice sur le chemin de ..... ses biens acquis & confisqués, &c.

Lorsqu'il a été arrêté que l'accusé ne sera pas rompu vif, ou qu'il n'en sentira que quelques coups, les Juges mettent un *Retentum* au bas de l'Arrêt ou Jugement dernier en ces termes.

Retentum.

A été arrêté que ledit B . . . ne sentira aucun coup vif, ains sera secrettement étranglé.

Autre.

A RRESTÉ qu'après que B . . . . aura senti trois coups vif, il sera secrettement étranglé.

Autre.

A RRESTÉ qu'après que B . . . aura senti tous les coups vif, il sera secrettement étranglé à l'entrée de la nuit.
Art. 17 *du Titre* IX.

Pendu, préalablement appliqué à la question ordinaire & extraordinaire.

N ous avons ledit B . . . . déclaré & le déclarons duement atteint & convaincu de . . . . pour réparation de quoi le

condamnons à être pendu & étranglé, juſqu'à ce que mort s'enſuive, à une potence
qui pour cet effet ſera dreſſée en la place
de . . . ledit B . . . préalablement appliqué
à la queſtion ordinaire & extraordinaire,
déclarons tous & chacuns ſes biens acquis
& confiſqués, &c. & le condamnons aux
dépens du procès.

Amende honorable, & pendu pour pieces
falſifiées.

Nous avons ledit B... déclaré ſuffiſam-
ment atteint & convaincu d'avoir
fauſſement & malicieuſement fabriqué
l'acte du . . . dont eſt queſtion, lequel nous
avons déclaré faux ; pour réparation de
quoi le condamnons à faire amende honorable, nud en chemiſe, la corde au col,
tenant en ſes mains une torche de cire ardente du poids de deux livres, au-devant
de la principale porte & entrée de l'Egliſe
de . . . où il ſera mené par l'Exécuteur de
la haute Juſtice, ayant écriteaux devant &
derriere avec ce mot (*Fauſſaire*) & là
étant nue tête & à genoux, déclarer que
fauſſement & malicieuſement il a fabriqué
ladite piece, dont il ſe repent, & en demande pardon à Dieu, au Roi & à Juſtice. Ordonnons que ladite piece ſera lacé-
rée par ledit Exécuteur, en préſence de
l'accuſé ; lequel nous condamnons enoutre

d'être pendu & étranglé jufqu'à ce que
mort s'enfuive, à une potence qui pour
cet effet fera dreffée en la place de....
déclarons tous & chacuns fes biens fitués
en pays de confifcation acquis & confifqués au Roi, ou à qui il appartiendra,
fur iceux ou autres non fujets à confifcation préalablement pris .... livres d'a-
mende envers le Roi... livres de réparation civile envers A ... & aux dépens.

Pendu pour fauffe Monnoye.

Nous avons ledit B... déclaré duement
atteint & convaincu d'avoir fait &
fabriqué des efpèces de fauffe Monnoye
mentionnées au procès, pour réparation
de quoi le condamnons d'être pendu, &c.

Contre les Adulteres.

Nous avons lefdits B... & M... déclarés duement atteints & convaincus
d'avoir commis entr'eux le crime d'adultere; pour réparation de quoi les condamnons; fçavoir ledit B... à... &c. &
à l'égard de ladite M.... d'être mife &
recluse dans le Monaftere des Filles Reli-
gieufes de... pour y demeurer... années
en habit féculier, pendant lefquelles A...
fon mari la pourra voir, même la reprendre fi bon lui femble, finon ledit tems paffé
fera rafée & voilée pour y demeurer le

reſte de ſes jours, & y vivre en habit ré-
gulier comme les autres Religieuſes, en
payant par A... auſdites Religieuſes, pour
ſadite femme .... livres de penſion par
chacun an, de quartier en quartier, & par
avance; laquelle penſion ſera priſe ſur les
biens de A... & dès-à-préſent avons déclaré M... déchue & privée de ſa dot &
conventions matrimoniales portées par
ſon contrat de mariage; enſemble de tous
les avantages qui lui pourroient être faits
à l'avenir, tant par ſucceſſion, donation,
qu'autrement, leſquels demeureront aux
enfans de A.... & d'elle; condamnons
M... ſolidairement avec B.... en la
ſomme de ... réparation civile, dépens,
dommages & intérêts envers A... en...
livres d'amende envers le Roi, & aux
dépens du procès.

Contre un Cadavre, s'il eſt extant.

Nous avons ledit défunt B... déclaré
duement atteint & convaincu de
s'être homicidé ſoi-même, s'étant donné
un coup de piſtolet dans la téte dont il
eſt mort; pour réparation de quoi, condamnons ſa mémoire à perpétuité, & ſera
le cadavre dudit défunt attaché par l'Exécuteur de la haute Juſtice au derriere d'une
charrette, & traîné ſur une claie la téte en
bas, & la face contre terre, par les rues

de cette Ville, jusqu'à la place de... où il sera pendu par les pieds à une potence qui, pour cet effet, sera plantée audit lieu, & après qu'il y aura demeuré vingt-quatre heures, jetté à la voirie ; déclarons tous & chacun ses biens situés en pays de confiscation acquis & confisqués, &c.

Contre la mémoire seulement, si le cadavre n'est pas extant.

Nous avons ledit défunt B... déclaré duement atteint & convaincu de s'être défait & homicidé soi-même, s'étant pendu & étranglé ; pour réparation de quoi condamnons sa mémoire à perpétuité, déclarons les biens dont il jouissoit au jour de sa mort, situés en pays de confiscation, acquis & confisqués, &c.

Si par l'information il y a preuve que le défunt n'ait pu se défaire soi-même, & qu'il soit innocent, la regle est de prononcer ainsi.

Décharge de la mémoire du défunt.

Nous, attendu la preuve résultante des informations que le défunt B... n'a pû se défaire soi-même, & qu'il étoit innocent, avons déchargé sa mémoire de l'accusation, & en conséquence ordonnons que le cadavre dudit défunt sera inhumé en la maniere accoutumée.

Si le défunt étoit en démence, la prononciation sera ainsi.

Jugement portant qu'il sera informé des vie & mœurs du défunt.

Nous, avant que faire droit, ordonnons qu'il sera informé des vie, mœurs
& comportemens dudit défunt pardevant
… pour, l'information faite, rapportée
& communiquée au Procureur du Roi,
être ordonné ce qu'il appartiendra.

S'il n'y a point de démence; & qu'il n'y
ait point assez de preuves pour condamner
l'accusé, & qu'il y ait des preuves qui laif-
fent les Juges en sufpens, pour pouvoir
absoudre ou condamner l'accusé, la regle
eft de donner le Jugement qui suit.

Jugement portant qu'il sera plus amplement informé.

Nous, avant faire droit, ordonnons
qu'il sera plus amplement informé
des cas mentionnés au Procès dans ….
mois; pour, l'information faite, rapportée & communiquée au Procureur du Roi,
& vue, être ordonné ce que de raison.

Et si la preuve de la démence vient, ou
que par le plus amplement informé il ne
survienne point de nouvelle preuve, la
regle eft de décharger la mémoire.

La tête tranchée.

Nous avons ledit B... déclaré duement atteint & convaincu du crime de rapt mentionné au Procès ; pour réparation de quoi le condamnons d'avoir la tête tranchée fur un échaffaut, qui pour cet effet fera dreffé en la place de . . . . déclarons tous & chacuns fes biens fitués en pays de confifcation, acquis & confifqués, &c.

Les condamnations à la queftion avec la réferve des preuves en leur entier, & fans réferve, font ci-deffus Chapitre XVI. Section I.

Condamnation aux Galeres à perpétuité.

Nous avons ledit B... déclaré duement atteint & convaincu de .... pour réparation de quoi le condamnons à fervir comme forçat dans les Galeres du Roi à perpétuité, en .... livres de réparation civile, dommages & intérêts envers ledit A ... & aux dépens du Procès. Le furplus de fes biens fitués en pays de confifcation, acquis & confifqués au Roi ou à qui il appartiendra, &c.

*Condamnation à faire amende honorable ,
avoir la langue percée & aux Galeres.*

Nous avons ledit B... déclaré duement
atteint & convaincu d'avoir blafphé-
mé le Saint Nom de Dieu; pour réparation
de quoi le condamnons à faire amende
honorable , nud en chemife , la corde au
col, tenant en fes mains une torche de
cire ardente du poids de deux livres, l'Audience tenant , & là étant nue tête & à
genoux, dire & déclarer à haute & intelligible voix, que méchamment & comme
mal avifé il a .... dont il fe repent & en
demande pardon à Dieu , au Roi , & à
Juftice ; ce fait, aura la langue percée d'un
fer chaud par l'Exécuteur de la haute Juftice, en la place de... & enfuite fera mené
& conduit à la chaîne, pour y être attaché
& fervir comme forçat dans les galeres du
Roi à perpétuité ....

Banniffement à perpétuité.

Nous avons ledit B... déclaré duement
atteint & convaincu des cas mentionnés au Procès , pour réparation defquels l'avons banni à perpétuité de la Ville
& Prevôté de .... à lui enjoint de garder
fon ban fur les peines portées par l'Ordonnance , le condamnons en .... livres
de réparation civile, dommages & inté-

rêts envers ledit A... en ... livres d'a-
mende envers le Roi, & aux dépens du
Procès.

Condamnation aux Galeres à tems.

Nous avons ledit B... déclaré duement
atteint & convaincu d'avoir... pour
réparation de quoi le condamnons à être
mené & conduit aux Galeres du Roi pour
y servir comme forçat l'espace de... ans.
Le condamnons en outre en. . . . livres de
réparation civile, dommages & intérêts
envers ledit A... & aux dépens du Procès.

Condamnation au fouet, flétri & banni.

Nous condamnons ledit B . . . . d'être
battu & fustigé nud, de verges, par
l'Exécuteur de la haute Justice, dans les
carrefours & lieux accoutumés de cette
Ville de . . . . & à l'un d'iceux sera flétri
d'un fer chaud marqué d'une fleur-de-lys
sur l'épaule dextre; ce fait, l'avons banni
de la Ville & Prevôté, &c.

Condamnation au fouet.

Nous condamnons ledit B . . . . à être
battu & fustigé nud, de verges, sur
les épaules par l'Exécuteur de la haute Justice, aux Carrefours & lieux accoutumés

de cette Ville... Ce fait l'avons banni, &c.

Contre une femme de mauvaise réputation,
qui a été plusieurs fois reprise de Justice.

Nous avons ladite C.. déclarée duement atteinte & convaincue de ... pour réparation de quoi la condamnons d'être battue & fustigée nue, de verges, par l'Exécuteur de la haute Justice, ayant écriteau devant elle, où seront ces mots : *Maquerelle publique*, & un chapeau de paille sur la tête avec la corde au col, au-devant de cet Auditoire, & par les Carrefours accoutumés ; & à l'un d'iceux sera flétrie d'un fer chaud, marqué d'une fleur-de-lys, sur les deux épaules. Ce fait l'avons bannie à perpétuité de la Ville de.... & ordonné qu'elle sera mise hors d'icelle par l'Exécuteur de la haute Justice ; enjoint à elle de garder son ban sur les peines portées par la Déclaration du Roi, & condamnée en ... livres d'amende envers Sa Majesté, & aux dépens du procès.

Condamnation à faire amende-honorable.

Nous avons ledit B ... déclaré duement atteint & convaincu de... pour réparation de quoi le condamnons à faire amende honorable, nud en chemise, la corde au col, tenant en ses mains une

torche de cire ardente du poids de deux
livres, l'Audience tenant; & là, étant nue
tête & à genoux, dire & déclarer à haute
& intelligible voix, que méchamment &
comme mal avisé il a . . . . dont il se repent & en demande pardon à Dieu, au
Roi & à Justice; le condamnons en outre
en . . . livres de réparation civile, dommages & intérêts envers A . . . en . . . livres d'amende envers le Roi, & aux dépens du procès.

Bannissement à tems.

Nous avons ledit B . . . déclaré duement atteint & convaincu de.... pour
réparation de quoi l'avons banni pour . . .
ans de la Ville de . . . à lui enjoint de garder son ban sur les peines portées par
l'Ordonnance; le condamnons en... livres
de réparation civile, dommages & intérêts envers A . . . en . . . livres d'amende,
& aux dépens du procès.

Condamnation au Carcan.

Nous avons ledit B . . . déclaré duement atteint & convaincu de... pour
réparation de quoi le condamnons à être
appliqué au Carcan de la place publique
de cette Ville, le jour de marché qui se
tiendra en icelle, y demeurer attaché par

le col l'efpace de.... heures; lui faifons
défenfes de récidiver fur peine de punition
corporelle; le condamnons en outre en...
livres d'amende envers le Roi... livres
de dommages & intérêts envers le Demandeur, & aux dépens du procès.

Réparation honorable.

Nous avons ledit B... déclaré duement atteint & convaincu des excès
& voies de fait mentionnés au procès; pour
réparation de quoi fera mandé en la Chambre, le Confeil y étant; & là nue tête, &
à genoux en préfence dudit A... & de
dix perfonnes telles qu'il voudra choifir,
être blâmé. Ordonné qu'il demandera pardon audit A... des injures atroces qu'il a
proférées contre fa réputation, le priera
de les vouloir oublier, & le reconnoîtra
pour homme d'honneur, & non taché
des injures contenues aux informations,
dont il lui donnera acte au Greffe à fes
dépens; lui faifons défenfes de récidiver
ni d'ufer de pareilles voies, à peine de
punition exemplaire; condamnons ledit
B... en... livres de dommages & intérêts, & au dépens du procès.

Condamnation à être blâmé.

Nous ordonnons que ledit B... fera
mandé en la Chambre, le Confeil y
étant, pour être blâmé d'avoir commis
les

les excès mentionnés au procès; lui faisons
défenses de récidiver sous telles peines que
de raison ; le condamnons en....livres
d'amende , en.... livres de réparation civile envers ledit A ... & aux dépens du
procès.

Condamnation à être admonesté.

Nous avons déclaré ledit B... duement
atteint & convaincu des excès & voies
de fait mentionnés au procès , pour réparation de quoi sera mandé en la Chambre,
& admonesté ; lui faisons défenses de récidiver , ni d'user de pareilles voies , sur
telles peines qu'il appartiendra ; le condamnons en.... livres de dommages &
intérêts envers A... & en ... livres d'aumône applicable aux pauvres de l'Hôpital
de... & aux dépens du procès.

Lorsqu'il y a aumône, on ne condamne
point en l'amende par le même jugement.

Condamnation à donner acte au Greffe.

Nous faisons défenses audit B... de
plus à l'avenir injurier , ni médire
audit A...à peine d'amende arbitraire, &
de plus grande s'il y écheoit ; le condamnons à donner acte au Greffe à ses dépens
audit A... qu'il ne sçait que bien & honneur en sa personne , & qu'il n'est entaché
des injures portées par les informations,
& aux dépens.

Tome II.　　　　　　　　S

Pour la célébration d'un Mariage.

Nous ordonnons que ledit B ... sera mené & conduit sous bonne & sûre garde en l'Eglise Paroissiale de S ... pour y être le mariage d'entre lui & ladite C... célébré en la maniere accoutumée, sinon réintégré esdites prisons, pour lui être son procès fait & parfait, selon la rigueur de l'Ordonnance.

Condamnation d'élever un enfant.

Nous condamnons ledit B... de prendre l'enfant duquel ladite M... est accouchée, & icelui faire nourrir, entretenir, & élever en la Religion Catholique, Apostolique, Romaine, & en la crainte de Dieu, jusques à ce qu'il soit en âge de gagner sa vie, & lui faire apprendre metier, dont il sera tenu apporter certificat au Procureur du Roi de trois en trois mois; le condamnons aussi d'aumôner ... livres au pain des prisonniers de la Conciergerie de ... aux dommages & intérêts de ladite M... & aux dépens du procès.

Lorsqu'il n'y a pas de preuve suffisante pour condamner l'accusé, & que le crime n'est pas capital, le Jugement sera ainsi.

Sentence portant qu'il sera plus amplement informé, & cependant l'accusé relaxé.

Nous ordonnons qu'il sera plus ample-ment informé des cas mentionnés au procès, contre B... dans... mois. Et cependant qu'il sera relaxé à sa caution juratoire de se représenter à toutes assignations, quand il sera par Justice ordonné, à peine de conviction, élisant à cet e..et domicile.

Si le crime est capital, la Sentence sera ainsi.

Sentence portant qu'il sera plus amplement informé, & que l'accusé tiendra prison.

Nous ordonnons qu'il sera plus ample-ment informé des cas mentionnés au procès contre l'accusé dans... pendant lequel tems l'accusé tiendra prison...

Renvoi de l'accusation.

Nous avons renvoyé ledit B... absous de l'accusation à lui imposée; & en conséquence ordonnons qu'il sera relaxé, & mis hors des prisons, à ce faire le Geolier contraint par corps, ce faisant il en demeurera bien & valablement déchargé; sera l'écroue d'emprisonnement de la personne de B... rayé & biffé ; & mention faite de la présente Sentence, en marge

d'icelui. Condamnons A... aux dommages
& intérêts dudit B... & aux dépens du
procès.

❀❀❀❀❀❀❀❀❀❀❀❀❀

CHAPITRE XVIII.

Des Appellations.

LES appellations des Sentences préparatoires, interlocutoires & définitives,
de quelque qualité qu'elles soient, seront
portées directement aux Cours Supérieures, chacun à son égard, dans les accusations pour crimes, qui méritent peine
afflictive; & pour les autres crimes aux
Cours, ou aux Baillis & Sénéchaux, au
choix & option des accusés. *Art.* 1 *du Tit.*
XXVI. *de l'Ordonnance du mois d'Août*
1670.

SECTION PREMIERE.

De l'instruction des Procès d'appel.

LE Curateur pourra interjetter appel
de la Sentence rendue contre le cadavre, ou la mémoire du défunt; il pourra
même y être obligé par quelqu'un des parens, lequel en ce cas sera tenu d'avancer
les frais. *Art.* 4 *du Titre* XXII.

2. Les Cours Supérieures pourront élire

nn autre Curateur que celui qui aura été
nommé par les Juges dont est appel. *Art.*
5 d Titre XXII.

3. Les appellations de permission d'informer , des decrets & de toutes autres
instructions seront portées à l'Audience
des Cours & Juges. *Art.* 2 *du Tit.* XXVI.

4. Aucune appellation ne pourra empêcher ou retarder l'exécution des decrets ,
l'instruction & le jugement. *Art.* 3 *du Tit.*
XXVI.

5. Si la Sentence dont est appel n'ordonne pas la peine afflictive , bannissement ou
amende-honorable , & qu'il n'y en ait appel interjetté par les Procureurs du Roi ,
ou par ceux des Justices Seigneuriales ,
mais seulement par les parties civiles , le
procès sera envoyé au Greffe des Cours
par le Greffier du premier Juge , trois
jours après le commandement qui lui sera
fait , s'il est demeurant dans le lieu de
l'établissement des Cours dans la huitaine,
s'il est hors du lieu ou dans la distance de
dix lieues ; & s'il est plus éloigné , le délai sera augmenté d'un jour pour dix lieues,
à peine d'interdiction contre le Greffier ,
& de cinq cens livres d'amende. *Art.* 11
du Titre XXVI.

6. Les délais & procédures prescrites
par l'Ordonnance du mois d'Avril 1667
seront observées pour les présentations.
Art. 11 *du Titre* XXVI.

7. La forme des préſentations eſt au Titre quatriéme du premier Tome du Stile Univerſel ſur l'Ordon du mois d'Avril 1667.

8. Si les procès de la qualité mentionnée en l'article onze du Titre 26 de l'Ordonnance du mois d'Août 1670 ci-deſſus exprimé, ſont introduits dans les Cours de Parlement, ils ſeront diſtribués ainſi que les procès civils. *Article* 12 *du Titre* XXVI.

9. Les regles pour offrir l'appointement de concluſion, obtenir lés défauts & congés, faute de conclure, & les faire juger, fournir de griefs & réponſes, ſont au Titre onze du premier Tome du Stile Univerſel civil ſur l'Ordonnance du mois d'Avril 1667.

10. Les procès criminels pendans pardevant les Juges des lieux, ne pourront être révoqués par les Cours Supérieures, ſi ce n'eſt qu'elles connoiſſent, après avoir vu les charges, que la matiere eſt légere, & ne mérite pas une plus ample inſtruction; auquel cas pourront les évoquer à la charge de les juger ſur le champ à l'Audience; & faire ment on dans l'Arret des charges & informations, le tout à peine de nullité. *Art.* 5 *du Titre* XXVI.

11. Si l'affaire eſt portée à l'Audience, les informations & procès criminels ſeront mis ès mains des Avocats Généraux. *Art.* 10 *du Titre* XXVI.

12. La forme de juger fur le champ à l'Audience les procès criminels évoqués, eſt au Titre onze du premier Tome du Stile Univerſel.

SECTION II.

Pour obtenir les Arrêts de défenſes ou
ſurſéances.

1. Les Cours ne peuvent donner aucuns Arrêts de défenſes, d'exécuter les decrets d'ajournement perſonnel, qu'après avoir vu les informations, lorſque les decrets auront été décernés par les Juges Eccléſiaſtiques & par les Juges ordinaires, Royaux & des Seigneurs. 1. Pour fauſſetés. 2. Pour malverſations d'Officiers dans l'exercice de leurs charges. 3. S'il y a d'autres coaccuſés, contre leſquels il ait été décreté priſe de corps. *Déclaration en forme d'Edit du mois de Décembre* 1680.

2. Tous Juges Royaux & des Seigneurs doivent exprimer dans les ajournemens perſonnels, le titre de l'accuſation, pour laquelle ils décreteront, à peine contre les Juges ordinaires & des Seigneurs d'interdiction de leurs Charges.

3. Les accuſés qui demanderont des défenſes, doivent attacher à leur Requête la copie du decret qui leur aura été ſignifiée.

4. Quoique les decrets d'ajournement perſonnel ſoient pour d'autres cas que ceux

S iv

ci-deffus exceptés ; les Cours peuvent refufer les Arrêts de défenfes, felon que par
le titre de l'accufation il leur paroîtra convenable au bien de la Juftice.

Requête afin d'obtenir défenfes d'exécuter
un decret d'ajournement perfonnel.

A Noffeigneurs de Parlement.

SUPPLIE humblement B... difant que pour
râifon du vol & divertiffement des effets de la fucceffion de L... ayant été informé par le Prévôt de ... à la requéte de
A ... ledit Prevôt a décerné ajournement
perfonnel contre le Suppliant , qui lui a
été fignifié le... & comme cette accufation
eft calomnieufe , & que... *Il faut expofer*
les moyens que l'on a d'empêcher l'exécution
du decret d'ajournement perfonnel. Ce confidéré , NOSSEIGNEURS , il vous plaife recevoir le Suppliant appellant de la permiffion d'informer , information & decret d'ajournement perfonnel contre lui
décerné ; le tenir pour bien relevé : ordonner que fur l'appel les parties auront
audience au premier jour ; & cependant
que commandement fera fait au Greffier
de la Prevôté de ... d'apporter les charges
& informations au Greffe de la Cour : &
à lui enjoint d'obéir au premier commandement , à peine d'y être contraint par
corps , & de cent livres d'amende : pour

lefdites informations vues, faire défenfes de mettre ledit decret à exécution; & vous ferez bien.

L'Ordonnance qui fe met fur cette Requête, eft ainfi.

Ordonnance.

SOIT fait commandement au Greffier de la Prevôté de... & au refus il y fera contraint par corps. Fait le ...

Lorfque les informations auront été mifes au Greffe de la Cour, il les faut communiquer au Procureur Général, qui donnera fes conclufions au bas de la Requête : après quoi il faut mettre le tout entre les mains de l'un des Confeillers pour en faire fon rapport; & fur cette Requête la Cour donne les défenfes, fi la matiere y eft difpofée.

Arrêt de défenfes d'exécuter un decret d'ajournement perfonnel.

Extrait des Regiftres de Parlement.

VU par la Cour l'information faite par le Prevôt de... le... à la requête de A... demandeur, le Subftitut du Procureur Général du Roi joint, contre B.. accufé, Requête dudit B... à ce qu'il plût à la Cour le recevoir appellant de la permiffion d'informer; Information, decret d'ajourne-

S v

ment perfonnel contre lui décerné , & de
tout ce qui a été contre lui fait par ledit
Prevôt de... le tenir pour bien relevé ,
ordonner que fur l'appel les parties auront audience au premier jour, avec défenfes de paffer outre à l'exécution dudit decret ; Conclufions du Procureur Général
du Roi : oui le rapport de Maître....
Confeiller en la Cour ; & tout confidéré.
La Cour a reçu & reçoit le Suppliant appellant, le tient pour bien relevé ; ordonne
que fur les appellations fur lesquelles il
fera intimer qui bon lui femblera , les
parties auront audience au premier jour ;
& cependant fait défenfes d'exécuter ledit
decret d'ajournement perfonnel , & de
faire pourfuites ailleurs qu'en la Cour ,
jufqu'à ce qu'autrement par la Cour, parties ouies , il en ait été ordonné. Fait en
Parlement le...

Si le decret d'ajournement perfonnel
avoit été converti en prife de corps, l'Arrêt de défenfes fera ainfi.

*Arrêt de défenfes d'exécuter un decret
d'ajournement perfonnel converti en prife
de corps.*

Extrait des Regiftres de Parlement.

Vu par la Cour l'information faite par
le Prevôt de... *Inférer le vu de l'information & requête comme ci-deffus.* La Cour

a reçu & reçoit le Suppliant appellant, le
tient pour bien relevé ; ordonne que sur
les appellations sur lesquelles il fera intimer qui bon lui semblera, les parties auront Audience au premier jour ; cependant
fait défenses de passer outre, & de faire
poursuite ailleurs qu'en la Cour, ni de
mettre ladite Sentence de conversion d'a-
journement personnel en prise de corps à
exécution, jusqu'à ce qu'autrement par la
Cour, parties ouies, il en ait été ordonné.
Fait en Parlement le...

Si l'accusé avoit été emprisonné en vertu
d'un decret d'ajournement personnel converti en prise de corps, il pourra obtenir
liberté de sa personne par un Arrêt sur
Requête, lequel s'expédie comme celui
qui suit.

Arrêt portant que l'accusé qui a été empri-
sonné en vertu d'un decret d'ajournement
personnel converti en prise de corps, sera
relaxé.

Extrait des Registres de Parlement.

Vu par la Cour l'information faite par
le Lieutenant Criminel de... à la re-
quête le A... demandeur, le Substitut du
Procureur Général du Roi joint, contre
B... défendeur & accusé. Requête dudit
B... à ce qu'il fût reçu appellant de la per-

mission d'informer ; information & decret
d'ajournement personnel , converti en
prise de corps par Sentence du... le tenir
pour bien relevé : ordonner que sur les
appellations les parties auront audience
au premier jour ; & cependant faire défenses de passer outre , & de mettre ladite
Sentence à exécution , & en conséquence
que le Suppliant sera relaxé & mis hors
des prisons où il est détenu en vertu dudit
decret , à ce faire, le Géolier contraint par
corps , ce faisant déchargé. Ladite Requête signée T... Conclusions du Procureur Général du Roi : oui le rapport de
Maître .. Conseiller, & tout consideré :
la Cour a reçu & reçoit le Suppliant appellant , le tient pour bien relevé : ordonne que sur l'appel, sur lequel il sera intimer qui bon lui sembler, les parties auront
audience au premier jour : & cependant
fait défenses de faire poursuite ailleurs
qu'en la Cour ; & sera le Suppliant relaxé
& mis hors des prisons , pourvu qu'il ne
soit détenu pour autre cause qu'en vertu
de ladite Sentence de conversion d'ajournement personnel en prise de corps ; à ce
faire, le Géolier contraint par corps , ce
faisant déchargé , à la charge par le Suppliant de se représenter à toutes assignations , aux pieds de la Cour , élisant domicile, fait...

Si le Juge dont est appel n'a pas dû décerner prise de corps sur l'information, l'Arrêt sera ainsi.

Arrêt qui remet l'appellant en état d'ajournement personnel.

Extrait des Regiſtres de Parlement.

Vu par la Cour ... *Inſérer le vu des informations & les concluſions de la Requête , &c.*

La Cour a reçu & reçoit le Suppliant appellant, le tient pour bien relevé ; lui permet de faire intimer qui bon lui ſemblera ſur ledit appel , ſur lequel les parties auront audience au premier jour ; & cependant fait défenſes de mettre ledit decret de priſe de corps à exécution, ni d'attenter à la perſonne & biens du Suppliant , à peine de ... d'amende , à la charge par lui de ſe repréſenter à toutes aſſignations qui lui ſeront données en état d'ajournement perſonnel pardevant ledit Lieutenant Criminel de ... pour l'inſtruction du procès qui ſera par lui continuée juſques à Sentence définitive incluſivement , ſauf l'exécution s'il en eſt appellé, & ſauf audit Lieutenant Criminel à decreter de nouveau s'il ſurvient plus grande charge. Fait en parlement...

Les Cours Supérieures ne pourront donner aucunes défenſes ou ſurſéances de continuer l'inſtruction des procès crimi-

neis, fans voir les charges & informations,
& fans conclufions des Procureurs Généraux, dont il fera fait mention dans les
Arrêts ; fi ce n'eft qu'il n'y ait qu'un ajournement perfonnel ; Sa Majefté a déclaré
nulles toutes celles qui pourroient être
données, & veut que fans y avoir égard,
ni qu'il foit befoin d'en demander main-
levée, l'inftruction foit continuée, & les
parties qui les auront obtenues, & les Procureurs condamnés chacun en cent livres
d'amende, applicable moitié à la partie,
& moitié aux pauvres, qui ne pourront
être remifes ni modérées. *Art. 4 du Titre*
XXVI. *Déclaration en forme d'Edit du*
mois de Décembre 1680.

Il faut faire porter au Greffe de la Cour
les informations, & les communiquer
avec la Requête au Procureur Général
pour avoir fes conclufions. La Requête
fera dreffée en la forme de celle ci-deffus
page 416, fur laquelle fe donne l'Arrêt de défenfes.

Arrêt de défenfes de continuer l'inftruction
d'un procès.

Extrait des regiftres de Parlement.

Vu par la Cour l'information, &c. La
Cour a reçu & reçoit le Suppliant appellant, le tient pour bien relevé ; ordonne que fur l'appel fur lequel il fera intimer

qui bon lui semblera, les parties auront
audience au premier jour ; & cependant
fait défenses de continuer l'instruction du
procès , ni de faire poursuites ailleurs
qu'en la Cour , & à tous Huissiers , Sergens & Archers , d'attenter à la personne
& biens du Suppliant, jusqu'à ce qu'autrement par la Cour , parties ouies , en ait
été ordonné , à la charge de se représenter
par le Suppliant à l'Audience, & toutefois
& quantes que par la Cour sera ordonné,
faisant ses soumissions & élisant domicile.
Fait en Parlement le...

Si les défenses ou surséances n'ont pas
été bien obtenues, l'on peut donner Requête à la Cour pour les faire lever , sur
laquelle l'Arrêt pourroit être en la forme
qui suit.

Arrêt qui leve les défenses.

Extrait des Registres de Parlement.

Vu par la Cour l'information faite par
le Lieutenant Criminel de... à la requête de A... demandeur & complaignant,
le Substitut du Procureur Général joint ,
contre B... accusé. Requête de A... contenant que pour raison de... il a fait informer & obtenu decret de prise de corps
contre B... lequel sans faire appeller le
Suppliant , a obtenu Arrêt de défenses ;
requeroit être reçu opposant à icelui , &

faisant droit sur son opposition, qu'il plût
à la Cour lever lesdites défenses, & ot-
donner qu'il sera passé outre à l'instruction
du procès. Conclusions du Procureur Général du Roi : oui le rapport de Maître...
Conseiller, & tout considéré : la Cour a
reçu & reçoit le Suppliant opposant, ordonne que sur ladite oppposition les parties auront audience au premier jour : &
cependant sans préjudice d'icelle & des
appellations, a levé & ôté les défenses
portées par ledit Arrêt ; & sera ledit B...
tenu de se représenter en personne pardevant le Lieutenant Criminel de... pour
subir l'interrogatoire sur les informations
contre lui faites ; & à cette fin sera tenu
de comparoir à la premiere assignation qui
lui sera donnée, autrement sera contre
lui procédé par ledit Lieutenant Criminel,
ainsi que de raison. Fait...

L'usage est de se pourvoir sur l'opposition à l'Audience : l'on met, *viennent* sur
la Requête : il la faut faire signifier avec
un avenir pour plaider en la forme exprimée au premier Tome du Stile Universel.

SECTION III.

Pour faire transférer les Prisonniers.

1. Si la Sentence rendue par le Juge des
lieux porte condamnation de peine
corporelle, de galeres, de bannissement

à perpétuité , ou d'amende-honorable ,
soit qu'il y est en appel ou non , l'accusé &
son procès seront envoyés ensemble , &
sûrement aux Cours où l'appel ressortit ;
Sa Majesté fait défenses aux Greffiers de les
envoyer séparément à peine d'interdiction , & de cinq cens livres d'amende.
Art. 6 du Titre XXVI.

2. Les frais pour la translation du prisonnier & le port des informations & procédures , seront faites par la partie civile,
s'il y en a , sinon par le Receveur du Domaine , ou du Seigneur qui en devra connoître. *Art. 6 du Titre* I. *de l'Ordonn. du
mois d'Août* 1670.

3. S'il y a plusieurs accusés d'un même
crime , ils seront envoyés aux Cours où
l'appel ressortit, encore qu'il n'y en ait eu
qu'un qui ait été jugé. *Article* 7 *du Titre*
XXVI.

4. Ce qui sera aussi observé si l'un des
accusés a été condamné & l'autre absous.
Art. 8 *du Titre* XXVI.

5. Si la partie civile ne faisoit pas transférer l'accusé , il peut se pourvoir en la
Cour, & demander qu'il y soit amené à la
diligence du Procureur du Roi ; & à cette
fin présenter Requête qui doit être communiquée au Procureur Général , & sur
laquelle il se donne.

Arrêt portant que la partie civile sera tenue de faire transférer l'accusé.

Extrait des Regiſtres de Parlement.

Vu par la Cour la Requête préſentée par B... priſonnier ès priſons de... contenant que par Sentence du Lieutenant Criminel de... il a été condamné à... de laquelle il s'eſt porté appellant, par acte ſignifié à A... partie civile, le... Néanmoins A... n'a point fait transférer le Suppliant en la Conciergerie de la Cour, requeroit qu'il lui plût ordonner que A... fût tenu de faire amener le Suppliant en la Conciergerie du Palais, ſinon que les priſons lui ſeront ouvertes, à ce faire le Geolier contraint par corps; à la charge de ſe rendre dans... mois en la Conciergerie du Palais. Concluſions du Procureur Général du Roi: ouï le rapport de Maître... Conſeiller, & tout conſidéré. La Cour a ordonné & ordonne que dans... jours après la ſignification du préſent Arrêt faite audit A... à ſa perſonne ou domicile, il ſera tenu de faire amener le Suppliant en la Conciergerie du Palais, avec ſon procès, pour être procédé ſur ſon appel de la Sentence contre lui rendue, autrement ledit tems paſſé ſera mené à la diligence du Subſtitut du Procureur Général en la Sénéchauſſée, & la conduite don-

née au rabais , dont il fera délivré exécutoire contre A ... Enjoint audit Subſtitut
de tenir la main à l'exécution du préſent
Arrêt , d'en certifier la Cour au mois.
Fait...

Il faut ſignifier cet Arrêt à la partie civile ; & ſi elle n'y ſatisfait après le délai
qui eſt donné pour le faire transférer, il
pourra remettre entre les mains du Procureur du Roi, l'Arrêt avec la ſignification
faite à la partie civile pour faire procéder
au bail au rabais de la conduite de l'accuſé.

Ce bail ſe fait pardevant le même Juge
dont eſt appel, à la diligence du Procureur du Roi, ou celui du Seigneur ; pour
y parvenir, il faut le faire ſçavoir par des
affiches que l'on appoſe à la porte de l'Auditoire, & dans la place publique.

*Affiches contenant qu'il ſera procédé au bail
au rabais de la conduite du priſonnier.*

DE PAR LE ROI,

Et Monſieur le Lieutenant Criminel.

ON fait ſçavoir à tous, qu'à la requête
de Monſieur le Procureur du Roi en
la Sénéchauſſée de...il ſera demain onze
heures du matin en la Chambre, & pardevant Monſieur le Lieutenant Criminel,
procédé au bail au rabais de la conduite de

B... prifonnier ès prifons de cette Ville, pour être mené fous bonne & sûre garde avec fon procès en la Conciergerie du Palais à Paris, auquel lieu toutes perfonnes feront reçues à rabaiffer le prix de ladite conduite.

Le bail au rabris fe fait en la forme fuifuivante.

Bail au rabais de la conduite du prifonnier.

L'AN... pardevant Nous M... Confeiller du Roi, Lieutenant Criminel en la Sénéchauffée de... en la Chambre Criminelle, iffue de l'Audience, eft comparu le Procureur du Roi qui a dit qu'il a fait appofer affiches, tant à la porte de cet Auditoire que dans la place publique de cette Ville, contenant qu'il fera cejourd'hui, heure préfente, procédé au bail au rabais de la conduite de B... prifonnier ès prifons de ladite Ville, pour être mené fous bonne & sûre garde avec fon procès, en la Conciergerie du Palais à Paris, requerant acte de fa comparution, dire & réquifition.

Sur quoi nous avons donné acte au Procureur du Roi de fa réquifition; & ordonné qu'il fera préfentement procédé audit bail au rabais, à l'effet de quoi ladite affiche fera lue & publiée.

En exécution de laquelle Ordonnance,

avons fait lire & publier à haute voix ladite affiche; après quoi D... Meſſager de
cette Ville en celle de Paris, a mis la conduite dudit B.... en la Conciergerie du
Palais à Paris, & port de ſon procès, à
trois cens livres, par F... à deux cens
cinquante livres, par G... à deux cens
trente livres : & par ledit D... à deux cens
livres : Et d'autant que perſonne ne s'eſt
préſenté pou rabaiſſer le prix, avons adjugé à D... la conduite de B... pour la
ſomme de deux cens livres, à la charge de
le mener avec ſon procès ſous bonne &
ſûre garde en la Conciergerie du Palais à
Paris; & à cet effet B... & ſon procès ſeront mis ès mains de D.. duquel B... il ſe
chargera ſur le regiſtre de la Geole, & du
procès ſur le regiſtre des dépôts du Greffe
Criminel; quoi faiſant le Greffier & le
Géolier des priſons de cette Ville, en demeureront bien & valablement déchargés
chacun à leur égard. Fait les jour & an que
deſſus.

Celui à qui la conduite du priſonnier
eſt confiée doit être le Meſſager du lieu,
ou une perſonne fidelle & ſolvable.

L'interrogatoire prêté ſur la ſellette
pardevant le Juge des lieux, ſera envoyé
aux Cour avec le procès, quand il y aura
appel, à peine de cent livres d'amende
contre le Greffier. *Art.* 22 *du Tit.* XIV.

Les exécutoires ſeront délivrés par les

Cours à ceux qui auront conduit les prisonniers ou porté le procès. *Article* 14 *du Titre* XXVI.

SECTION IV.

Procédures lorsque l'accusé a été transféré.

1. LES procédures faites avec les accusés volontairement, & sans protestation, depuis leurs appellations ne pourront leur être opposées, comme fins de non-recevoir *Art.* 3 *du Titre* XXV.

2. En cause d'appel le procès sera jugé sur ce qui aura été produit devant le Juge des lieux. *Art.* 3 *du Titre* XXIII.

3. Pourront néanmoins les parties présenter leurs Requêtes, & y attacher les pieces que bon leur semblera, dont sera donné copie à l'accusé, autrement la Requête & pieces seront rejettées, & pourra l'accusé y répondre par Requête qui sera aussi signifiée & copie donnée, comme aussi des pieces qui y seront attachées, sans néanmoins que faute d'en donner par l'accusé ou par la partie, le jugement du procès puisse être retardé : la forme de ces sortes de Requêtes est au chapitre XI ci-dessus. *Art.* 3 *du Titre* XXIII.

4. Les informations & procès criminels seront distribués par les Procureurs Généraux à leurs Substituts, pour sur leur

rapport y prendre des conclusions, s'il y échéoit, ou mis ès mains des Avocats Généraux, si l'affaire est portée à l'Audience, sans que les Substituts puissent les prendre au Greffe avant qu'ils leur ayent été distribués. *Art.* 10 *du Titre* II.

5. Les accusés seront interrogés sur la sellette ou derriere le Barreau, lors du jugement du procès. *Art.* 15 *du Tit.* XXVI.

6. Si les Arrêts rendus sur l'appel d'une Sentence, porrtent condamnation de peine afflictive, les condamnés seront renvoyés sur les lieux sous bonne & sûre garde, aux frais de ceux qui en sont tenus, pour y être exécutés, s'il n'est autrement ordonné par les Cours, pour des considérations particulieres. *Art.* 16 *du Titre* XXVI.

Arrêt qui confirme une Sentence.

Extrait des Regiſtres de Parlement.

Vu par la Cour le procès criminel extraordinairement fait & inſtruit par le Prévôt de . . . . ou ſon Lieutenant Criminel, à la requête de A . . . demandeur & accuſateur, le Subſtitut du Procureur Général du Roi joint, contre B.... accuſé, priſonnier ès priſons de la Conciergerie du Palais, appellant de la Sentence contre lui donnée par ledit Lieutenant Criminel le . . . par laquelle ledit

B... a été condamné à ... *Il faut transcrire*
le dispositif de la Sentence dont est appel. Et
ouï & interrogé en la Cour, ledit B...
sur sa cause d'appel, & cas à lui imposés.
Conclusions du Procureur Général du
Roi : ouï le rapport de Maître... Conseiller, & tout considéré : La Cour dit qu'il a
été bien jugé, mal & sans grief appellé par
ledit B... & l'amendera ; l'a condamné
ès dépens de la cause d'appel, & pour
faire mettre le présent Arrêt à exécution,
a renvoyé & renvoie ledit B... prisonnier pardevant ledit Lieutenant Criminel.
Fait....

Ces termes de bien jugé, mal & sans
grief appellé, ne se mettent que dans les
Arrêts qui confirment les Sentences de
mort, & à l'égard de toutes les autres peines, on dit l'appellation au néant.

Et le mot amendera, signifie que l'appellant est condamné en soixante-quinze
livres d'amende, qui se prononce seulement lorsque la Cour dit qu'il a été bien
jugé, mal & sans grief appellé ; mais si
la Cour dit, l'appellation au néant, cette
maniere de prononcer n'engendre que
l'amende ordinaire de douze livres, ainsi
qu'il est expliqué dans le premier tome du
Stile Universel, sur l'Ordonnance du mois
d'Avril 1667, Titre cinquiéme.

Lorsqu'il y a quelque considération
pour ne pas renvoyer l'exécution sur les
lieux,

lieux, la Cour prononce en ces termes :

Eⴲ pour aucune cauſe & conſidération, ordonne que l'exécution du préſent Arrêt ſera faite en la place de Grève de cette Ville de Paris. Fait en Parlement le....

Autre prononciation.

La Cour a mis & met l'appellation au néant, ordonne que la Sentence dont a été appellé ſortira effet, condamne l'appellant en une amende ordinaire de douze livres, & aux dépens de la cauſe d'appel.

Lorſque la Sentence eſt infirmée.

La Cour a mis & met l'appellation, & Sentence de laquelle a été appellé au néant ; émendant, a abſous l'appellant de l'accuſation à lui impoſée ; ordonne qu'il ſera relaxé & mis hors des priſons, à ce faire le Geolier contraint par corps, ce faiſant déchargé : & ſera l'écroue d'empriſonnement de ſa perſonne rayé & biffé, en marge duquel ſera fait mention du préſent Arrêt ; condamne l'intimé aux dépens, dommages & intérêts de l'appellant, & aux dépens, tant des cauſes principales que d'appel.

Tome II.   T

Si la Sentence n'est pas infirmée en tous les chefs.

LA Cour a mis & met l'appellation, & Sentence de laquelle a été appellé au néant, en ce que par icelle il a été ordonné que . . . émendant quant à ce pour les cas résultans du procès, condamne ledit B . . . à . . . la Sentence au résidu sortissant effet.

Lorsque la Cour évoque & juge le principal.

LA Cour a mis & met les appellations, & ce dont a été appellé au néant; évoque à elle le principal différend d'entre les parties, & y faisant droit ordonne...

CHAPITRE XIX.

De l'exécution des Sentences, Jugemens & Arrêts.

LES Jugemens en matiere Criminelle qui gisent en exécution, seront exécutés pour ce qui regarde la peine en tous lieux, & le même jour qu'ils auront été prononcés, sans permission ni *pareatis*. *Art.* 15, 21 *du Titre* XXV. *de l'Ordon. du mois d'Août* 1670.

SECTION PREMIERE.

Pour l'élargiſſement des Priſonniers.

1. Tous Greffiers, même des Cours Supérieures, & ceux des Seigneurs, ſont tenus de prononcer aux accuſés les Arrêts, Sentences & Jugemens d'abſolution ou d'élargiſſement le même jour qu'ils auront été rendus : & s'il n'y a point d'appel, par les Procureurs du Roi, ou ceux des Seigneurs dans les vingt-quatre heures, mettre les accuſés hors des priſons & l'écrire ſur le regiſtre de la Géole, comme auſſi ceux qui n'auront été condamnés qu'en des peines & réparations pécuniaires, en conſignant ès mains du Greffier les ſommes adjugées pour amendes, aumônes & intérêts civils, ſans que faute de payement d'épices, ou d'avoir levé les Arrêts, Sentences & Jugemens, les prononciations où les élargiſſemens puiſſent être différés, à peine contre le Greffier d'interdiction, de trois cens livres d'amende, dépens, dommages & intérêts des Parties. Ne pourront néanmoins les priſonniers être élargis s'ils ſont détenus pour autre cauſe. *Article 29 du Titre* XIII.

2. Les Geoliers, Greffiers des geoles, Guichetiers, Cabaretiers ou autres, ne

pourront empêcher l'élargissement des prisonniers, pour frais, nourriture, gîte, geolage, ou aucune autre dépense. *Art.* 30 *du Titre* XIII.

SECTION II.

De la taxe des dépens, & liquidation des dommages & intérêts.

1. CE qui a été ordonné pour les dépens en matiere Civile, sera exécuté en matiere Criminelle, *Art.* 20 *du Titre* XXV.

2. Les dépens adjugés par le Jugement Prevôtal, seront taxés par le Prevôt en présence du Rapporteur qui n'en pourra prétendre aucuns droits ; & s'il en est interjetté appel, le Siege qui aura rendu le Jugement en connoîtra en dernier ressort. *Art.* 27 *du Titre* II.

3. La procédure pour la taxe des dépens, & sur les appellations qui en sont interjettées, est au Titre trente-un du premier tome du Stile Universel, sur l'Ordonnance du mois d'Avril 1667.

4. Et celle pour la taxe & liquidation des dommages & intérêts, est au Titre trente-deux du même premier tome.

SECTION III.

De l'exécution des condamnations pécuniaires.

1. LES Sentences des premiers Juges qui ne contiendront que des condamnations pécuniaires, seront exécutées par maniere de provision, & nonobstant l'appel en donnant caution, si outre les dépens dans les Justices des Seigneurs, elles n'excedent la somme de quarante livres envers la Partie, & de vingt livres envers le Seigneur. *Art. 6, 7, 8 du Titre* XXV.

2. Dans les Jurisdictions Royales qui ne ressortissent nuement au Parlement, si elles n'excedent cinquante livres envers la Partie, & vingt-cinq livres envers le Roi.

3. Dans les Bailliages & Sénéchaussées où il y a Siege Présidial, Siege de Duchés & Pairies & autres ressortissans nuement aux Cours de Parlement, cent livres envers la Partie, & cinquante livres envers le Roi.

4. Les Receveurs des amendes se chargeront des sommes qui seront adjugées au Roi par forme de consignation, sans frais ni droits : & seront tenus de les employer en recette après les deux années de la condamnation, s'ils ne justifient les avoir restituées en vertu d'Arrêts des Cours Supérieures.

T iij

5. L'amende payée par provifion en la maniere ci-deffus, ne portera aucune note d'infamie, fi elle n'eft confirmée par Arrêt.

6. Sa Majefté fait défenfes aux Cours Supérieures, de donner aucunes défenfes, ou furféances d'exécuter les Sentences qui n'excéderont les fommes ci-deffus, déclare nulles celles qui pourroient être données; veut, fans qu'il foit befoin d'en demander main-levée, que les Sentences foient exécutées par provifion; & que les Parties qui auront demandé des défenfes ou furféances, & les Procureurs qui auront figné les Requêtes, ou fait quelqu'autres pourfuites, foient condamnés chacun en cent livres d'amende, qui ne pourra être remife ni modérée.

SECTION IV.

De l'exécutoire pour les frais des Procès.

1. LES Juges pourront décerner exécutoire contre la Partie Civile, s'il y en a pour les frais néceffaires à l'inftruction du procès, & à l'exécution des Jugemens, fans pouvoir y comprendre leurs épices, droits & vacations, ni les droits & falaires des Greffiers. *Art. 16 du Titre* XXV.

2. S'il n'y a point de partie Civile, ou qu'elle ne puiffe fatisfaire aux exécutoires, les Juges en décerneront d'autres contre

des Receveurs du Domaine, où il ne sera point engagé, qui les acquitteront du fonds destiné par le Roi à cet effet; & si le Domaine est engagé, les Engagistes, leurs Receveurs & Fermiers seront contraints au payement même au-dessus du fonds destiné pour les frais de Justice; & dans la Justice des Seigneurs, eux, leurs Receveurs & Fermiers, seront pareillement contraints, & les exécutoires exécutés par provision, & nonobstant l'appel contre les Receveurs ou Engagistes des Domaines de Sa Majesté & contre les Seigneurs, sauf leur recours contre la partie civile, s'il y en a. *Art 17 du Titre XXV.*

3. Sa Majesté enjoint aux premiers Juges d'observer le contenu ès articles seize & dix-sept ci-dessus exprimés, à peine de cent cinquante livres d'amende, à laquelle en cas de contravention, ils seront condamnés par les Juges Supérieurs, sans pouvoir être remise ni modérée, & veut que les mêmes exécutoires soient aussi par eux délivrés. *Art.* 18 *du Titre XXV.*

SECTION V.

De l'exécution de la condamnation à l'amende-honorable.

SI les condamnés à l'amende-honorable refusent d'obéir à Justice, les Juges seront tenus de leur en faire trois différen-

T iv

tes injonctions, après lesquelles ils pourront les condamner à plus grande peine.
Art. 22 du Titre XXV.

*Procès-verbal d'injonctions au condamné à
l'amende-honorable.*

L'AN... Nous M... Conseiller du Roi,
Lieutenant Criminel en la Sénéchauffée de.... tenant l'Audience où étoient
Maîtres ... Conseillers audit Siege, a été
amené B ... nud en chemise, la corde au
col, tenant en ses mains une torche de
cire ardente, conduit par l'Exécuteur de
la haute Justice, auquel B ... notre Greffier a prononcé la Sentence de Nous rendue contre lui le... par laquelle il est condamné de faire amende - honorable en
cette Audience, nue tête & à genoux, &
déclarer à haute & intelligible voix, que
méchamment & comme mal avisé il a ...
dont il se repent, & en demande pardon
à Dieu, au Roi & à Justice ; à laquelle Sentence ledit B ... ayant refusé d'obéir, lui
avons enjoint de se mettre à genoux, &
de satisfaire à ladite Sentence ; ce que ledit
B ... ayant refusé de faire, lui avons de-
rechef enjoint de se mettre à genoux, &
de faire l'amende-honorable, aux termes
exprimés en ladite Sentence, ce que ledit
B ... a encore refusé ; & pour la troisiéme & derniere fois lui avons enjoint de

se mettre à genoux, & de satisfaire à ladite Sentence, & suivant icelle de faire
l'amende-honorable y mentionnée, ce que
ledit B... a refusé de faire : en conséquence de quoi avons ordonné que le présent
procès-verbal sera communiqué au Procureur du Roi, pour ce fait & ses conclusions vues être ordonné ce que de raison ;
& a été ledit B... mis ès mains du Geolier pour être remené en prison. Fait les
jour & an que dessus.

Il faut communiquer ce procès-verbal
au Procureur du Roi, pour donner ses
Conclusions. Après quoi les Juges peuvent
condamner l'accusé à plus grande peine.

SECTION VI.

De l'exécution des condamnations au bannissement.

1. Tous ceux qui ont été bannis par
Sentence Prévôtale, ou Jugement
Présidial rendu en dernier ressort, & qui
seront repris, quand même ce ne seroit
que faute de garder leur ban seulement,
seront condamnés aux Galeres. *Déclara-*
tions des 31 *Mai* 1582 *&* 29 *Av.* 1687.

2. A l'égard des femmes & filles qui auront été bannies aussi par Sentence Prévôtale ou Jugement Présidial en dernier ressort, & qui seront reprises faute de gar-

T v

der leur ban, elles seront condamnées à être enfermées dans les Hôpitaux généraux les plus prochains.

3. Les Juges n'ont point la liberté de modérer ces peines, mais bien de les arbitrer à temps ou à perpétuité, ainsi qu'ils le trouveront à propos.

4. Quant à ceux & celles qui auront été bannis par Arrêts des Cours Supérieures, & qui seront pareillement repris pour n'avoir pas gardé leur ban, Sa Majesté laisse aux Cours, & autres Juges Royaux, ayant pouvoir de juger en dernier ressort, la liberté d'ordonner de leur châtiment, eu égard à la qualité des crimes pour lesquels ils auront été bannis, & à l'âge & condition des personnes.

5. Si le condamné au bannissement ne garde pas son ban, l'on peut se pourvoir en la Cour qui a donné l'Arrêt, ou au Présidial qui a rendu le Jugement dernier.

Requête à ce qu'il soit permis d'informer de la contravention, & de faire arrêter le condamné au bannissement.

A Nosseigneurs de . . . . .

Supplie humblement A . . . disant qu'à cause du crime de . . . commis par B . . . . le procès lui a été extraordinairement fait par le Lieutenant Criminel de . . . . qui a condamné B... au banniſſement pour cinq ans de la Sénéchauſſée de ... en cinq cent livres d'amende, & mille livres de dommages & intérêts, & aux dépens du procès, par Sentence du .... laquelle a été confirmée par Arrêt de la Cour du ... ſur l'appel interjetté par B ... qui au lieu de girder ſon ban eſt revenu en la Ville de....

Ce conſidéré, Nosseigneurs, il vous plaiſe, faute par B ... de garder ſon ban, permettre au Suppliant de faire informer de la contravention audit Arrêt; & cependant de le faire arrêter & conſtituer priſonnier : Pour ce fait, prendre par Monſieur le Procureur Général telles Concluſions qu'il aviſera : Et vous ferez bien.

Celui des Conſeillers auquel cette Requête aura été donnée, en fait ſon rapport en la Chambre, ſur laquelle ſe donne l'Arrêt qui ſuit.

Arrêt portant permiſſion d'informer de la contravention à l'Arrêt de banniſſement, & d'arrêter la partie condamnée.

Extrait des Regiſtres de ...

Vū par la Cour la requête préſentée par A .... à ce qu'il plût à la Cour permettre au Suppliant de faire informer de la contravention faite par B... à l'Arrêt

T vj

de la Cour... confirmatif de la Sentence du
Lieutenant Criminel de.... qui condamne
B... au bannissement pour cinq ans de la
Sénéchaussée de... & de faire arrêter &
constituer prisonnier B... faute de garder
son ban : Vû aussi les Sentence & Arrêt
susdatés ; oui le rapport de M... Conseiller, & tout considéré.

La Cour a permis & permet au Suppliant de faire informer de la contravention aud. Arrêt pardevant le plus prochain
Juge Royal des lieux de la demeure des
témoins ; pour l'information faite, rapportée au Procureur Général du Roi, être
ordonné ce qu'il appartiendra : cependant
permet au Suppliant de faire arrêter B...
& icelui constituer prisonnier, trouvé dans
les lieux d'où il a été banni : Enjoint au
Prévôt des Maréchaux de... ses Lieutenans, Exempts & Archers & tous autres,
de tenir la main à l'exécution du présent
Arrêt. Fait....

Si le condamné au bannissement est repris dans les lieux d'où il a été banni, les
procédures nécessaires pour instruire son
procès sur la contravention au Jugement
ou à l'Arrêt de condamnation sont,

1. Le procès-verbal de capture de l'accusé, faisant mention du lieu où il a été,
des noms & demeures du Sergent, & de
ceux qui ont aidé à prendre l'accusé.

2. Les Conclusions du Procureur Général, ou du Procureur du Roi, à ce que les
Huissiers & Sergens soient répétés sur
leur procès-verbal de capture, & cependant que l'accusé soit arrêté & recommandé dans la prison.

3. L'Arrêt ou Jugement conforme à
ces Conclusions ; & si la preuve de la
contravention n'étoit pas suffisamment
établie par le procès-verbal, la Cour
ajoute qu'il sera plus amplement informé
dans un temps.

4. La répétition des témoins par forme
d'information.

5. L'interrogatoire de l'accusé.

6. Les Conclusions du Procureur Général ou du Procureur du Roi, à ce que
les témoins soient recolés en leurs dépositions & confrontés à l'accusé.

7. L'Arrêt ou Jugement conforme à ces
Conclusions.

8. Le recollement des témoins & la
confrontation à l'accusé.

9. Les Conclusions définitives du Procureur Général ou du Procureur du Roi.

10. L'interrogatoire de l'accusé sur la
sellette.

11. L'Arrêt ou le Jugement dernier.

Toutes ces procédures se trouveront
dans ce Stile.

SECTION VII.

De l'exécution des condamnations à mort.

1. Si quelque femme devant ou après
avoir été condamnée à mort, paroît ou déclare être enceinte, les Juges
ordonneront qu'elle sera visitée par Ma-
trônes, qui seront nommées d'office, &
qui feront leur rapport dans la forme
prescrite au titre des Experts, par l'Ordonnance du mois d'Avril 1667. *Art.* 23
du Titre XXV.

2. Cette procédure est au Titre vingt-
uniéme du premier Tome du Stile Universel; sur l'Ordonnance du mois d'Avril
1667.

3. Si la femme se trouve enceinte,
l'exécution sera différée jusqu'après son
accouchement. *Art.* 23 *du Titre* XXV.

4. Toutes les déclarations faites par les
condamnés, après la prononciation du
Jugement, soit dans la prison, ou au lieu
du supplice, se nomment testamens de
mort, qui pourront être rédigées en la
forme qui suit.

Testament de mort.

L'AN... Nous M... Conseiller du Roi,
Lieutenant Criminel en la Sénéchaus-

Iée de ... étant en la place de... pour faire exécuter notre Sentence du .... portant condamnation à mort, contre B ... l'Exécuteur de la haute Justice nous a fait avertir que B... souhaitoit nous faire quelques déclarations pour la décharge de sa conscience, & requéroit qu'il nous plût de les recevoir; suivant lequel avis, avons ordonné de faire descendre B ... de l'échelle où il étoit monté, & étant descendu après serment par lui fait de dire vérité, nous a dit & déclaré que .... *Il faut écrire ce que le condamné voudra dire.* Lecture à lui faite du présent procès-verbal, a dit que sa déclaration contient vérité, y a persisté & a signé, *ou* déclaré ne sçavoir écrire ni signer, de ce enquis; & a été B ... remis ès mains de l'Exécuteur de la haute Justice. Fait les jour & an que dessus.

Le Sacrement de confession sera offert aux condamnés à mort, & ils seront assistés d'un Ecclésiastique jusqu'au lieu du supplice. *Article* 24 *du Titre* XXV.

Procès-verbal de l'exécution d'un Jugement portant condamnation à mort.

L'AN... le Jugement ci-dessus a été prononcé par moi Greffier en la Sénéchaussée de ... soussigné, en l'Auditoire de ladite Sénéchaussée à B... où il a été amené. Et après que le Sacrement de Confession a été adminiftré à B . . . par S . . . Prêtre, icelui B . . . . a été mis entre les mains de Z . . . Exécuteur de la haute Juftice, qui l'a conduit le même jour quatre heures de relevée en la place de . . . . & a exécuté ledit Jugement felon fa forme & teneur. Fait les jour & an que deffus.

CHAPITRE XX.

Des Lettres de rappel de Ban ou de Galeres,
commutation de peine & réhabilitation.

1. LES Lettres de rappel de Ban ou de Galeres, commutation de peine & réhabilitation, ne pourront être fcellées qu'en la Grande Chancellerie. *Article 5 du Titre* XVI *de l'Ordonnance du mois d'Août* 1670.

2. L'Arrêt ou le Jugement de condamnation fera attaché fous le contrefcel des Lettres de rappel de Ban ou de Galeres, commutation de peine, ou de réhabilitation, à faute de quoi les impétrans ne pourront s'en aider ; Sa Majefté fait défenfes aux Juges d'y avoir égard. *Art. 6 du Titre* XVI.

3. Si les Lettres font obtenues par les

Gentilshommes , elles ne pourront être adreſſées qu'aux Cours Supérieures, chacun ſuivant ſa Juriſdiction, & la qualité de la matiere, & ils ſeront tenus d'y exprimer nommément leur qualité, à peine de nullité. *Art.* 11, 12 *du Titre* XVI.

SECTION PREMIERE.

De la forme des Lettres de rappel de Ban ou de Galeres , commutation de peine & réhabilitation.

Les Lettres qui ſuivent feront connoître la maniere d'expoſer le fait lorſqu'on voudra en obtenir de pareilles.

Lettres de rappel de Ban ou de Galeres.

Louis, par la grace de Dieu, Roi de France & de Navarre : A tous préſens & à venir ; ſalut. D... Nous a expoſé qu'il y a plus de trois années que B... ayant été aſſaſſiné ; M.... ſon fils en accuſa l'expoſant, & en fit informer par notre Prévôt de... lequel décerna un decret de priſe de corps contre lui , quoique les témoins qui dépoſerent, juſtifiaſſent mieux la paſſion & la haine de M... que le prétendu crime dont il l'accuſoit ; & par Sentence du... l'expoſant fut condamné aux Galeres perpétuelles, où il a été mené depuis deux ans, & où il est à l'extrémité de sa vie par la fatigue de la chaîne, qu'il n'a plus la force de soutenir, & par le chagrin de voir son innocence injustement opprimée, & sa famille, qui ne subsistoit que par ses soins, réduite aux miseres de la plus insupportable pauvreté, faute du secours qu'il pourroit encore lui donner, Nous suppliant de lui octroyer nos Lettres à ce nécessaires. A CES CAUSES, de l'avis de notre Conseil qui a vû ladite Sentence du ... ci-attachée sous le contrescel de notre Chancellerie, & de notre grace spéciale, pleine puissance & autorité Royale, avons l'Exposant rappellé & déchargé, rappellons & déchargeons par ces présentes, des Galeres, *ou* du Bannissement, à quoi il est condamné par ladite Sentence pour le temps qui en reste à expirer, & remis l'Exposant en sa bonne renommée, & en ses biens non d'ailleurs confisqués; imposons sur ce silence à notre Procureur Général, ses Substituts présens & à venir, & tous autres, à la charge de satisfaire aux autres condamnations portées par ladite Sentence, si fait n'a été. Si donnons en mandement, &c.

Si la partie condamnée n'étoit pas dans les Galeres, l'on ne met point dans les Lettres *rappellé*, mais *déchargé & déchargeons*, &c.

Lettres de commutation de peine.

Louis, par la grace de Dieu, Roi de France & de Navarre : A tous présens & à venir ; Salut. L... Nous a exposé que dès l'âge de quatorze ans il fut mené à la guerre où il a exposé sa vie pendant plus de vingt années, principalement au Siege de... en qualité de Capitaine au Régiment de... à la bataille de... commandant la Compagnie de... & en d'autres occasions où il a donné des preuves considérables de sa valeur & de son zele pour notre service, qu'il eût continué toute sa vie avec le même courage, s'il n'eût pas eu le malheur d'avoir été condamné à servir de Forçat sur nos Galeres pendant 3 ans, par Sentence du Prévôt de...laquelle condamnation il ne peut exécuter, ayant eu la main gauche percée d'un coup de mousquet au Siege de... dont il est demeuré estropié & incapable de servir sur les Galeres, Nous suppliant très-humblement de commuer cette peine. A CES CAUSES, de l'avis de notre Conseil, qui a vû ladite Sentence du... ci-attachée sous le contrescel de notre Chancellerie, & de notre grace spéciale, pleine puissance & auto-

rité Royale, avons ledit L ... déchargé
& déchargeons par ces préfentes, de la
peine des Galeres, à laquelle il a été condamné par ladite Sentence, & icelle com-
muée, & commuons en celle de ... *ou*
de nous fervir à fes dépens en notre armée
de ... dans le Régiment de ... pendant
... années ; & rapportant par lui certifi-
cation tant du Général de l'armée, du Capitaine de la Compagnie où il aura fervi,
de l'Intendant de Juſtice, que du Secrétaire de nos Commandemens, ayant le
département de la Guerre, l'avons dès-à-
préfent remis en fa bonne renommée,
&c.

Lettres de réhabilitation.

Louis, par la grace de Dieu, Roi de
France & de Navarre : A tous préfens & à venir ; falut. N ... Nous a ex-
pofé que B ... l'ayant prié de garder un
fac rempli de papier, il ne voulut pas lui
refufer une chofe qui lui paroiſſoit être
de fi petite conféquence ; & un mois après
l'Expofant apprit que B ... étoit accufé
d'avoir fait de faux titres de Nobleffe,
ce qui l'obligea de porter au Greffe du
Bailliage de ... le fac que B ... lui avoit
donné en dépôt, dans lequel il fe trouva plufieurs pieces fervans à conviction
contre B ... ce qui faifoit voir la fincé-

rité de l'Expofant. Néanmoins fur l'interrogatoire de B . . . il fut decrété ajournement perfonnel contre l'Expofant, qui
a été interrogé, & a fubi la confrontation, par où fon innocence & fa bonne
foi font également juftifiées. Cependant
par la Sentence qui condamne B . . . . à
mort, pour réparation du crime de faux,
dont il fut convaincu, l'Expofant a été
blâmé & condamné en . . . . livres d'a-
mende qu'il a payée. Ce qui feroit une
note d'infamie, fans nos Lettres de réhabilitation, qu'il Nous fupplie très-humblement de lui octroyer, pour lui con-
ferver l'honneur qui lui eft infiniment
plus précieux que fa vie. A CES CAUSES,
de l'avis de notre Confeil, qui a vû ladite Sentence du . . . ci-attachée fous le
contrefcel de notre Chancellerie, & de
notre grace fpéciale, pleine puiffance &
autorité Royale, avons remis, reftitué
& rétabli, remettons, reftituons & ré-
tabliffons l'Expofant en fa bonne renommée, ainfi qu'il étoit avant ladite Sentence, fans que pour raifon d'icelle il
lui puiffe être imputé aucune incapacité
ni note d'infamie, laquelle nous avons
ôtée, éteinte & effacée, ôtons, étei-
gnons & effaçons par ces préfentes. Voulons & Nous plaît, que nonobftant ladite Sentence il puiffe tenir & poffé der

offices, & fur ce impofons filence à notre Procureur Général , fes Subftituts , pré- fens &c à venir , &c.

SECTION II.

Ce qu'il faut faire pour l'entérinement de Ban ou de Galeres , commutation de peine ou de réhabilitation.

C ES fortes de Lettres feront entérinées fur une fimple requête , qui fera dref- fée en la forme qui fuit.

Requête à fin d'entérinement des Lettres.

A Noſſeigneurs de . . . .

S UPPLIE humblement B . . . . qu'il vous plaife entériner les Lettres de . . . par lui obtenues en la Chancellerie de Fran- ce, le . . . pour jouir par le Suppliant de l'effet & contenu d'icelles , felon leur forme & teneur : & vous ferez bien.

Il faut communiquer la Requête & les Lettres au Procureur Général , ou au Procureur du Roi au Siege où l'adreſſe des Lettres eſt faite , pour donner fes Conclufions en la forme ci-deſſus chap, 12 , après quoi l'Arrêt qui intervient eſt ainfi ;

Sa Majefté enjoint aux Juges Royaux, même aux Cours Supérieures d'entériner les Lettres de rappel de Ban ou de Galeres, commutation de peine & de réhabilitation qui leur feront adreffées, fans examiner fi elles font conformes aux informations, fauf à repréfenter à Sa Majefté par les Cours, ce qu'elles jugeront à propos. *Art.* 7 *du Titre* XVI.

Arrêt d'entérinement des Lettres.

Extrait des Regiftres de . . . .

Veu par la Cour les Lettres de . . . obtenues en la Chancellerie par B.... le .... fignées Louis, & plus bas ... & fcellées du grand fceau de cire verte, fur lacs de foie rouge & verte, par lefquelles Sa Majefté; *Il faut exprimer en Jubftance le contenu des Lettres.* Requête de B . . . à ce qu'il plût à la Cour entériner lefdites Lettres. Conclufions du Procureur Général du Roi : Oüi le rapport de M ... Confeiller, & tout confidéré ; la Cour a entériné & entérine lefdites Lettres de . ., pour jouir par B . . . de l'effet & contenu d'icelles felon leur forme & tenueur.

Si l'Impétrant avoit été mis à la chaîne,

il faudroit ajouter dans l'Arrêt ou dans le Jugement.

Et à cette fin ledit B . . . sera détaché, & tiré de la chaîne, où il est, & sera mis en liberté.

F I N.

TABLE

DES MATIERES.

A

ABOLITION. Lettres d'abolition, *pages* 189. 192 & 193. Où l'adresse en doit être faite, 190. Où doivent être scellées ces lettres, & pour quels crimes elles ne seront point expédiées, 191. Leur forme, 192. Ce qu'il faut observer pour les présenter & publier, 193. *& suivantes.*

Accusateurs mal fondés, à quoi doivent être condamnés, 390.

Accusé. Voyez *Decrets.* Ce qu'il faut faire, si l'Accusé empêche, par voies de fait, l'exécution du decret, 147, 148. Voyez *Capture.* Ne comparant dans la quinzaine, il sera assigné par un cri public, & de quelle maniere, 156. Délais accordés aux accusés absens, 155. Voyez *Contumaces*, 158. S'étant évadé ou après avoir été relaxé, ne se présentant pas, comment procéder, 167. Celui qui a obtenu lettres pour ester à droit, à quoi obligé, 177. Instruction des procès criminels contre l'accusé présent, 149 *& suiv.* Voyez *Exoines. Sentences.* Celui qui veut purger le decret de prise de corps, peut aller volontairement en prison, 226. Ce qu'il doit faire en cas d'ajournement personnel, 227. Ce que peut faire un accusé d'un cas Prévôtal, 232. Ce qu'il doit faire pour faire juger la compétence du Prévôt des Maréchaux, 234 *& suiv.*

Voyez *Interrogatoire*. S'il veut changer quelque chofe à ce qu'il a dit, comment procéder, 254. Ceux qui doivent être jugés prévôtalement, dans quel temps doivent être interrogés, & ce qu'il y faut obferver, 255, 256. Accufés contre lefquels il y a eu originairement decret de prife de corps, quand doivent être relaxés, 347 & *fuiv*. Voyez *Ecritures. Confrontation. Repréfentation. Procédures*. Faits juftificatifs de l'accufé, comment la preuve en peut-elle être reçue, 365. Que peut il faire, la Partie civile différant de produire les témoins pour être recolés & confrontés, 348. Ne peut être relaxé pendant l'inftruction de la preuve de fes faits juftificatifs, 368. Quand tenu d'en configner les frais. *Ibid*. Si l'accufé qui a fouffert la queftion, fans rien avouer, peut-être condamné à mort? 377. Accufés refufant de répondre fous prétexte d'appellations, le procès leur fera fait comme à des muets volontaires, 388. Condamné à la mort peut être appliqué à la queftion pour avoir révélation de fes complices, 309. Renvoyé abfous, 411. Voy. *Ajournement*. Accufés d'un même crime, feront envoyés aux Cours où l'appel reffortit, encore qu'il n'y en ait qu'un qui ait été jugé. *Quid*, fi l'un des accufés a été condamné, & l'autre renvoyé abfous, 425.

Acte, voyez *Plaignant. Médecin*. Condamnation à donner Acte au Greffe pour réparation d'injures, 409.

Addition. Quand & comment on peut faire informer par addition, 110. Voyez *Requête. Ordonnance*.

Ajournement. Voyez *Decret*. Ce qu'il faut obferver quand le Decret d'ajournement perfonnel comprend decret de prise de corps contre d'autres accusés, 142. Conversion d'ajournement personnel en prise de corps, 143. Voyez *Défenses*. Arrêt portant que l'accusé emprisonné en vertu d'un decret d'ajournement personnel converti en prise de corps, sera relaxé, 419. Arrêt qui remet l'appellant en état d'ajournement personnel, 421.

Admonesté. Condamnation à être admonesté, 409.

Adultere. Condamnation contre les adulteres, 399.

Afficher. En quels cas & comment au lieu de faire la perquisition de l'accusé, il faut afficher copie du decret à la porte de l'Auditoire, 146 & *suiv.* Voyez *Assignation.*

Alimens, voyez *Requête. Prisonniers.*

Amende, voyez *Receveur.* Quelles peines emporte seulement la condamnation à l'amende, 392. Receveurs des amendes à quoi tenus pour celles qui sont adjugées au Roi, 437. Amende payée par provision, quand porte note d'infamie, 438.

Amende-honorable par contumace, comment exécutée, 167. Où se doit faire quand elle est jointe à la peine de mort, 392. Condamnation à l'amende - honorable, & pendu pour pieces falsifiées, 398. Condamnation à faire amende honorable, avoir la langue percée & aux galeres, 404. Condamnation à l'amende-honorable seulement, 406.

Amendera. Que veut dire ce mot employé dans les Arrêts sur les procès criminels, 432.

Appel, voyez *Juge.* Quels Juges ne peuvent juger à la charge de l'appel, 389. Dans quel temps le Procès-verbal sera envoyé aux Greffes des Cours par les Greffiers des premiers Juges, si la Sentence dont est appel, n'ordonne point de peine afflictive, bannissement ou amende-honorable, 413.

Appellations, même comme de Juge incompétent & recusé, inutiles en fait d'instruction d'affaires criminelles, 138, 413. Où doivent être portées les appellations des Sentences préparatoires, interlocutoires & dissinitives, 412. Regles pour l'instruction des procès d'appel, *ibid*. Où seront portées les appellations de permission d'informer, decrets & autres instructions, si elles en peuvent retarder l'exécution, 413.

Armes. Qui est le Juge de la Police pour le port d'armes, 72.

Arrêt, qui entérine les lettres pour ester à droit, 181. Voyez *Mémoire*. Arrêt sur la présentation & lecture des lettres, 198. Arrêt d'entérinement des lettres de rémission, 205. Autre portant condamnation à aumôner, & faire prier Dieu pour le défunt ; 106. Autre qui condamne l'impétrant à servir à l'armée pendant un temps, 207. Autre, lorsque la Partie civile est en cause, & qu'on lui adjuge des dépens, dommages & intérêts, *ibid*. Voyez *Renvoi*. Arrêt, lorsque l'impétrant n'est pas prisonnier, 211. Arrêt de jonction de la Requête à fin de renvoi de l'instance ; autre qui déboute le demandeur en renvoi, 212.

Assassinat. Quels Juges peuvent connoitre en dernier ressort des Assassinats prémédités, 72. Voyez *Abolition*.

Assemblées illicites, à quels Juges en appartient la connoissance, *ibid*.

Assignation. Ordonnance pour assigner les témoins pour déposer ; formule de cette assignation, 94. Affignés pour être ouis en témoignage, tenus de comparoir, & comment ils y peuvent être contraints, 95. Voyez *Official*. Affignation à l'opposant à la publication d'un Monitoire, 123. Voyez *Decret*. Affignation en conféquence d'un tel Decret, 140. Voyez *Défaut. Sentence*. Affignation à quinzaine à l'accufé contumax & abfent, comment donnée, 153, 154. quand affichée feulement à la porte de l'Auditoire, 155. Voyez *Accufé*, à l'accufé par proclamation, 170. Affignations & autres procédures contre l'accufé qui a pour prifon la fuite du Confeil, &c. faute de fe repréfenter, 169. Affignation pour voir proeéder à l'entérinement des lettres de rémiffion, 203.

B

Bail au rabais de la conduite de l'accufé, 428 & *fuiv*.

Baillis, crimes dont ils ne peuvent connoitre, 71. En quels cas les Baillis ne peuvent prévenir les Juges fubalternes, & non Royaux de leur reffort, 99.

Ban, voyez *Rappel*.

Banniffement. Comment feront exécutées les condamnations au banniffement perpétuel par contumace, 174, 175. Condamnation au banniffement perpétuel, 404 & *fuiv*. au banniffement à temps, 407. De l'exécution des condamnations au banniffement, 441. & *fuiv*.

Blâmer. Condamnation à être blâmé, 408.

Bleffé, voyez *Procès-verbal*.

Brûler, voyez *Poing*. Condamnation à être pendu & brûlé, 395.

TABLE

C

CADAVRE. Comment l'ouverture & visite du cadavre de l'accusé décédé de ses blessures, peut être requise & ordonnée, 218 & suiv. Pour quels crimes on peut faire le procès à un cadavre, & comment y procéder, 274. Condamnation contre un cadavre, 400.

Capture. Procès-verbal de capture de l'accusé, 217. Observations sur la capture des accusés, 228 & suiv.

Carcan. Condamnation à cette peine, 407.

Cas Royaux, 71.

Chartre, Défenses aux Prévôts des Maréchaux de faire Chartre privée, 230.

Commissaire qui a fait une information, ce qu'il doit faire, 109.

Commissions pour informer, lorsque les témoins sont éloignés du lieu où se fait le procès, 105. De qui se peuvent servir ceux qui exécuteront les Commissions émanées du Roi, pour écrire l'information, & ce qu'ils y doivent observer, 101. Commission rogatoire adressante au plus prochain Juge Royal, du domicile des témoins, 106. Arrêt portant commission au Juge inférieur pour informer; diverses sortes de commissions, 107. Voy. Juge.

Communauté, voyez Interrogatoires. Ordonnances. Signification à une Communauté d'habitans, 270. Voyez Sentence.

Commutation. Lettres de commutation de peine, 451.

Comparaison. Pieces de comparaison, par qui peuvent être fournies, 282. Vérification lorsque l'accusé convient des pieces de comparaison, Ibid. & suiv. Procédures lorsque les pieces de comparaison sont contestées, 283 & suiv. Ce qui doit être ordonné & obfervé , foit que les pieces de comparaifon foient admifes ou rejettées, 284.

Comparution. Acte de comparution perfonnelle , 217.

Compétence des Juges , 69. Regles pour le jugement de la compétence des Prévôts des Maréchaux , 236 & *fuiv*. Où doit être jugée la compétence, *Idem*. Voyez *Accufé*. Ce que doit exprimer le jugement de la Compétence , 237. Par combien de Juges il doit être rendu, & comment figné ; Jugement par lequel le Prévôt des Maréchaux eft déclaré incompétent, *Idem*. Compétent , *Idem*. Comment il doit être prononcé & fignifié à l'accufé ; de ce qui regarde l'exécution du jugement de la Compétence , 240. Voyez *Lieutenans Criminels*. Exécution du jugement de la Compétence , 245.

Complice , voyez *Accufé*. Comment procéder à l'égard des complices révélés en la queftion par le condamné à la mort par le jugement Prévôtal , 390.

Conclufions. Modeles de Conclufions des Procureurs du Roi, ou de ceux des Seigneurs , à mettre au bas des procès-verbaux de l'état des perfonnes bleffées , 90. Conclufions du Procureur du Roi après les affignations données à l'accufé , pour le recollement des témoins , 158. Pareilles conclufions contre l'accufé qui s'eft évadé depuis fon interrogatoire , 168. Voy. *Contumace*. Conclufions définitives du même Magiftrat fur la contumace d'un accufé , 163. Conclufions enfuite du défaut contre l'accufé , faute de fe repréfenter, 171. Comment doivent être données les Conclufions définitives des Procureurs du Roi ou de ceux des Seigneurs, 173, 174.

V iv

Formules & efpeces différentes de ces fortes
de Conclufions, 357 & *fuiv.*

Condamnations de mort : comment doivent être
exécutées, 166, de Galeres, amende-honorable, &c. 167.

Confeffion. Le Sacrement de Confeffion accordé aux condamnés à mort, 447.

Confifcation. Regles fur la confifcation des biens
des condamnés par contumace, 176. Quelles
condamnations emportent confifcation des
biens, 392.

Confrontation des témoins ; jugement portant
que les témoins feront récolés & confrontés, 327. & *fuiv.* Regles pour bien faire les
confrontations, 329. Comment doivent être
écrites les confrontations, 330. Modele
de confrontation, 331. Confrontation littérale, quand au lieu, & comment eft faite,
334 & *fuiv.* Confrontation aux accufés fur
leurs interrogatoires, 337. Confrontation
des accufés les uns aux autres, 338. Des Experts qui ont dépofé fur une infcription de
faux, 339. Confrontation aux muets &
fourds, & à ceux qui refufent de répondre,
341 & *fuiv.* aux Syndics & Députés ou Curateurs des Communautés, Villes, Bourgs,
&c. 344. aux Curateurs nommés aux cadavres, ou à la mémoire des défunts, 345.
Voyez *Etranger.* Supplément aux confrontations, 346.

Congé, voyez *Faux*, demande en profit de congé, 315. Arrêt fur congé, faute de fournir
les moyens de faux, 317.

Confignation requife avant que de demander à
s'infcrire en faux, 295. Voyez *Accufé*, où
doit être faite celle des fommes qui feront
adjugées au Roi, 437.

Contumace de témoins laïcs, comment pourfui-

DES MATIERES.

vie, 95. Jugement de la contumace ; Conclusions définitives du Procureur du Roi sur la contumace, 163. Jugement définitif de condamnation à mort par contumace, 164. Autres condamnations par contumace, 166. Regles pour l'exécution des jugemens de contumace, 167. Voyez *Accusé*. Contumace contre l'accusé qui s'est évadé depuis son interrogatoire, 167 & *suiv*. Voyez *Assignation*. Comment s'instruit la contumace, faute de présence, lors du Jugement du procès, qui a été instruit avec lui, 172. Voyez *Procédures*. Sentence portant surséance au jugement de la contumace, l'accusé se trouvant indisposé, 217.

Cours Supérieures peuvent élire un autre Curateur que celui nommé par les Juges dont est appel, 412 & *suiv*.

Crimes, à qui en appartient la connoissance, 69. Quels crimes ne peuvent être poursuivis qu'en la Grand'Chambre du Parlement de Paris, 70 Voyez *Baillis*. *Sénéchaux*. *Présidiaux*. *Prévôts des Maréchaux*. *Lieutenans* Criminels. *Procureurs du Roi*.

Crimes exceptés, voy. *Abolition*, *Juge*, *Procès*.

Cri. Voyez *Accusé*. Où & comment doit être fait le cri public, 156. Voyez *Procès verbal*.

Curateur. Nomination d'un Curateur au muet & sourd, & de ce qui le regarde, 259 & *suiv*. Voyez *Sentence*. Acte d'acceptation & de serment du Curateur à une Communauté, 272. Voyez *Interrogatoire* ; ces Curateurs & autres, comment interrogés lors du dernier interrogatoire, 372, 373. Obligé en quelque façon d'interjetter appel de la Sentence rendue contre le cadavre ou la mémoire du défunt, 412.

Curés & Vicaires refufant de publier Monitoires, comment y peuvent être contraints, 120

D

DECRET fur quelles conclufions doivent
être rendus les Decrets, 129. Combien
de fortes de Decrets, 130. Decret d'affigné
pour être oui, *Idem*. Decret d'ajournement
perfonnel, 131 & *fuiv*. Quel eft fon effet ;
Decret de prife de corps contre qui il peut
être décerné ; fa force, 132, 133, 134. Plufieurs & divers chefs fur lefquels peut être
décerné Decret de prife de corps, 135. Voy.
Procès-verbal. Decret d'ajournement perfonnel fur un Procès-verbal, 136. De l'exécution des Decrets contre les accufés abfens,
138. Devoirs de ceux qui font obligés de
s'employer à cette exécution, 139. Si un
Decret de prife de corps ou d'ajournement
perfonnel peut être décerné en inftruifant
les procès ordinaires, 326. Exécution des
Decrets ne peut être empêchée ni retardée par les appellations, 415.

Défaut. Modele de défaut contre les témoins,
95 & *fuiv*. autre contre les témoins, 97.
contre les Réguliers, faute de dépofer, 98.
Défaut contre l'accufé abfent, faute de comparoir, 140. Autres défauts & contumaces,
153. & *fuiv*. Défaut contre l'accufé, faute
de fe repréfenter, 164. Des Défauts à faute
de mettre au Greffe la piece infcrite de
faux, 300. Demande en profit de défaut,
302.

Défenfes. Regles pour obtenir les Arrêts de
défenfes, 415 & *fuiv*. Requête à fin d'obtenir défenfes d'exécuter un Decret d'ajournement perfonnel, 416 & *fuiv*. Arrêt de
défenfes d'exécuter ce Decret, 417. Autre

DES MATIERES.

Arrêt de défenses lorsque ce decret est converti en prise de corps, 418 & *suiv*. Arrêt de défenses de continuer l'instruction d'un Procès, 422 Arrêt qui leve les défenses, 423.

Délais accordés à l'accusé décrété d'ajournement personnel, 131. Délai de vingt-quatre heures à l'accusé pour répondre, 266.

Dénonciateurs malfondés, comment seront punis, 390.

Dénonciation. Comment doivent être faites les Dénonciations qui se feront aux Procureurs du Roi, & aux Procureurs des Seigneurs, 83. Dénonciations sur le registre du Procureur du Roi, *Ibid*.

Dépens. Même procédure en matiere criminelle, qu'en matiere civile à l'égard des dépens, 435.

Dépositions. Ordonnance & autres procédures concernant les dépositions des témoins, 94. & *suiv*. Dépositions déclarées nulles par défaut de formalités, peuvent être réitérées, 111.

Duel. Procédures pour le crime de duel, 73. Lettres d'abolition pour les duels ne se donnent point, 191.

Déserteurs d'armée, à quels Juges en appartient la punition, 72.

Désistement de plainte, 80.

E

ECClÉSIASTIQUES, voyez *Ordonnances, Témoins*.

Ecriture, voyez *Reconnoissance. Procès verbal*. Vérification d'Ecritures privées par Experts, celles qui sont faites contre les accusés, 280 & *suiv*.

Ecroue de l'accusé qui se rend volontairement

prisonnier, 226. Ecroué en conséquence de capture, 228. A qui les Ecroues peuvent être délivrés, & comment ils doivent être écrits, 230.

Effigie. Quelles condamnations sont exécutées par Effigie, 166. Voyez *Procès verbal.*

Elargissement d'un accusé à sa caution juratoire, 423. Arrêt d'élargissement, cas auxquels l'élargissement des prisonniers ne peut être empêché ni différé, 435 & *suiv.*

Emotions populaires, quels Juges en peuvent connoître, 71, 72, 73.

Emprisonnement. En quel cas on peut faire emprisonner les assignés pour déposer, 97.

Enfant. Si les dépositions des enfans au-dessous de l'âge de puberté, sont recevables en Justice, 100. Condamnation d'élever un enfant, 410.

Entérinement. Regles pour l'instruction & jugement de l'instance pour l'entérinement des Lettres d'abolition, rémission & pardon, 200. Assigner la partie civile pour procéder à l'entérinement de ces lettres, 202 & *suiv.* Requête & Ordonnance à fin d'assigner la partie civile pour voir procéder à l'entérinement des lettres, 203. Voyez *Arrêt.*

Etranger. Confrontation aux Etrangers qui n'entendent pas la Langue Françoise, comment se fait, 345.

Evoquer. Si les Cours Supérieures peuvent évoquer les procès criminels pendans pardevant les Juges des lieux, 414.

Exécution des Sentences, Jugemens & Arrêts, 434 & *suiv.*

Exécutoire, voyez *Voyage* contre la partie civile, s'il y en a, pour les frais nécessaires à l'instruction du procès, & à l'exécution des jugemens, ou contre les Receveurs du Domaine ou autres , s'il n'y a point de partie civile , 438.

Exoine des accusés , ce que c'est, & comment ils doivent la propofer & justifier, 213. Sommation à la partie civile de comparoir à l'audience pour voir dire que l'Exoine fera reçue , 214. Ce qui doit être ordonné lorfque les caufes en paroiffent légitimes; Jugement portant permiffion d'informer de la vérité de l'Exoine , 215. Quel droit fera fait fur l'incident de l'Exoine , fuivant ce qui réfultera des informations , 216. Saifie & annotation de biens tient pendant le délai de l'Exoine , 218.

Experts en fait de vérification de pieces de comparaifon, 283 *& fuiv.* Ordonnance lorfque les Experts font contraires en leurs rapports, 285. Comment ils les doivent donner & être répétés ; en fait d'écritures , ils doivent être récolés & confrontés féparément, 286. Ordonnance pour faire affigner les Experts pour faire le ferment de procéder à la vérification des pieces infcrites de faux , 322. Voyez *Confrontation.*

F

FAITS juftificatifs , en quels tems la preuve en peut être ordonnée , & ce qu'il y faut obferver , 365. Voyez *Jugement.*

Faux. En combien de manieres fe commet le crime de faux , 293. Ce que c'est que faux principal , & faux incident , *Ibid.* Procédures fur le crime de faux , comment fe font , & ce qu'il y faut obferver, 294. Jugement portant permiffion d'informer d'un faux principal , *Ibid.* Voyez *Infcription de faux.* Déclaration du défendeur qu'il ne veut point fe fervir de

TABLE

la piece inscrite de faux, 299. Voyez *Défaut*. Arrêt, faute de mettre au Greffe une piece inscrite de faux, 308. Procédures lorsque le défendeur veut se servir de la piece inscrite de faux, 304. Arrêt pour faire apporter au Greffe une minute inscrite de faux, 307. Ordonnance à fin d'assigner la partie civile pour voir dresser Procès-verbal d'une piece inscrite de faux, 312. Voyez *Procès verbal*. Congé faute de fournir les moyens de faux, 314. Procédures lorsque le demandeur donne ses moyens de faux, 318. Moyens de faux, *Ibid*. Jonction des moyens de faux au procès, 320. Moyens de faux déclarés admissibles, 321.

Femme. Condamnation d'une femme de mauvaise vie qui a été plusieurs fois reprise de Justice, 406. Si la femme condamnée à mort, paroît ou se déclare enceinte, 446.

Flétrissure. Comment seront exécutées les condamnations à flétrissure par contumace, 167. Condamnation à être flétri, 405.

Force publique, à qui appartient la connoissance de ce crime, 71.

Fouet. Condamnation au fouet, 405 & *suiv*.

G

GALERES. Comment sont exécutées les condamnations aux galeres par contumace, 167. Jugement définitif de condamnation aux galeres par contumace, 166 & *suiv*. Condamnation aux galeres à perpétuité, 403. aux galeres à tems, 405.

Géoliers, quel est leur devoir, 230, 231. Géoliers ne peuvent retenir les prisonniers pour gite & géolage, 435.

Greffiers. Devoirs des Greffiers pour la communication des procédures criminelles, 110 &

DES MATIERES.

fuiv. Défenfes aux Greffiers des prifons de délivrer des écroues à ceux qui ne feront point actuellement prifonniers; quels droits ils peuvent prendre, 231. Autres devoirs des Greffiers des géoles touchant les prifonniers, 232. tenus d'enregiftrer fans droits les deux minutes des Jugemens Prévôtaux, 390.

Guerre. Quels Juges connoiffent en dernier reffort, des oppreffions, excès ou autres crimes commis par des gens de guerre, & des levées de gens de guerre fans commiffion du Roi, 72.

H

Habit. Decret de prife de corps fous la défignation de l'habit, 134.

Héréfie, quels Juges peuvent connoître de ce crime, 71.

I

Information. Reglement de Juges en fait d'information, 93. Regles pour bien faire l'information, 100. Modele d'information, 102. & *fuiv.* Voyez *Commiffaire. Preuve.*

Infcription de faux, quels Juges en peuvent connoître, 295. Requête à ce que le défendeur foit tenu de déclarer s'il veut fe fervir de la piece maintenue fauffe, 297. Ordonnance portant que l'infcription en faux fera faite au Greffe, 298. Sommation & autres procédures touchant les infcriptions en faux, *Ibid.* & *fuiv.* Acte d'infcription de faux, 305.

Inftance en conféquence des lettres pour purger la mémoire d'un défunt, 186 & *fuiv.*

Interpellations que l'accufé peut faire faire au témoin lors de la confrontation, 333.

Interprêtes d'Etrangers, comment interrogés lors du dernier interrogatoire, 371.

Interrogatoire. Regles pour faire les interrogatoires, 249 & *suiv*. Forme d'interrogatoire, 252, Maniere d'exprimer les explications ou changemens que l'accusé veut faire à son interrogatoire, 254. Interrogatoire aux accusés qui doivent être jugés en dernier reſſort, 255. Aux accusés qui n'entendent pas la langue Françoiſe, 257. Interrogatoire aux muets & ſourds, 259. qui veulent écrire leurs réponſes, 213. aux muets volontaires, 262. à celui qui refuſe de répondre, 263. aux Communautés des Villes, Bourgs, &c. 268. à une Communauté d'habitans en la perſonne d'un Sindic, Député ou Curateur, 272. Interrogatoire au Curateur du cadavre, ou au Curateur à la mémoire du défunt, 274. Interrogatoire à ceux qui doivent être jugés Prévôtalement, 275. Regles ſur quelques incidens qui peuvent ſurvenir après l'interrogatoire, 276. Interrogatoires à qui doivent être communiqués, 277. Interrogatoires à l'accuſé ſur la ſellette, 371 & *suiv*.

Inventaire. Prévôts arrêtant un accuſé, tenus de faire inventaire de l'argent, hardes & autres choſes, dont ils ſe trouvent ſaiſis, 229.

Juge. De quels crimes les Juges ordinaires des lieux ne peuvent connoître, 70. Juges Royaux n'ont aucune prévention entr'eux, 99. En quels cas les Juges Supérieurs peuvent connoître des crimes à l'excluſion des Juges ordinaires Royaux, 70. De qui les Juges ſe ſerviront pour écrire les informations, 101. Si le Juge commis peut ſubdéléguer, 108. Ses fonctions pour faire l'information par addition, 110. Défenſes aux Juges d'ordonner autre aſſignation ou proclamation que celles portées par les Ordonnances, 157. Se pour-

voir pardevant les mêmes Juges qui auront
rendu la condamnation par contumace, à
l'effet de purger la mémoire d'un défunt,
184. Ce que les Juges doivent obferver quand
il s'agit d'entérinement des lettres d'abolition, rémiffion ou pardon, 200. Injonction
aux Juges de travailler à l'expédition des
affaires criminelles par préférence à toutes
autres, 387. Nombre de Juges néceffaires
aux Jugemens des procès criminels, tant à
la charge de l'appel, qu'en dernier reffort,
389.

Jugement, voyez *Monitoire. Contumace. Galeres.*
Exécution des Jugemens de contumace, 174.
& *fuiv.* Voyez *Exoine.* Jugement portant
que les informations feront apportées au
Greffe du Préfidial, 233. Voyez *Compétence.*
Jugement portant que les témoins feront récolés & confrontés, 327. Jugement portant
délai à la partie civile, de faire récoler &
confronter les témoins, 349 & *fuiv.* Jugement par lequel l'accufé eft reçu à faire
preuve de fes faits juftificatifs, 366. Jugemens des procès criminels, ce qu'il y faut
obferver, 388 & *fuiv.* Si dans le difpofitif on
peut faire mention des Curateurs des muets
& fourds, & des Curateurs des cadavres, &c.
391. Jugemens définitifs ou d'inftruction, en
quel cas pafferont à l'avis le plus doux, *Ibid.*
Par qui doivent être fignés les Jugemens,
foit à la charge de l'appel, ou en dernier
reffort, 393. De ce qui regarde leur exécution, 434 & *fuiv.*

L

LAICS : comment peuvent être contraints à
venir dépofer, 96.
Langue. Condamnation à avoir la Langue

coupée, & être pendu & brûlé, 395.

Lettres pour ester à droit après les cinq années de la contumace, 177 *& suiv.* Dans quels temps elles doivent être présentées par l'accusé, & comment, 178 *& suiv.* Procédures pour leur entérinement, 180. Lettres qui reçoivent à purger la mémoire d'un défunt, 183. Voyez *Abolition. Entérinement*, 189. Ce que doivent faire les Juges, quand elles ne sont pas conformes aux charges ; en quel cas les Lettres ne sont pas admissibles ; Instruction particuliere, lorsque les Lettres ont été obtenues par des Gentils-hommes, 191 *& suiv.* Voyez *Renvoi. Rappel. Commutation. Réhabilitation.*

Lieutenans Criminel de Robe-Courte, de quels crimes peuvent connoitre en dernier ressort, & en quels cas, 72. Compétence des Lieutenans Criminels, 240. Quel est leur devoir, 244, 245.

M

M**AJESTÉ.** A qui appartient la connoissance du crime de leze-Majesté en tous ses chefs, 71.

Maladie des accusés qui ne peuvent comparoir en Justice, comment doit être justifiée, 213. Quel droit sera fait sur la vérité d'icelle, 215. Voyez *Sentence.*

Maréchaussée. Voyez *Prévôt.*

Mariage. Condamnation à célébrer un Mariage, 410.

Médecin, voyez *Ordonnance.* 90. Acte de prestation de serment des Médecins & Chirurgiens nommés d'office, 91. Voyez *Rapport* des Médecins, &c.

Mémoire. Procédures à l'effet de purger la mémoire d'un défunt, 183. Voyez *Instance.*

Arrêt qui purge la mémoire d'un défunt condamné par contumace, 188. Pour quels crimes & comment on fait le procès à la mémoire d'un défunt, 274.

Minute. Requête & Arrêt pour faire apporter au Greffe la minute d'une piece inscrite de faux, 305. Minute des Jugemens Prévôtaux, par qui elles doivent être signées, & où elles doivent demeurer, 390.

Monitoire, ce que c'est, 111. Ce qu'il faut faire pour obtenir les Monitoires, 112. Voyez *Requêtes. Ordonnances.* Que doivent contenir les Monitoires, 113. Jugement portant permission d'obtenir & faire publier Monitoire, 114. Procédures contre les Officiaux qui refusent d'accorder les Monitoires, *Ibid.* Sommation d'accorder Monitoire, 115. Quelle est la forme des Monitoires, 118. Modele de Monitoire, 119. Voyez *Curés. Requête. Ordonnance. Oppositions.* Ce qu'il faut faire lorsque les Monitoires sont publiés, 125.

Monnoye. Quels Juges connoissent du crime de fausse Monnoye, 71, 73.

Mort, voyez *Contumace.* Mort civile des condamnés par contumace, après quel temps & de quel jour elle a lieu, 175. Conclusions à mort, 360. Condamnations à mort de plusieurs & différentes manieres, 394 & *suiv.* De l'exécution des condamnations à mort, 446.

Muet, voyez *Interrogatoires.* Comment procéder à celui des muets volontaires, 263 & *suiv.* Muet ou sourd jugé en son propre nom, sans qu'il soit fait mention de son curateur, 391. Voyez *Curateur.*

N

NOTAIRE. Procédures pour contraindre un Notaire d'apporter au Greffe une minute inscrite de faux, 308 & *suiv.*

Nourriture, par qui doit être fournie aux prisonniers pour crime, 231.

O

OFFICIAL, voyez *Monitoire*. Requête pour avoir permission de faire saisir le temporel de l'Official, & ce qu'il y faut attacher, 115, 116. Ordonnance portant cette permission, *Ibid*. Saisie & Arrêt du temporel de l'Official, 117. Assignation à l'Official sur la saisie de son temporel, *Ibid*. Ce que les Juges peuvent ordonner en cas que les Officiaux persistent en leur refus, 118. Droits attribués aux Officiaux & à leurs Greffiers pour leurs Monitoires, 120.

Officialité. Défenses aux Juges des Officialités d'ordonner qu'aucune partie soit amenée sans scandale, 137.

Officier. Quels Juges peuvent connoître de la correction des Officiers Royaux, & des malversations par eux commises en leurs Charges, 70.

Oppositions à la publication des Monitoires, ce qu'il faut observer, 123. Jugemens intervenus sur ces oppositions, comment exécutés, 125.

Ordonnances. Ordonnance portant permission d'informer & d'obtenir Monitoire, 77. Ordonnance portant nomination des Médecins & Chirurgiens pour visiter un blessé, 91. Ordonnances contre les Ecclésiastiques séculiers & réguliers faute de venir déposer, 98. Ordonnance portant permission d'informer pardevant le plus prochain Juge Royal, 105.

DES MATIERES.

Ordonnance portant permission d'informer par addition, 110. Ordonnance portant permission d'obtenir & faire publier Monitoire, 113. Ordonnance portant nomination d'office d'un Prêtre pour publier le Monitoire, 122. Ordonnance par laquelle les frais du voyage pour apporter les révélations sont taxés, 127. Ordonnance pour faire répéter les témoins ouis en révélation, 129. Ordonnance portant permission à l'Huissier porteur d'un decret, de se faire assister d'un nombre de Records, 149. Ordonnance pour assigner les témoins pour être récolés en leurs dépositions, 160. Ordonnance portant que le cadavre sera visité par un Médecin & un Chirurgien, 219. Ordonnance portant un délai de 24 heures à l'accusé pour répondre, 266. Ordonnance portant que les Communautés nommeront un Syndic ou Député pour subir interrogatoire, 269 & *suiv.* Ordonnance portant que l'accusé consignera pour les frais de la preuve des faits justificatifs, 369. Ordonnances sur la vérification d'écritures privées, & pieces inscrites de faux, 298, 306, 312, 322.

P

*P*ARDON. Lettres de Pardon; pour quels crimes elles s'accordent; modele de Lettres de Pardon, 196, 197.

Parties. A quoi seront condamnés ceux qui ne se seront rendus parties, ou qui s'en seront désistés, si leurs plaintes sont jugées calomnieuses, 390. Voyez *Entérinement.* Plaignans quand réputés parties civiles. Voyez *Plaignant.*

Peine. Ordre des peines infligées aux accusés convaincus, 393.

Pendre. Condamnation à être pendu , préalablement appliqué à la question ordinaire &
extraordinaire . 397. Pendu pour pieces falsifiées , 398. Pendu pour fausse monnoye ,
399.

Permission de faire saisir le temporel de l'Official , 116.

Perquisition de l'accusé , où elle doit être
faite , 144. Procès-verbal de perquisition ,
145. Autres procédures après la perquisition
de l'accusé , 146.

Plaignant , ayant rendu sa plainte devant un
Juge , ne peut demander son renvoi devant
un autre, 75. En quels cas les Plaignans sont
réputés parties civiles , 79. Acte par lequel
le Plaignant se rend partie civile , *Ibid*. Si
le Plaignant se peut désister de cet acte , &
dans quel temps , *Ibid*. Formule de ce désistement ; en cas de désistement de quoi sera
tenu , 80.

Plaintes. Par qui elles ne peuvent être reçues,
74. Commissaires du Châtelet de Paris
maintenus dans leurs fonctions sur la réception des plaintes, & ce qu'ils doivent observer à cet égard , *Ibid*. Comment les plaintes
doivent être écrites & dressées , 75. Maniere
de faire les plaintes , *Ibid*. Requête contenant une plainte , *Ibid*. De quel jour en ce
cas elle aura date , 76. Voyez *Ordonnances*.
Plainte & demande pour être mis en la sauve
garde du Roi , de Justice & de l'accusé , 81.
Quels decrets peuvent être décernés sur la
seule notoriété, sur la plainte des Procureurs
du Roi , 133.

Poing. Condamnation à avoir le poing coupé
& être brûlé vif , 394.

Présentation à la question , 385.

Présidiaux. Cas Royaux dont ils peuvent connoître privativement aux autres Juges Royaux, & à ceux des Seigneurs, 71. Combien de Juges doivent résider durant les vacations dans les Villes où il y a des Présidiaux établis, 248.

Prévôts. Royaux, de quels crimes ne peuvent connoître, 70. De quels crimes connoissent en dernier ressort les Prévôts des Maréchaux, 71. Prévôts des Maréchaux ne peuvent recevoir aucunes plaintes hors leur ressort, que pour rébellion à l'exécution de leurs decrets, 86. En quels cas les Prévôts des Maréchaux peuvent informer hors de leur ressort, 99. Sous quelles peines les Prévôts des Maréchaux sont tenus de mettre à exécution les decrets & mandemens de Justice, lorsqu'ils en sont requis, 138. Devoirs & pouvoirs des Prévôts des Maréchaux dans la capture des criminels, 228. De leur compétence. Voyez *Compétence.* Dans quel temps après la capture les Prévôts des Maréchaux doivent interroger les accusés, & comment, 255. Prévôts des Maréchaux ne peuvent juger en aucun cas à la charge de l'appel, 389.

Preuve. Comment procéder s'il survient de nouvelles preuves après l'information, 110.

Prise de corps. Voyez *Decret.*

Prisonniers. Comment ils peuvent être écroués, 227. Quelles copies il faut laisser aux prisonniers lors de leur capture, 229. Autres observations nécessaires à leur égard, 230 & *suiv.* Voyez *Nourriture.* Procédures pour faire transférer les prisonniers, 424 & *suiv.* Arrêt portant que la partie civile sera tenue de faire tranférer l'accusé, 425 & *suiv.*

Procédures à l'effet de purger la mémoire d'un

défunt ; celles que la veuve, enfans ou parens d'un défunt peuvent faire pour purger sa mémoire dans les cinq ans, du jour de la Sentence de contumace, 183. Procédures pour contraindre la partie civile à mettre le procès en état de juger, 348. Lorsque la confrontation est faite, 351.

Procès. A la requête de qui les procès criminels doivent être poursuivis, s'il n'y a point de partie civile, 84. De la réception en procès ordinaire, 324. Si les parties ayant été reçues en procès ordinaire, la voie extraordinaire peut être reprise, 326. Comment il faut procéder au jugement des procès, 388 & *suiv.* Voyez *Jugemens.*

Procès-verbal de plainte, 78. Procès-verbaux des Juges, & comment ils doivent être dressés ; celui de l'état d'une personne blessée, 86 & *suiv.* Dans quel temps & avec quelles circonstances les Procès-verbaux doivent être mis au Greffe ; à qui doivent être communiqués, 90. Procès-verbaux des Présidens & Conseillers des Cours Souveraines, de quoi peuvent être décrétés, 134. De quoi le font ceux des Juges Royaux, des Sergens ou Huissiers & des Verdiers, Gardes & Sergens des Eaux & Forêts, 135. Comm^t s'intitule la répétition des Sergens, Huissiers & Records sur les Procès-verbaux, 137. Voyez *Perquisition.* Procès-verbal de l'affiche du decret à la porte de l'Auditoire, 146. Procès-verbal d'apposition de scellé en la maison d'un accusé, 151. Procès-verbal d'assignation par un cri public à la huitaine, 156. Procès-verbal d'exécution par effigie, 166. Procès-verbal d'attestation de la vérité d'un rapport de Médecin, 214. Procès-verbal de reconnoissance d'écritures

d'écritures privées, 279. Procès-verbal sur le
refus de reconnoître les pieces, 280. Procès-
verbal de vérification, lorsque l'accusé convient des pieces de comparaison, 282. Procès-
verbal lorsque les Experts procédent à la vérification des pieces déniées, 284. Continuation du Procès-verbal, lorsque l'accusé con-
reste ou refuse de convenir des pieces de
comparaison, 289. Procès-verbal contenant
l'état d'une piece inscrite de faux, 312. Procès-verbal de représentation aux accusés, des
armes, habits, ou autres choses servant à
conviction, 346. Procès-verbal de prononciation à l'accusé du jugement qui le reçoit à la
preuve de ses faits justificatifs, 367. Voyez
Question. Procès-verbal d'injonction au condamné à l'amende honorable, 440. Procès-
verbal d'exécution d'un jugement portant
condamnation à mort, 447;

Procureurs du Roi, & les Procureurs des Seigneurs tenus de poursuivre les prévenus de
crimes capitaux, 80. Voyez *Dénonciation.*
De quels crimes ils doivent faire la poursuite
en leur nom, 84. Voyez *Requête.* En quel cas
les Procureurs du Roi & ceux des Seigneurs
doivent avoir communication des révélations
des témoins, 128. Si les Procureurs du Roi
ou ceux des Seigneurs peuvent assister à la
visite ou au jugement des procès, 362.

Provision. Sentences de provision, comment
s'obtiennent, 220 & *suiv.* Regles touchant
leur exécution; Provision ne peut être adjugée à l'une & l'autre des parties par un
meme Juge, 221. En quels cas les Juges
peuvent donner une seconde Provision, 223.
Si l'exécution des Sentences de provision
peut être sursise & défendue par les Cours

Supérieures, 214. Deniers adjugés par provision ne peuvent être saisis pour quelque cause que ce soit, 225.

Q

QUESTIONS. Jugemens & Procès-verbaux de question & torture ; genres de question différens en diverses Provinces, 373. Ce qui doit être observé pour ordonner la question, 374. Voyez *Sentence. Retentum.* Comment doivent être dressés, signés & exécutés les jugemens de condamnation à la question, 375. Regles pour l'exécution du jugement qui condamne à la question, 378. Procès-verbal de question ordinaire & extraordinaire, 379. *& suiv.* Procédures avant que de donner la question à une femme qui paroît, ou se déclare enceinte, 381. *& suiv.* Procès-verbal de présentation à la question, 386.

R

RAPPEL. Des lettres de rappel de ban ou de galeres, 448 *& suiv.*

Rapports de Médecins & Chirurgiens qui visiteront le blessé, & ce qui y est requis, 90. De Médecins & Chirurgiens nommés d'office ; où doit être mis, 92. De Médecins en matiere d'exoines ou excuses d'accusés, comment doit être attesté, 214. De Chirurgiens, & comment il se doit délivrer, 214 *& suiv.* D'Experts sur la vérification d'écritures déniées ou inscrites de faux, 284 *& suiv.* D'Experts, lorsque la femme n'est pas enceinte, 384.

Rapt. Quels Juges connoissent du crime de rapt & enlevement des personnes par force & violence, 71.

Rébellion. Qui peut connoître du crime de

rébellion aux Mandemens du Roi, ou des Officiers de Sa Majesté, 71.

Receveur des amendes comment peut faire contraindre ceux qui ont été condamnés à l'amende faute de déposer, 98. Voyez *Amende.*

Recollement. Regles prescrites pour faire le recollement des témoins, 160. Modele de recollement, 161. En quel cas le recollement ne peut valoir confrontation, 162. Recollement des témoins en leurs dépositions; quand & comment ordonné, 318. S'il peut être réïteré, *Idem.*

Recommandations. Ce qu'il faut observer & exprimer dans la recommandation des prisonniers, 130.

Reconnoissances d'écritures & signatures privées, comment se fait, 278 & *suiv.*

Recusation contre les Prévôts des Maréchaux, & contre l'Assesseur, 234.

Réhabilitation. Lettres de réhabilitation, 448. & *suiv.*

Relevée. En quels cas les procès criminels ne peuvent être jugés de relevée, 388.

Rémission. Lettres de rémission, 189. Pour quels crimes elles sont expédiées, 194. Modele de ces Lettres, 195.

Renvoi. Requête à fin de renvoi de l'instruction de l'instance de lettres d'abolition, &c. sur les lieux où le crime a été commis, 209. Arrêts de renvoi, 210 & *suiv.* Renvoi de l'accusation, 411.

Répétition, Voyez *Requête. Ordonnance* des Sergens, Records & Assistans sur leurs procès verbaux, comment s'intitule, 137. Répétition par forme d'information, *Ibid.*

Représentation aux accusés des choses servant à conviction, comment peut être faite, 346.

Reproches. Ce qu'il faut obſerver dans la lecture & jugement des reproches de l'accuſé contre les témoins, 361. A quels reproches les Juges ne doivent avoir aucun égard, *Ibid.*

Requête. Formule de Requête contenant la plainte, 75. Requête contenant plainte & demande, à ce que le plaignant ſoit mis en la ſauvegarde du Roi, de Juſtice & de l'accuſé, 81. Requête à fin d'obtenir permiſſion d'informer, 85. Requête pour avoir permiſſion d'informer devant le plus prochain Juge Royal du lieu de la demeure des témoins, 105. Requête pour avoir permiſſion de faire informer par addition, 110. Requête à fin d'avoir permiſſion d'obtenir & faire publier Monitoire, 112. Voyez *Official.* Requête pour faire connoitre un autre Prêtre que le Curé pour publier le Monitoire, 121. Requête à fin de faire taxer les frais du voyage pour apporter les révélations, 126. Requête pour faire répéter les temoins ouis en révélation, 128. Requête à ce qu'il ſoit permis à l'Huiſſier, porteur d'un decret, de ſe faire aſſiſter de tel nombre d'Officiers qui ſera néceſſaire, 148. Requête à fin d'aſſigner la partie civile pour procéder à l'entérinement des lettres de rémiſſion, &c. 202. Voyez *Renvoi.* Requête à fin de faire viſiter le corps de l'accuſé, 218. Rquête pour obtenir proviſion d'alimens, 222. Requête à ce que les informations faites par le Prévôt des Maréchaux, ſoient apportées au Greffe du Préſidial, 233. Requêtes touchant les inſcriptions de faux, 192 & ſuiv. Voyez *Faux. Inſcription.* Requêtes qui peuvent être données par les parties civiles, & par les accuſés, 347 & ſuiv. Requête de l'accuſé contre la partie civile ;

Requêtes respectives des parties, 352 &
suiv. Requête contenant les défenses de l'accusé, 356.

Requisition au Curé de publier Monitoire, 121.
De l'accusé au Juge, & l'interpellation du
Juge au témoin, 334.

Résidence. Observation concernant la résidence
des Juges Présidiaux, 248.

Retentum au bas de l'Arrêt qui condamne à être
rompu vif, 397.

Révélation. Où & comment les révélations sur
Monitoires doivent être envoyées par les Curés ou Vicaires, 125. Procédures requises
lors qu'il échet de taxer les frais du voyage
pour apporter les révélations, 126. A qui
ces révélations doivent seulement être communiquées, 128.

Rompre. Condamnation à être rompu vif, 396.

S

SACRILEGE. Qui peut connoître du crime
de sacrilege avec effraction, 71, 72.

Saisie & arrêt, 98. Regles pour faire les saisies
après la perquisition de l'accusé, 149.

Sauve-garde. Ordonnance portant que le plaignant demeurera en la sauve-garde de l'accusé, 82.

Scellé, comment peut être apposé en la maison
de l'accusé, 151.

Séditions, à quels Juges en appartient la connoissance, 71, 73.

Sellette, l'accusé interrogé sur la sellette,
371.

Sénéchaux, crimes dont ils peuvent connoître
71. En quels cas les Sénéchaux ne peuvent
prévenir les Juges subalternes & non Royaux
de leur ressort, 93.

Sentence, par laquelle l'opposant à la publica-

sion d'un Monitoire, est débouté de son opposition, 124. Par laquelle le decret d'assigné
pour être oui, est converti en ajournement
personnel, 142. De conversion d'ajournement personnel en prise de corps, 143. Portant surséance au jugement de la contumace,
217. Portant que le Lieutenant Criminel se
transportera en la maison où l'accusé est malade, *Ibid.* Voyez *Provisions*. Sentence portant nomination d'un Curateur à une Communauté d'habitans, 271. Portant que le
Procureur du Roi & la partie civile rapporteront d'autres pieces de comparaison, 291.
portant jonction des moyens de faux au procès, 320. Par laquelle les moyens de faux
sont déclarés admissibles, 321. Portant que
la partie civile mettra le procès en état de
juger, 353. Portant que l'accusé sera appliqué à la question, 374. Portant que l'accusé
sera appliqué à la question, & que les preuves subsisteront en leur entier, 376. Regles
touchant les Sentences, Jugemens & Arrêts,
388. Sentence Prévôtale, préparatoire, interlocutoire ou définitive, par combien
d'Officiers ou Gradués doit être rendue, 389.
Arrêt confirmatif d'une Sentence, 431. Arrêts lorsque la Sentence est infirmée, 433 &
suiv. Exécution des Sentences sur différentes
condamnations, 434 & *suiv.* Sentences des
premiers Juges qui ne contiennent que des
condamnations pécuniaires, jusqu'à quelles
sommes exécutées par provision, & nonobstant l'appel, 437.

Service Divin. Quels Juges peuvent connoître
du trouble qui y est fait, 71.

Signatures. Voyez *Ecritures.*

Subdélégation pour informer, 108.

TABLE

Supérieurs Réguliers, sous quelle peine sont tenus de faire comparoître leurs Religieux pour venir déposer, 78.

Surséance. Regles pour obtenir les Arrêts de défenses ou surséances, 415.

T

Taxe des frais d'un voyage pour apporter des révélations, comment peut être requise & ordonnée, 126. Taxe des dépens, & liquidation des dommages & intérêts adjugés, 436.

Témoin. Par qui les témoins doivent être administrés ; procédures contre les témoins ; Ordonnance pour assigner les témoins pour déposer ; Assignations aux témoins, 94. Voyez *Défauts. Laïes.* Comment le seront les témoins Ecclésiastiques séculiers & réguliers, 98 & *suiv.* Dépositions des témoins, ce qu'on y doit observer, 100 & *suiv.* Taxes des des frais & salaires des témoins, par qui & comment doit être faite, 101. Il faut faire assigner les témoins pour être répétés, 159. Voyez *Confrontation.* Témoins qui retractent leur dépositions, ou qui les changent dans leurs circonstances essentielles, comment punis, 329.

Testamens de mort, 446.

Tête. Condamnation à avoir la tête tranchée, 403.

Torture. Voyez *Question.*

Transactions sur crimes, si elles en peuvent empêcher la poursuite par les Procureurs du Roi ou des Seigneurs, 80.

Trouble. Qui sont les Juges du trouble public fait au Service Divin, 71.

DES MATIERES.

V

Vagabonds & gens sans aveu, quels Juges connoissent en dernier ressort des crimes par eux commis, 72.

Vérification d'écritures déniées ou inscrites de faux, comment y procéder, 280 & *suiv.*

Vicaires. Voyez *Curés.*

Vice-Baillis & Vice-Sénéchaux, de quels crimes peuvent connoître en dernier ressort, & en quel cas, 72. Ne peuvent juger en aucun cas, à la charge de l'appel, 389.

Violence publique, à quels Juges en appartient la connoissance, 72.

Visite. Ce qu'il faut faire avant la visite des procès, 361. Voyez *Cadavre.* Comment on procede à la visite des procès, 361 & *suiv.*

Vol. Qui sont les Juges en dernier ressort, des vols faits sur les grands-chemins, & avec effractions, 72.

Voyage. Procédures concernans la taxe des frais du voyage pour apporter les révélations sur un Monitoire, 126. Exécutoire des frais du voyage, 127.

Fin de la Table des Matieres.

J'AI lu par ordre de Monseigneur le Vice-Chancelier le *Stile Civile & Criminel*, & je n'ai rien trouvé qui puisse empêcher l'impression.

ROUSSELET.

PRIVILEGE DU ROI.

LOUIS, par la grace de Dieu, Roi de France & de Navarre : A nos amés & féaux Conseillers, les Gens tenans nos Cours de Parlement, Maître des Requêtess ordinaires de notre Hôtel, Grand Conseil, Prevôt de Paris, Baillifs, Sénéchaux, leurs Lieutenans Civils & autres, nos Justiciers qu'il appartiendra ; SALUT. Notre amé ANDRÉ-FRANÇOIS KNAPEN, Imprimeur-Libraire, Nous a fait exposer qu'il desireroit faire réimprimer & donner au Public *le Stile Civil & Criminel par* GAURET, avec des corrections. S'il Nous plaisoit de lui accorder nos Lettres de renouvellement de Privilége pour ce nécessaires. A CES CAUSES, voulant favorablement traiter l'Exposant, Nous lui avons permis & permettons par ces Présentes, de faire imprimer ledit Ouvrage autant de fois que bon lui semblera, & de le vendre, faire vendre & débiter par tout notre Royaume pendant le temps de six années consécutives, à compter du jour de la date des Présentes. FAISONS défenses à tous Imprimeurs, Libraires & autres personnes, de quelque qualité & condition qu'elles soient, d'en introduire d'impression étrangere dans aucun lieu de notre obéissance : comme aussi d'imprimer, ou faire imprimer, vendre, faire vendre, débiter, ni contrefaire ledit Ouvrage, ni d'en faire aucun extrait sous quelque prétexte que ce puisse être, sans la permission expresse & par écrit dudit Exposant, ou de ceux qui auront droit de lui, à peine de confiscation des Exemplaires contrefaits ; de trois mille livres d'amende contre chacun des Contrevenans, dont un tiers à Nous, un tiers à l'Hôtel-Dieu de Paris, & l'autre tiers audit Exposant ou à celui qui aura droit de lui, & de tous dépens, dommages & intérêts, à la charge que ces Présentes seront enrégistrées tout au long sur le Registre de la Communauté des Imprimeurs & Libraires de Paris, dans trois mois de la date d'icelles, que l'impression dudit Ouvrage sera faite dans notre Royaume & non ailleurs, en bon papier & beaux caracteres conformement aux Réglemens de la Librairie, & notamment à celui du dix Avril mil sept cent vingt-cinq, à peine de déchéance du présent Privilége ; qu'avant de l'exposer en vente, le manuscrit qui aura servi de copie à l'impression dudit Ouvrage, sera remis dans le même état où l'approbation y aura été donnée ès mains de notre très-cher & féal Chevalier, Chancelier de France, le sieur DE LAMOIGNON, & qu'il en sera ensuite remis deux Exemplaires dans notre Bibliothéque publique, un dans celle de notre Château du Louvre, un dans celle de notredit sieur DE LAMOIGNON, & un dans celle de notre très-cher & féal Chevalier, Vice-Chancelier & Garde des Sceaux de France, le sieur DE MAUPEOU ; le tout à peine de nullité des présentes ; du contenu desquelles vous mandons & enjoignons de faire jouir ledit Exposant & ses ayant cause, pleinement & paisiblement, sans souffrir qu'il leur soit fait aucun trouble ou empêchement. Voulons que la copie des Présentes qui sera imprimée tout au long, au commencement ou à la fin dudit Ouvrage, soit tenue pour duement signifiée,

& qu'aux copies collationnées par l'un de nos amés & féaux Conseillers-Secrétaires, foi soit ajoutée comme à l'original. Commandons au premier notre Huissier ou Sergent sur ce requis, de faire pour l'exécution d'icelles, tous actes requis & nécessaires, sans demander autre permission, & nonobstant clameur de Haro, Charte Normande & Lettres à ce contraires; car tel est notre plaisir. Donné à Paris, le dix-septiéme jour du mois de Février, l'an de grace mil sept cent soixante-huit, & de notre regne, le cinquante-troisiéme. Par le Roi en son Conseil. LE BEGUE.

Regiſtré ſur le Regiſtre XVII. de la Chambre Royale & Syndicale des Libraires & Imprimeurs de Paris, N°. 326, fol. 370, conformément au Réglement de 1723. A Paris, ce 22 Février 1768.
GANEAU, *Syndic.*